· 浙江省优势专业（金融专业）建设成果
· 浙江金融职业学院“985”建设二期成果
· 浙江金融职业学院“攀越计划”研究成果
21世纪高职高专规划教材·金融保险系列

商业银行风险防范与案例分析

主　编　郭延安
副主编　方宜霞　王德英

中国人民大学出版社
·北京·

前言

现代商业银行是经营风险的特殊企业，银行的盈利必须通过承担风险才能获得。风险对于银行来说是一把双刃剑。它既是银行获利的手段，又是蚀利的原因。管理不当，风险就会侵蚀银行利润，极端情况下，银行将会破产倒闭。商业银行在开发金融产品、提供金融服务、帮助客户分担风险的同时，运用科学的方法分析和管理风险是当前国际银行业发展的重要课题，也是现代商业银行核心竞争力的重要内容。

我国加入 WTO 以后，在金融全球化与金融自由化浪潮的冲击之下，银行风险日益呈现全球化、多层次、复杂性的特征。然而，经过 20 多年的改革与发展，中国银行业只是初步完成了组织体系的变革和资产规模的扩张，由于没有充分认识风险管理的重要意义，中国银行业在实现规模快速增长的同时也付出了沉重的代价。为了应对金融环境巨变的挑战，中国银行业必须积极学习国际银行业先进的风险管理理念和先进的风险管理技术，不断提高风险管理能力。这就要求我们的银行从业人员不仅要熟悉银行经营管理的基本要求和方法，还必须基于现代风险管理的基本要求，了解和掌握银行在风险管理方面所积累的经验、方法和技术。

在此背景下，我国高校金融专业的大专生、本科生以及我国银行从业人员迫切需要一些能体现中国银行业风险管理实践、通俗易懂的银行风险管理参考教材，为了满足在高校学习的金融相关专业大专和本科生的学习需求，也为了适应我国银行从业人员学习、培训的要求，我们编写了这本教材。

本书以商业银行风险管理的基本理论与基本技能为主要内容，全书共分六章：第一章为商业银行风险管理概述，介绍了商业银行风险的特征、风险的种类、风险管理文化和风险管理的组织架构；第二章至第六章结合翔实的有代表性的案例，详细介绍了信用风险、操作风险、流动性风险、市场风险、法律风险的识别、防范及控制方法。

本书有以下特点：一是简明扼要、重点突出和通俗易懂，注重相关知识的普及性、实用性、可操作性和易学习性。二是国际惯例与中国特色相结合，在介绍商业银行风险管理的一般原理与方法的同时，注重联系中国的实际。三是知识与技能相结合，以技能为主，注重介绍五大类风险的管理经验和技巧。

本书由郭延安编写大纲。具体写作分工如下：第一章和第二章由郭延安编写；第三章由王德英、郭延安编写；第四章由方宜霞编写；第五章由吴金旺编写；第六章由金广荣编写。初稿完成之后，由方宜霞和王德英进行统稿和校对，最后由郭延安统一修改、审查定稿。本书在编写过程中得到了浙江金融职业学院以及中国人民大学出版社的大力支持，谨在此表示衷心的感谢。

本书在编写过程中广泛参考或引用了许多风险管理学者、教授、专家著述的教材或相关的著作与研究成果（见本书参考文献），书中未能一一详细注出。在此，谨向这些论著和教材的作者致以最诚挚的谢意。

限于编者水平，书中难免存在不足之处，敬请读者批评指正。

编　者

目 录

第一章　商业银行风险管理概述

案例导入

2013 年 4 月 23 日，中国银监会发布《中国银行业监督管理委员会 2012 年报》，这是银监会自 2006 年起连续第 7 年发布年报。该年报主要介绍了 2012 年经济金融形势与我国银行业改革发展、改进实体经济金融服务、银行业审慎监管、监管制度与能力建设、银行业消费者保护与教育、透明度建设与加强市场约束及履行社会责任等情况，并较为全面地公布了银行业有关数据。

据披露，2012 年，银行业整体呈现稳健发展的良好态势。截至 2012 年年底，我国银行业金融机构共有法人机构 3 747 家，资产总额 133.6 万亿元，同比增长 17.9%，负债总额 125.0 万亿元，同比增长 17.8%；不良贷款余额 1.07 万亿元，比年初增加 234 亿元，不良贷款率 1.56%，同比下降 0.22 个百分点。商业银行整体加权平均资本充足率 13.25%，同比上升 0.54 个百分点；贷款损失准备金余额 1.46 万亿元，比年初增加 2 653 亿元；拨备覆盖率 295.5%，同比上升 17.3 个百分点。

针对银行业风险反弹压力有所增大的趋势，银监会紧紧围绕平台、房地产、流动性、案件、表外业务和信息科技六大重点风险，有针对性地强化监控、严密布防；同时，对新暴露的少数行业信贷风险、少数企业集群风险和少数地区的民间融资、企业担保等风险苗头，深入调查、独立判断、谨慎分析、稳妥应对。在多方共同努力下，基本做到了及早监测发现风险、尽早报告预警风险、及时控制处置风险，有效防止了风险的扩散蔓延，消除了系统性和区域性风险苗头。

在推动出台一系列重大法规制度和政策措施的过程中，银监会始终保持国际视野，坚持谋定后动，分清轻重缓急，把握原则分寸，注意时机掌握，力求瓜熟蒂落、水到渠成。借鉴国际监管改革最新成果，结合我国资本监管最新探索，制定出台了新的资本管理办法，不仅强化了资本约束，而且为银行业深化体制机制改革提供了难得的契机。

那么，什么是商业银行风险？商业银行风险管理的流程和策略是怎么样的？下面让我们一起来探讨这些问题。

学习目标

了解商业银行风险的含义和特征，了解商业银行风险管理文化的内涵。

理解商业银行风险文化的培育，理解一个良好的风险管理组织架构应具备的特性。

掌握商业银行信用风险、操作风险、市场风险、流动性风险的成因及表现，掌握商业银行先进的风险管理理念，掌握董事会、风险管理委员会、高级管理层和风险管理部门的主要职责，掌握风险识别的主要方法，掌握风险控制的主要策略。

第一节　商业银行风险的概念和特征

一、商业银行风险的概念

（一）商业银行风险的界定

要了解商业银行风险的含义，首先需要了解风险的含义。对风险的定义和分类，无论是业界还是理论界，长期以来没有一个统一的界定，比较常见的定义涉及不确定性、概率、损失、波动性、危险等含义，归纳起来主要有以下几种。

1. 风险是结果的不确定性

这种观点认为，风险等同于结果的不确定性。不确定性是指对事物未来的状态人们不能确切知道或掌握，即人们总是对事物未来的发展与变化缺乏信息和掌控力。根据能否在事前估计事件的最终结果，又可将不确定性分为可衡量的不确定性和不可衡量的不确定性两种。从不确定性的角度出发，事物的结果有好有坏，即潜在损失与盈利机会并存。美国经济学家奈特在其名著《风险、不确定性和利润》一书中认为：风险是可以测定的不确定性。美国的阿瑟·威廉姆斯等人在《风险管理与保险》一书中将风险定义为：在给定的情况和特定的时间内，那些可能发生的结果间的差异。如果肯定只有一个结果发生，则差异为零，风险为零；如果有多种可能结果，则有风险，且差异越大，风险越大。

2. 风险是指各种结果发生的可能性

这种观点认为，风险是一种不确定的状态，故而风险与可能性存在必然的联系。风险是以一定概率存在的各种结果的可能性，具有一定的可度量性，风险导致的各种结果出现的概率总是在0～1波动，概率接近于0，表明发生的可能性越小；概率越接近1，则说明发生的可能性越大。可能性恰是对不确定性的量化描述，是对风险或不确定性的进一步认知。从严格意义上来讲，概率比风险的范畴要广，它可以取值1或0来表示“是”和“否”这两个确定的状态，而这种确定性就不是风险的范畴了。

3. 风险是实际结果对期望值的偏离

在投资学中，风险常常被定义为风险因素变化的波动性。如我们常说的市场风险中的利率风险、汇率风险、股票价格风险都是由市场风险因素变量围绕其期望值上下波动造成的，计算期望值和方差（或标准差）则是描述这种波动的常用方法。这种将风险定义为波动性的观点主要用于定义易于量化的市场风险。将风险与波动性联系起来的观点实质上是将风险定义为双侧风险，即不仅考虑了不利的波动——下侧风险，还考虑了有利的波动——上侧风险，风险既是损失的可能又是盈利的机会。双侧风险的定义与单侧风险相比，更符合风险管理的发展方向——全面风险管理，更有利于对盈利制造部门和明星交易员的风险管理，而且还为全面经济资本配置和经风险调整的业绩衡量提供了理论基础。

4. 风险是造成损失的可能性

这种典型的传统风险定义，只重视下侧风险，即损失的可能性，而将盈利机会排除在外。基于这个定义，传统的风险管理并不包括对现在盈利的部门进行管理。事实上，风险是事前概念，而损失是事后概念，风险是损失或盈利结果的一种可能的状态，在风险事件实际发生前风险就已经存在。这种定义不符合现代风险管理的要求，且会造成对明星部门、明星交易员的放任，巴林银行的倒闭也有部分原因是源于这样的认识。

5. 风险是容易发生的危险

因为风险同时具有损失性与危险性，故而在理论界中也有一部分人将风险视为容易发生的危险。这种把风险等同于危险的定义同样不符合现代风险管理的要求。虽然在日常生活中经常将风险与危险互换使用，但在风险管理和保险学中，将风险简单地理解为危险是不恰当的。风险是结果的不确定性，这种不确定性既可以是坏的方面又可以是好的方面，因此风险是一个中性的概念。

理解了风险的概念，就容易理解商业银行风险的概念。从风险管理的角度，可以将商业银行风险定义为：商业银行在经营活动中，由于受事前无法预料的不确定性因素的影响，使商业银行的实际收益与预期收益发生背离，从而导致商业银行蒙受经济损失或获取额外收益的机会和可能性。

（二）银行风险与金融风险、经济风险

要从理论上认识商业银行风险，还必须正确认识现代经济中金融风险、经济风险与商业银行风险三者之间的内在逻辑关系。

1. 在市场经济条件下，经济风险的存在是必然的

经济风险是指在经济活动中足以导致预期目标与预期结果发生背离（如实际收益与预期收益或实际成本与预期成本发生背离）的各种破坏性因素的总和。在市场经济条件下，经济风险的存在之所以是必然的，有以下三方面原因。

（1）市场经济的内在本质决定了市场经济中存在大量的不确定性，这种不确定性易产生风险。分工与交换是市场经济的内在本质，市场就是不同的产权主体在提高自己经济福利水平的努力过程中所进行的各种分工与交换的总和。在社会分工空前扩大化的条件下，由价值规律所决定的价格机制、供求机制和竞争机制在充分发挥作用，单个经济主体的私人生产行为与多样化的社会需求之间固有的矛盾可能导致商品交易无法顺利进行，私人产品向社会产品的“跳跃”出现困难，从而产生生产风险。同时，不同产权主体间的产权转让因利益机制、供求机制和竞争机制的制约，也难以全面、有效地合理实现，造成资源配置的低效率或无效率，从而产生交易风险。由于上述两方面原因的存在，造成产权无法通过交易得到均衡补偿，这就必然导致经济风险的产生。

（2）契约的不完全性使风险难以避免。契约的不完全性主要是由交易成本、契约双方的有限理性主义和事后机会主义所造成的。契约无法就所有可能发生的情况做出详尽的规定，或者无法用明确的语言描述出双方所预计的将来发生的情况，或者在前两者都能够实现的情况下契约无法为第三方所证实。个体在追求自身利益最大化的条件下，由于交易双方的有限理性主义，他们所做出的具体决策就往往不及时、不全面和不可靠，有时甚至是扭曲的和错误的，从而导致风险产生。所谓“市场失灵”和“政府失败”实质上就是人们有限理性行为下的一种必然现象。同时，在经济主体有限理性行为下，由于信息不对称，必然会产生机会主义行为，有目的地对信息进行加工和扭曲，从而造成风险。高度社会分工条件下的经济活动是以信用化的契约关系为基础来运行的，而不完全契约的普遍存在必然使经济风险无处不在。

（3）环境的不确定性导致了经济风险的产生。导致经济风险的因素可归为市场和环境的不确定性两类。前者反映的是人与人之间的联系状况，后者反映的是人所面对的自然环境状况，如资源的稀缺性、技术水平、资本存量、经济规模等都属于自然的客观经济环境。在给定前提下，人类对这些既成事实和约束条件无法加以改变，事先也不能准确预料。在经济生活中，这些特质的存在成为现代经济风险强弱的主要因素。

2. 金融风险是经济风险的集中反映

金融风险是指资本（包括真实资本和虚拟资本）在运营过程中由于一系列不确定因素而导致的价值或收益损失的可能性，它有狭义和广义之分。狭义的金融风险是指金融机构在经营过程中，因为客观环境变化、决策失误或其他原因使其资产、信誉遭受损失的可能性。广义的金融风险则突破了狭义的金融风险定义对风险主体资格的规定，增加了自然人、公司企业、金融中介机构以及政府作为风险主体。

金融风险具有广泛的不确定性。系统性金融风险的暴露或爆发会给整个金融体系带来损失，导致金融危机——大量金融机构倒闭，股市崩溃。这种风险的引发既可能是来自国外的冲击，也可能是国内的原因。从宏观经济角度来看，防范金融危机就是指对这类金融风险的识别与化解。按照危机发生的诱因，一般将金融危机分为三种类型：一是货币危机，指由于汇率变动，本币大幅贬值，货币当局为平抑汇率波动动用外汇储备和提高本币利率，引起本国经济紧缩，增长速度下降甚至衰退；二是银行危机，由于某种原因银行出现挤提或倒闭，引起连锁反应，扰乱经济秩序，酿成经济危机；三是外债危机，指一国因无力偿还外债，引发一系列经济金融问题。货币危机与银行危机之间的关系是复杂的。在汇率贬值的情况下，若银行持有大量外币负债，就会更脆弱，虚弱的金融部门会削弱货币稳定的基础，而贬值反过来会加重既存的银行部门的问题；当中央银行开动印钞机救助有问题的金融机构时，就又会因为过量发行货币，引发货币危机。

纵观世界经济发展进程可以看到，现代市场经济是沿着“产品经济商品化—商品经济货币化—货币经济信用化—信用经济金融化”这样一条轨迹发展而来的，其货币化、信用化、金融化的特性日益明显，经济与金融高度融合，金融在市场资源配置中起着突出作用，是调节宏观经济的重要杠杆，金融安全日益成为国家经济安全的核心。金融机构与金融资产种类越丰富，金融活动对经济的渗透力就越强，经济因受益于金融发展就越快。美国哈佛大学教授亨廷顿在《文明冲突与重建世界秩序》一书中，列举了西方文明控制世界的 14 个战略要点，其中第一条就是“拥有和操纵着国际银行系统”；第二条和第五条分别是“控制着所有的硬通货”和“主宰着国际资本市场”。从一定意义上讲，没有金融安全，最终就没有经济安全和国家安全。由此可见，金融经济已成为现代经济的基本特质。与之相适应，经济风险的集中表现形态也由过去的企业风险转变为以货币和信用为媒介的金融风险，防范和化解经济风险的关键就在于防范金融风险的发生。

3. 商业银行风险是金融风险防范的重点

金融风险在各个特定的国家和时期具有不同的表现形式，对国民经济的影响程度也各不相同。银行风险与金融风险是局部与整体的关系，金融风险涵盖了银行风险，而银行风险是金融风险的一个有机组成部分。商业银行在经济发展中的特殊地位和商业银行风险的巨大外在成本，决定了商业银行风险是金融风险防范的重点。

（1）商业银行仍然是经济发展中最重要的信用中介。金融中介最主要的作用是协调资金供求双方的行为，它凭借自身专业化的地位，帮助双方降低交易费用，促使交易达成，从而使总的交易规模得以扩大，社会福利得以增进。在各类金融中介中，商业银行是最为复杂和重要的，具有不可替代的属性：①它能有效地协调资金供求双方对流动性的不同要求，降低交易费用，扩大社会经济总量；②它在交易结算方面具有的特殊功能，使之成为现代市场经济的润滑剂，对经济发展具有重要的推动作用，即使在直接融资非常发达的西方国家，商业银行的地位也不容取代；③在金融市场信息不完全的情况下，商业银行比其他金融中介更有利于解决激励与约束问题。

（2）商业银行风险在可量化的金融风险中占比最大。商业银行风险与非银行金融机构的潜在风险相比，其数量和程度都更加突出。从风险机制的作用过程来看，外债风险、证券风险、外汇市场风险都直接或间接地以商业银行为载体，最终引发商业银行的信用风险、利率风险、汇率风险、流动性风险等典型风险，并迅速通过银行体系扩展到整个金融系统乃至整个国民经济，造成整个金融体系的动荡。从 1976 年到 1995 年发生的 20 个固定汇率制下的开放经济中的 76 次货币危机和 26 次银行危机表明：在金融高度管制的 20 世纪 70 年代，发生了 26 次货币危机，仅一次银行危机，而在解除管制的 20 世纪 80～90 年代，每年发生的货币危机较少，银行危机则超过了 20 世纪 70 年代的 4 倍，且往往先于货币危机发生，货币危机转而加深了银行危机。当双重危机同时发生时，危害性要比单独发生大得多。显而易见，银行体系始终是风险能否被放大的一个决定性因素。

（3）商业银行风险的两重性使银行风险具有外移的巨大社会成本。商业银行风险的外部性表现为商业银行风险成本的两重性，即不仅包括与一般企业相同的微观成本，而且包括巨大的宏观成本。这种宏观成本包括对交易平衡的影响，对借款者、对支付体系和其他银行信心的影响。具体来讲，一方面，银行破产将使银行向社会提供的有价值的金融服务受到破坏，存款者得不到他们的货币，而借款者得不到信用，支付体系的持续有效职能也将解体，作为对其他银行失去信任的结果，将进一步威胁到银行、金融体系以及货币供应的稳定，最终可能导致金融危机。正因为如此，商业银行与一般工商企业及非银行金融中介不同，不能轻易在市场上自由破产。另一方面，商业银行的资产不易在金融市场上出售，变现能力较低，然而其变现的压力却又随时存在。因此，这种流动性风险使商业银行预防和控制风险损失的成本要高于其他金融中介机构。同时，这种宏观成本还体现在商业银行风险对整个金融体系和国民经济发展的长期影响上。银行危机中的国家不仅要付出高昂的代价，而且金融体系的彻底恢复也需要很长的时间。

二、商业银行风险的特征

（一）客观性

银行风险的客观性是指商业银行的经营活动总是伴随着各种风险，绝对零风险的业务在商业银行活动中几乎是不可能的，其原因如下：

（1）在市场经济活动中，不可避免地存在着信息不对称性。由于信息的不完全性和不透明性，主体进行投资决策时获得的信息并不能做到及时、准确、全面和可靠，这就导致金融主体对金融客体必然缺乏理性的认知，所以做出的某些决策可能是错误的，至少是有误差的，决策的误差就会引起经济活动中金融风险的产生。

（2）市场参与主体总是存在着一定的投机偏好。按古典经济理论，“经济人”的本性就是追求收益最大化以及风险最小化，因而他们可能运用各种投机倒把的机会或违反道德的不正当手段以牟取暴利，如利用政策空白、钻合同契约的空子、欺诈、谎报、违约等。这些投机、冒险和各种钻营性金融行为的长时间存在势必会引起商业银行风险。

（3）金融业务越来越具有交易的关联性与对象的复杂性。金融自由化、全球化趋势使得简单原始的信用交易已经不能满足当今投资者的融资需求，各种各样的金融中介与经纪业务相继出现，而交易对象（金融业务与产品）也日趋多样化，这些都使金融交易变得更加繁杂，并引发了银行之间、业务之间相互交织联动的复杂关系。交易中环节越多，出现问题的可能性就越大，这个复杂关系中的任何一部分脱节都会造成巨大的风险，而这种金融发展趋势引起的复杂关系将会长期存在。因此，在金融活动中完全避免风险几乎是不可能的。

知识链接

银监会关于谨防不法分子利用自动取款机进行诈骗的风险提示

近年来，自动取款机（以下简称“ATM”）在我国得到了广泛的应用，它在给广大金融消费者带来便利的同时，也给一些不法分子利用 ATM 进行诈骗活动提供了可乘之机。为此，银监会提醒广大金融消费者注意提防利用 ATM 进行诈骗的六种形式。

（1）张贴虚假公告。不法分子冒充 ATM 管理单位，在 ATM 上张贴紧急通知或公告，让用户把资金转移到其指定的账户上。

（2）制造吞卡假象。不法分子将自制装置放入 ATM 读卡器内，当取款人将银行卡插入插卡口时，实际上是插入该自制装置，于是就出现“吞卡”假象。

（3）设置出钞故障。不法分子利用自制装置在 ATM 出钞口设障，如用铁片或胶水粘住出钞口，使 ATM 吐出的钱卡在出钞口内。

(4) 监控取款设备。不法分子直接在 ATM 上安装微型摄像装置，或利用高倍望远镜在距 ATM 不远处窥视，窃取客户的银行卡密码。

(5)“热心帮助”设诈。不法分子冒充“好心人”提醒或帮助受害人再提款设诈。

(6) 取款键盘设障。不法分子将仿造的 ATM 键盘（内有电路装置，具有记录存储功能）附在 ATM 键盘上。

（二）可控性

银行风险的可控性是指商业银行风险虽然不可避免，但是市场经济主体可以依据一定的方法理论对其进行事前识别、预测，事中监督防范，并加以规避，其原因如下：

(1) 银行风险是可以进行识别、预测的。经济活动主体能够根据银行风险的历史、本质、产生条件，识别、预测在商业银行业务经营管理过程中存在的各种有可能引发投资损失的情况，完成进行风险控制的第一步。

(2) 市场经济主体具有控制风险的技术手段和方法。市场经济主体可以利用先进的现代化分析方法，计算出各项与商业银行风险相关的技术性参数，然后根据以往银行风险事件发生的概率、产生的特殊环境，来预期在何种水平下发生风险的可能性较大，何种水平下发生风险的可能性较小，从而为风险可控性提供技术支持。

(3) 现代的金融监管制度是银行风险控制的有效保障和可控性的有力证明。金融监管制度尤其是银行风险监管是对经济主体行为的适当约束，它的存在、健全与创新，可以保障经济主体尽可能降低银行风险发生造成损失的可能性。承认金融风险可控性是建立金融监管制度（如银行监管制度）的前提。

（三）隐藏性

银行风险的隐藏性是指在不爆发金融危机或银行支付“挤兑”的情况下，银行风险可能一直受其信用保障而掩盖可能会造成损失的风险苗头，其原因如下：

(1) 由银行的信用保障而发生的“有借有还、此还彼借”的信用借贷行为被循环往复地执行，使得许多导致损失或者不利的因素让该信用借贷循环掩藏起来。

(2) 银行所具有的信用货币发行和创造信用的功能使得本属于即期应该发生的风险损失，可能由于通货膨胀、借新还旧、贷新还息等手段而得以延迟或暂时被覆盖。

(3) 银行由于金融垄断和政府干预甚或政府特权的保护，使其将一些本已显现甚至正在造成损失的银行风险通过行政行为的压制而暂时消除。例如，我国曾经出现的银行“白条”、行政强迫储蓄事件，就是这类情况的典型反映。虽然隐藏性的存在可以使银行风险暂时不会爆发，为商业银行争取到短期的缓冲和弥补的机会，但是过分依赖隐藏性始终不是银行风险控制与防范的有效手段。

（四）集中性

银行风险的集中性是指由于银行经营的特殊性，把社会经济生活中的各种风险都集于银行一身，银行成为风险的集散地，其原因如下：

（1）银行经营的商品特殊。银行经营的货币资金是联结社会经济各主体的纽带，社会经济各主体的行为（对货币的需求和供给）及宏观经济环境的变化，都会引起货币资金本身价值的变化，从而引起银行资产价值的变动，给银行带来损失的可能。

（2）银行的业务活动特殊。市场经济是风险经济，各经济主体置身于充满风险的环境中自求发展。按照市场经济的运行秩序和法律规范，风险各有其承担主体，似乎是井水不犯河水，可事实上，各种风险不可避免地要相互影响。银行的各种业务经营直接面对的是各种经济主体，各经济主体经营活动的成败直接决定了银行经营的成败，银行不但要承担其他企业所应承担的社会和经济义务，更要承担经济发展过程中各种决策偏差的后果。可见，正是由于银行特殊的业务活动，使社会上各种经济风险向银行集中。

（五）加速性和传染性

商业银行风险的加速性和传染性，是指商业银行风险一旦爆发，就会产生多米诺骨牌效应，加速对金融体系的震荡和冲击，并迅速传染到其他社会经济主体，引发更大范围的社会经济震荡。之所以会如此，是因为各金融机构之间织成了非常紧密的信用网络，各经济体也通过金融机构和金融交易直接或间接地相互依存，一旦某一金融机构出现问题，其相互间的支付链条就会断裂，从而产生债务连锁反应，正常的社会支付机制就会堵塞，甚至中断。比如，一旦出现某银行不能如期兑付存款，就会引发存款挤兑，并波及其他银行；越是存款挤兑，就越是没人愿意存款，挤兑越多，银行存款越少，兑付就更为困难；这又会进一步引发更大规模的挤兑，使银行出现支付危机，迫使银行硬性收回原有贷款和缩减甚至停止新贷款的发放；信用的急速萎缩，又将引发经济主体资金周转困难，发生债务危机，出现企业的破产倒闭。总之，商业银行风险爆发所引起的连锁反应“步步紧逼”，速度不断加快，具有波及面越来越广的加速性和传染性特征。

第二节　商业银行风险的种类和管理流程

一、商业银行风险种类

商业银行风险的分类可采用多种划分标准。按发生的范围划分，可以将银行风险分为系统性风险和非系统性风险；按能否量化划分，可以将银行风险分为可计量风险和不可计量风险；按银行风险发生和存在的地域划分，银行风险可分为国内银行风险和国际银行风险；根据商业银行所经营的业务种类划分，可将其分为资产风险、负债风险、中间业务风险和表外业务风险等。下面我们主要按照商业银行风险表现形式的不同来对商业银行风险进行分类。

根据商业银行风险的表现形式，可将其分为信用风险、操作风险、市场风险、流动性风险、国家风险、声誉风险、法律风险和战略风险。

（一）信用风险

要了解信用风险，首先要了解信用的概念。商品货币关系的发展，产生了货币的支付手段职能。商品的买卖能够做到钱货不必两清，即赊购赊销，由此形成商品卖出者的债权和商品买入者的债务，信用也就因此而产生，这是最初的信用形式——商业信用，即商家以延期付款或预付货款的形式提供的信用。随着商品经济的进一步发展，货币在经济生活中的作用日益增大，有些人急需货币用以赚取利润，而另有一些人则手头积有货币，需要寻找有利的机会获得增值。这种货币余缺的存在和双方经济利益的不同决定了货币借贷的出现，由此产生了银行信用，即银行以货币形式向货币借入者提供的信用。银行信用产生后，以前的货币流通手段的价值运动形式 W(商品)—G(货币)—W(商品)，G(货币)—W′(商品)—G′(货币) 进一步转化为 G —G′，也就是说，G 在流通中不需要 W 的参与也可以使自身增值。这里 $G'=G+\Delta G$，$\Delta G=\Delta G_1+\Delta G_2$，$G'=G+\Delta G_1+\Delta G_2$，$\Delta G_1$ 为货币借入者所获得的利润，ΔG_2 为货币借入者为获得货币使用权而向货币所有者支付的代价，即货币所有者凭借 G 的使用权出让获得的利息。从这里可以看出，信用其实是一种借贷关系。在商品经济条件下，这种借贷行为一般表现为以偿还为条件的商品或货币的让渡形式，而且，由于商品或货币的所有者暂时转让出其对商品或货币的使用权，承借者因此要付给一定利息作为补偿。所以，信用是一种特殊的价值运动形式，是以偿还和付息为条件的单方面的价值转移。这种单方面的价值转移无疑使信用提供者承担着能否索偿的风险，因此信用和风险总是交织在一起的。

关于信用风险的概念，有许多不同的观点。传统观点认为，它是指交易对象无力履约的风险，也即债务人未能如期偿还债务造成违约，而给经济主体经营带来的风险。第二种观点认为，信用风险有广义和狭义之分。广义的信用风险是指所有因客户违约所引起的风险。例如，资产业务中的借款人不按时还本付息引起的资产质量恶化；负债业务中的存款人大量提前取款形成挤兑，加剧支付困难；表外业务中的交易对手违约引致或有负债转化为表内负债等。狭义的信用风险通常是指信贷风险。第三种观点认为，随着现代风险环境的变化和风险管理技术的发展，传统的定义已经不能反映现代信用风险及其管理的本质，现代意义上的信用风险不仅包括违约风险，还应包括由于交易对手信用状况和履约能力上的变化导致债权人资产价值发生变动遭受损失的风险。与传统的信用风险定义相比，这种对信用风险的解释更符合信用风险的本质。基于此，可以认为：商业银行信用风险是指由于各种不确定因素的影响，使银行在信贷经营与管理过程中，实际收益目标与预期收益目标发生背离，有遭受信贷损失的一种可能性。

在具体理解这一内涵时，必须区分清信用风险与信贷风险这两个既有联系又有区别的概念。信贷风险指在信贷过程中，由于各种不确定性，使借款人不能按时偿还贷款，造成银行贷款本金、利息损失的可能性，这是一种狭义上的信用风险。对于商业银行来说，信贷风险与信用风险的主体是一致的，即均是由于债务人的信用状况发生变动给银行经营带来的风险。二者的不同点在于其所包含的金融资产的范围，信用风险不仅包含信贷风险，还包含存在于其他表内、表外业务，如贷款承诺、证券投资、金融衍生工具中的风险等。由于贷款业务是商业银行的主要业务，当前我国商业银行的信用风险主要体现在巨额不良贷款上。

（二）操作风险

巴塞尔《新资本协议》对操作风险的定义是：“操作风险是指由于不完善或有问题的

内部程序、人员、计算机系统或外部事件所造成的损失的风险。”对于操作风险的认识，需要正确把握以下五点。

（1）属于操作性风险的仅包括由人员因素，亦即由操作失误、违法行为、越权行为和流程因素引起的操作风险。尽管操作性风险是操作风险中发生频率最高、占比最高的风险类型，但我们不能将操作性风险等同于操作风险。根据定义，操作风险包括四类：人员因素引起的操作风险、流程因素引起的操作风险、系统因素引起的操作风险和外部事件引起的操作风险。人员因素引起的操作风险包括操作失误、违法行为、违反用工法、核心员工流失等情况。流程因素引起的操作风险分为流程设计不合理和流程执行不严格两种情况。而系统因素引起的操作风险包括系统失灵和系统漏洞两种情况。外部事件引起的操作风险主要是指外部欺诈、突发事件以及银行经营环境的不利变化等情况。巴塞尔《新资本协议》还指出，法律风险也属于操作风险范畴。其中，属于操作性风险的仅包括人员因素引起的操作风险中的操作失误、违法行为、越权行为，以及流程因素引起的操作风险中的流程执行不严格的情况。显然，操作性风险不能等同于操作风险。

（2）金融犯罪并不能涵盖所有类型的操作风险，它仅是操作风险的主要类型。金融犯罪不包括那些由于银行自身不完善的流程和系统漏洞以及外部事件等因素造成的操作风险。国际银行业风险管理的实践表明，人们对操作风险的认识是从金融犯罪开始的。百年老店巴林银行的倒闭正是交易员尼克·里森犯罪所致。在此情况下，将操作风险等同于金融犯罪在所难免。但严格来讲，金融犯罪只是操作风险的主要类型，并不能涵盖所有类型的操作风险。最简单的例子就是操作失误，比如，银行员工误将取款操作成存款，或者数字录入错误等均属于操作风险的范畴，但并不构成犯罪。将操作风险等同于金融犯罪，往往会使银行无意识地缩小操作风险的管理范围，错误地将操作风险管理等同于金融犯罪管理，从而将操作风险管理职责不恰当地赋予内部审计或安全保卫部门。

（3）单就某个年份来看，操作风险事件是没有规律的，比如操作失误，在某个年份发生失误的情况可能非常多，但在其他年份又会非常少，表面上确实无规律可循。但是，如果将这些操作风险事件放在很长一段时间和同类型的大量数据中来看，就会发现这些操作风险正以某种稳定的概率发生，这正是银行量化操作风险的基础。

（4）操作风险管理并不只是内部审计部门的事情。很多人将操作风险等同于操作性风险或操作中的风险。这种认识误区往往会导致另外一种错误认识，即认为操作风险管理是银行内部审计部门的事情，与其他部门无关，进而将操作风险管理职责不恰当地赋予内部审计部门。首先，内部审计部门属于内部控制机制中的评价与监督环节，是对银行的风险管理进行监督，并对其有效性进行评价，而不是直接参与风险管理。如果将操作风险管理职责赋予内部审计部门，就会造成该部门职责上的冲突，形成既做“裁判”又做“运动员”的情况，导致风险管理事实上的失效。其次，国外的风险管理实践表明，有效的风险管理既需要一个独立的管理部门，也离不开各业务部门的支持。唯有如此，才能确保风险管理的独立性和专业性的有机结合。最后，操作风险是一个涉及面非常广的概念，操作风险管理涉及许多部门，如安全保卫部门、科技部门、后勤事务部门等。这就需要部门之间的协调。显然，这仅靠内部审计一个部门是不够的。国外的银行一般会成立一个委员会，该委员会由各涉及操作风险的部门组成，以对一些跨部门的问题进行协调。

(5) 必须从整体上、本质上来把握操作风险。如果以孤立的、隔离的态度看待操作风险，只能将单个操作风险事件视作突发事件，只有捕捉到各种操作风险事件之间的联系，发现存在于不同表象背后的共性，才能准确地描述银行面临的操作风险，进而从整体上把握操作风险。

（三）市场风险

1988 年出台的《巴塞尔协议》中并没有考虑市场风险。然而，随着银行业的发展和创新产品的层出不穷，特别是 20 世纪 90 年代以来，国际银行业的运行和监管环境发生了很大的变化，市场风险的破坏力日趋显现。在银行资本与风险资产比率都正常的情况下，以金融衍生品交易为主的市场风险频频发生，诱发了像大和银行、巴林银行等巨额亏损和倒闭事件，1988 年的《巴塞尔协议》的局限性逐渐暴露出来。于是，巴塞尔委员会又于 1996 年和 1998 年先后出台了《关于市场风险管理的补充规定》和《有效银行监管的核心原则》，并于 2001 年发布了覆盖商业银行信用风险、市场风险和操作风险三大风险在内的，包括资本充足比率、外部监管和市场约束三大支柱的新资本协议草案，强调商业银行全面风险管理，要求商业银行按三大风险综合计算配置资本。

巴塞尔委员会把市场风险定义为“市场价格波动引起的资产负债表内和表外头寸出现亏损的风险”。市场风险广泛存在于银行的交易和非交易业务中，分为利率风险、汇率风险、股票价格风险和商品价格风险，分别是指由于利率、汇率、股票价格和商品价格的不利变动可能给商业银行造成经济损失的风险。巴塞尔委员会考虑商业银行市场风险时，比较侧重于商业银行交易账户市场风险的计算，比如，在其内部模型法的定量和建模要求中，利率风险只适用于交易账户。其实，利率变化引起的银行账户的风险也是很大的。比如，中央银行如果提高个人住房按揭贷款利率，就会引发提前还贷的风险。中国银监会颁发的《商业银行市场风险管理指引》对市场风险考虑的就更加完整和全面，其定义为：市场风险是指因市场价格（利率、汇率、股票价格和商品价格）的不利变动而使银行表内和表外业务发生损失的风险。

市场风险发生时，往往涉及地区性和系统性的金融动荡或严重损失，因此，市场风险往往又被称为系统性风险。市场风险一般不能通过资产多样化来分散和回避，因此市场风险又称为不可分散风险。市场风险具有如下特征。

1. 市场风险是组合风险

一些风险是单一风险，比如信用风险主要是单笔业务的风险，除非两个借款人之间存在资金往来，否则一个借款人的违约并不会影响另一个借款人的偿还。而市场风险则有所不同，由于资产的价值或收益取决于风险因子的波动，而各种风险因子之间、不同期限的风险因子之间存在相关性，因此，考虑单个资产或单个组合的市场风险缺乏意义。比如，在忽略交易费用的前提下，套期保值产品与其基础产品的组合（Portfolio）风险将为零，但如果分别考虑这两种产品的市场风险，则其总额必然超过由这两种资产组成的组合风险。巴塞尔委员会提倡使用标准法或者内部模型法来管理市场风险，但前者由于无法捕捉到各种金融产品之间的相关性而遭到质疑。目前较为流行的 VaR 方法，也正是因为能够在充分考虑资产之间相关性的基础上度量商业银行所持有的资产组合的市场风险，才获得了广泛的赞誉。

2. 市场风险是系统性风险

如果从组合的角度考虑市场风险，那么应该重点强调资产组合经充分分散化后所剩下的风险，即市场风险中的系统性风险（Systematic Risk）的特征。国外成熟商业银行所持有的组合头寸具有多样化、全球化的特点，一般认为组合的非系统性风险较小，因此对市场风险的管理主要通过套期保值（即对冲）或保险的方法而非资产组合管理的方法加以规避。

但是，由于国内金融市场不发达、可选择的金融产品种类较少、资本项目管制、分业经营等客观条件的限制，决定了我国商业银行所持有的资产组合头寸较为单一，因此蕴藏了相当大的非系统性风险。针对我国商业银行市场风险的这种特征，应该在运用套期保值技术进行管理的同时，选择资产组合管理技术来分散非系统性风险。

3. 市场风险表现为“盯市价值”的损失

市场风险由风险因子引致，而后者的波动瞬息万变，因此，计量市场风险时必须要将风险因子的变化反映在内，这就要求使用“盯市”的办法来计量资产组合的价值。比如，在我国现行会计准则下，银行账户使用账面价值核算，仅在到期时将其损益反映在资产负债表当中，因此，银行账户的市场风险主要表现为利息收入的重新定价风险。在某种金融产品缺乏流动性的前提下，由于市场不能提供相关的交易信息和市场价格，因此往往采用理论价格来核算这些金融产品。

4. 市场风险度量的客观性

由于市场风险可归结为风险因子的波动，而后者的数据一般可通过公开的资源或资讯系统（比如路透、彭博）获得，因此市场风险的度量具备客观的数据基础。另外，随着统计技术和计算机能力的提高，使用定量方法管理市场风险已经成为国际商业银行的规范做法。

5. 市场风险应计量概率分布的尾部特征

因为风险因子的波动（以及由此带来的投资收益波动）以其期望值为中心，主要集中于相近的两侧，而远离期望值的极端情况则很少发生，且其分布的形状大致呈钟形分布，因此，一般假设风险因子的变动服从正态分布。由于市场风险管理的主要目的是防范风险因子大幅波动给银行造成的巨大损失，因此必须对分布的尾部进行计量。实证研究表明，风险因子的波动往往具有“肥尾”（Fat Tail）的特征，即概率分布的尾部一般要高于正态分布的尾部，这表明发生巨大损失的可能性要高于正态分布的假设。

根据巴塞尔委员会2004年的《新资本协议》和我国银监会的相关规定，银行的表内外资产可分为银行账户资产和交易账户资产两大类。其中，交易账户记录的是银行为交易目的或规避交易账户其他项目的风险而持有的可以自由交易的金融工具和商品头寸。与交易账户相对应，银行的其他业务归入银行账户，最典型的是存、贷款业务。交易账户中的项目通常按市场价格计价，当缺乏可参考的市场价格时，可以按模型定价（Mark-to-Model）。银行账户中的项目则通常按历史成本计价。

根据银监会的分类，为交易目的而持有的头寸是指在短期内有目的地持有以便转手出售、从实际或预期的短期价格波动中获利或者锁定套利的头寸，如自营头寸、代客买卖头寸和做市交易（Market Making）形成的头寸。从目前来看，大多数国内商业银行尚不具备结构性金融产品和衍生金融产品的定价能力，因此尚不具备做市场交易的能力。这样，我国商业银行的交易账户头寸就主要由自营头寸和代客买卖头寸组成。

代客买卖头寸是我国商业银行存在的一种特殊的交易形式。当客户提出一种产品需求，如果银行具备产品开发和定价能力，那么这只是一般意义上的交易。交易员可以选择持有头寸，也可以选择全额或利用金融工程技术将复杂头寸分拆进行对冲。但是我国的商业银行一般缺乏这种能力，因此只能通过“背对背”交易，同时从有能力的外资银行那里购入并转手将这种产品卖给客户，从中赚取佣金或价差。这样，国内商业银行交易账户的市场风险就主要存在于自营业务和代客买卖头寸这两项业务当中。

银行账户的市场风险相对比较单纯，主要是存贷款业务为匹配资产负债结构而持有到期的证券以及对银行账户进行套期保值的资产头寸。

（四）流动性风险

要了解流动性风险，首先需要了解什么是流动性。商业银行的流动性是指银行为资产的增加而融资，以及在债务到期时履约的能力。银行的流动性表现为两方面：一是资产的流动性，主要表现为银行资产的变现能力及成本，资产变现能力越强，所付成本越低，则流动性就越强；二是负债的流动性，指商业银行随时筹得所需资金的能力及成本，筹资的能力越强，所付的成本越低，则流动性就越强。

从资产的流动性方面来看，不但要关注银行资产结构即各项资产占总资产的比重，即银行的储备现金、证券投资、贷款等资产占总资产的比例，同时还要注重各种资产及同类但不同期限资产间的量的配置和调整。

银行的一级储备金包括银行库存现金、上缴中央银行的准备金和存放在同业的存款，这部分资产的流动性很强，能够对银行资产的流动性起到第一保证的作用。有关资料显示，2003 年四大银行的一级储备金比率都比较高，中行甚至接近 20%，而国外的花旗银行、汇丰银行这一指标仅仅维持在 2%以内。我国商业银行这种高比率的一级储备虽然可以保证资产的安全性与流动性，但是也反映出商业银行储备资产的不合理，因为这部分资产几乎没有盈利能力。

二级储备比率主要以银行的证券投资占总资产的比重来衡量。证券类资产不仅流动性强，可以及时在二级市场中变现，而且具备一定的盈利能力，由于其有效地解决了银行经营流动性与盈利性的矛盾，因此在各国银行的经营管理中广受青睐。但我国银行资产中大部分以变现能力差的贷款的形式表现出来，而变现能力好的证券类资产所占比重却比较小。造成这种局面的原因，一方面是由于我国监管机构对金融业实行分业经营的约束，不允许商业银行从事证券和保险业务，即使是国债投资，对总量和品种也有严格的限制，再加上我国资本市场发展缓慢，致使银行不能自主地进行投资多样化组合；另一方面的原因表现为银行自身，即我国商业银行长期以来养成的贷款依赖习惯以及对证券投资的风险恐惧。这些因素都造成了我国商业银行这种单调的资产结构及相应的流动性差的特点，最终极大地限制了商业银行的流动性管理。

从负债的流动性方面来看，负债结构是否合理、能否提供流动性，对银行的经营管理也有重要影响。负债结构，即商业银行资金来源的构成及其相互联系、相互制约的比例关系，在商业银行的风险收益和权衡中的地位是举足轻重的，其核心问题是通过优化结构的配置，使银行获取足够的流动性。

商业银行的负债可简单分为存款类负债和其他负债。存款类负债是商业银行被动吸收的资金来源，这部分负债的形成主要取决于政府机构、工商企业和个人；而其他负债考察的则是商业银行主动筹措资金的能力，这部分资金对银行来讲具有很大的稳定性及灵活性。目前，在商业银行的负债资金中，被动吸收的存款类资金占有绝对优势的地位。这种极高的比例给商业银行的流动性管理埋下了极大的安全隐患。我国金融业对外完全放开后，一旦出现国内居民转存外资银行的情况，我国银行将完全处于被动局面，银行资金的下降将直接导致流动性支付的困难。

根据巴塞尔银行监管委员会发布的《有效银行监管的核心原则》，商业银行流动性风险是指银行无力为负债的减少或资产的增加提供融资的可能性，即当银行流动性不足时，它无法以合理的成本迅速增加负债或变现资产获得足够的资金，从而会引发流动性支付危机导致挤兑情况发生。在商业银行经营所承受的所有风险中，流动性风险的影响直接危及银行的生存乃至整个金融体系的稳定，其破坏程度远非其他风险所能相比。

（五）法律风险

商业银行的日常经营活动或各类交易应当遵守相关的商业准则和法律原则。在这个过程中，因为无法满足或违反法律要求，导致商业银行造成经济损失的风险，即为法律风险。按照巴塞尔《新资本协议》的规定，法律风险是一种特殊类型的操作风险，它包括但不限于因监管措施和解决民商事争议而支付的罚款、罚金或者惩罚性赔偿所导致的风险敞口。

《巴塞尔协议》对法律风险的界定是一种狭义解释。从狭义上讲，法律风险主要关注商业银行所签署的各类合同、承诺等法律文件的有效性和可执行能力，它仅考虑了可能直接形成损失的法律风险，而没有涵盖从其他风险转化出来而可能间接形成损失的法律风险，即“广义的法律风险”。据此，我们可以将“广义的法律风险”定义为：由于违法违规或对决策、经营、操作的合法合规性评估失误而可能造成损失的风险，以及因对上述失误法律后果认识不足、处理失当而可能扩大损失的风险。

广义的法律风险包括如下三个层面：第一，决策中未充分考虑依法合规性，经营、披露、宣传中因内外因素造成声誉损失，而由策略风险及声誉风险转化而成的法律风险；第二，由不完善或有问题的内部程序、人员及系统或外部事件所造成损失的法律风险，包括依法合规经营、人员授权控制、业务管理控制出现问题及外部法规变动带来的法律风险；第三，由信用风险及市场风险转化而成的法律风险，包括授信管理、准入退出制度、授信制度、风险政策及风险目标出现问题以及交易性风险、流动性风险及利率风险控制失当带来的法律风险。

从广义上讲，与法律风险相类似或密切相关的风险有外部合规风险和监管风险。

外部合规风险是指商业银行由于违反监管规定和原则，而招致法律诉讼或遭到监管机构处罚，进而产生不利于商业银行实现商业目的的风险。

监管风险是指由于法律或监管规定的变化，可能影响商业银行正常运营，或削弱其竞争能力、生存能力的风险。

综上所述，商业银行的法律风险是指商业银行经营过程中由于法律因素导致损失的可能性，包括法律的内在缺陷、商业银行基于错误的法律理解或法律适用而实施的商业行为、监管机构的不当法律执行等因素导致商业银行遭受诉讼、制裁或其他不利后果的可能性。

（六）国家风险

除贷款业务中固有的交易对象的信用风险外，国际信贷业务还包括国家风险。巴塞尔委员会认为，国家风险是指与借款人所在国的经济、社会和政治环境方面有关的风险。当向外国政府或政府机构贷款时，由于这种贷款一般没有担保，国家风险可能最明显。在向国外公共或私人部门提供贷款或进行投资时，将国家风险考虑在内十分重要。国家风险的一种表现形式是"转移风险"，即当借款人的债务不是以本币计值时，不管借款人的财务状况如何，有时借款人可能无法得到外币，不能按期归还其外币债务。

因此，国家风险是指经济主体在与非本国居民进行国际经贸与金融往来中，由于别国经济、政治和社会等方面的变化而遭受损失的可能性。一般来说，国家风险有以下界定：

（1）以本国货币融通的国内信贷，其发生的风险属于国内商业风险，不属于国家风险的范畴。因此，国家风险存在于国际的经济贸易与金融交易活动中，而非国内经济活动中。国家风险通常是由未预期到的债务人所在国家的政治、经济、社会等方面因素的意外变动所导致的风险，它超出了债权人的控制范围。

（2）凡是跨国境的信贷，不论其接受信贷的对象为该国政府、私人企业还是个人，都有可能遭受不同程度的国家风险，因而国家风险比主权风险或政治风险的概念更宽。

主权风险是由国家的主权行为所引起的风险。当主权政府或政府机构作为银行债务人或债务担保人时，主权国家有可能出于对其利益的考虑而拒绝偿付债务或承担担保责任，作为债权人的银行对于违约不还外债的主权国家无法获得法律上的保护，此时，就面临着主权风险。但国家风险并不都是由国家的主权行为所引起的，一国的社会变动或其他政治、经济变动也有可能使债权银行或投资者遭受损失。也就是说，国家风险包括主权风险和非主权风险。

政治风险指的是一国投资者在另一国的资产因该国政权、领土、法律及政策的变化而可能蒙受的损失。当国家发生革命或政治动荡，可能导致该国拒付前统治者欠下的债务；两国关系紧张时，一国可能冻结甚至没收另一国所有机构和个人在该国的资产；战争、暴力等也可能使银行或投资者蒙受损失。在这些情况下，作为跨国业务债权人的银行就面临着政治风险。但导致借款国不能及时偿还债务的因素中，除了政治因素外，还有非政治因素。在非政治因素中，主要是经济因素可能导致国家风险的产生。也就是说，国家风险既包括政治风险，还包括非政治因素所导致的风险。

(3) 国家风险仅指政府所能控制的事故或至少在一定程度上由政府控制的事件而导致的损失概率，不在政府控制范围之内者，则不属于国家风险的范畴。例如，如果一个公司违约是由其自身管理问题导致破产的，那么该风险是商业风险。但是，如果一个公司违约是由政府经济政策失误导致公司破产，则该风险为国家风险。

(4) 国家风险与其他信贷风险不是并列关系，而是一种交叉关系。在国家风险之中，可能包含着信用风险、市场风险或流动性风险。企业因自身原因不能偿还所欠外国债权人债务的风险，是一般意义上的信用风险，通常也称为商业风险。国家风险与国家的经济、政治及社会因素有关，是企业无法控制的，因而是一种特殊的信用风险。

国家风险伴随着国际经济在主权国家间平等交往的出现而产生，伴随着国际经济的发展而发展。国家间的经济联系日益紧密，而各国经济发展又使各国的主权利益不断上升，为捍卫各国的民族利益和国家利益，各国间的矛盾和分歧不断扩大，发展到一定程度就不可避免地酿成摩擦、冲突、制裁，甚至战争。这种国家间经济联系与独立的矛盾，只要主权国家存在，就永远不会消除，而这种无法消除的矛盾就是国家风险产生的根源。随着经济的日益全球化，国家风险造成的损失和破坏力也日益增大，任何投资者随时都会在跨国投资中感受到国家风险的威胁。

（七）声誉风险

要了解声誉风险，首先需要了解什么是企业声誉。企业声誉是一个利益相关者随着时间的流逝对企业的全面评价，这种评价基于利益相关者的直接经验。从不同的研究角度，企业声誉有不同的定义。从企业过去行为的后果来看，企业声誉是企业把它们的关键特征传递给其成员以使其社会地位最大化的过程的结果，是企业过去一切行为及结果的综合体现，这些行为及结果反映了企业向各类利益相关者提供有价值的产出的能力，可用来衡量一个企业在与内部员工及外部利益相关者的关系中所处的相对地位，以及企业的竞争环境和制度环境。从企业声誉的信息来源和组成部分来看，企业声誉既包括认知成分，也包括情感成分。从消费者感知的角度来看，企业声誉包括企业的知名度、可靠度、可信度、美誉度和信任度。从公司客户的角度来看，企业声誉是基于公司过去行为及其对所有利益相关者当前的和可预知的影响，客户群体对公司的总体评价。

虽然从不同的角度对企业声誉有不同的定义，但这些定义都显示或隐含着一些基本的要素。第一，企业声誉是对企业多方面的总体印象和评价；第二，企业声誉的评价主体可以是单个利益相关者主体，也可以是多个利益相关者主体；第三，企业声誉的来源是企业过去的一切行为；第四，相关主体评价企业声誉是基于自身的直接经验和间接信息来进行判断的；第五，声誉的核心是信任。

（八）战略风险

战略风险是指商业银行在追求短期商业目的和长期发展目标的系统化管理过程中，不适当的未来发展规划和战略决策可能威胁商业银行未来发展的潜在风险。美国货币监理署（OCC）认为，战略风险是指经营决策失误，或决策执行不当，或对行业变化束手无策，而对商业银行的收益或资本形成现实和长远的影响。这种风险来自三个方面：商业银行战略目标缺乏整体兼容性；为实现这些目标所需要的资源匮乏；整个战略实施过程中的质量难以保证。

在现实操作过程中，战略风险管理可以被理解为具有双重含义：一是商业银行发展战略的风险管理，针对政治、经济、社会、科技等外部环境和商业银行的内部可利用资源，系统识别和评估商业银行既定的战略目标、发展规划和实施方案是否存在潜在的风险，并采取科学的决策方法或风险管理措施来避免或降低风险；二是从战略性的角度管理商业银行的各类风险，在进行信用风险、市场风险、操作风险以及其他风险管理的过程中，从长期的、战略的角度充分准备、准确预期未来可能发生的意外事件或不确定性，将各类风险的潜在损失控制在可接受的范围内，以确保商业银行的稳定运营。

案 例

银行业务风险的多样性

1985 年，王某承包了罐头厂（该厂是镇经济委员会的下属企业），1986 年 4 月 14 日至 1987 年 4 月 3 日，该厂向县农业银行贷款八笔，金额为 7.2 万元，用于购买原材料。其中，有一笔 5 万元借款由镇人民政府以历史古迹、国家文物的某寺庙作抵押担保。另一笔 5 000 元贷款由秦某以私人房屋抵押担保，但秦某在借期 6 个月的借款协议上填写了“只担保 3 个月，过期不负责”字样。其余两笔贷款由王某以私人房屋作抵押担保。承包人王某由于经营管理不善，造成亏损，该罐头厂于 1987 年 8 月 11 日宣告倒闭。罐头厂除归还贷款本息 2 000 元外，余欠贷款本金 7 万元，利息 1.25 万元，共计 8.25 万元。县农业银行多次催收无效，于 1987 年 12 月 15 日向法院提起诉讼。

王某声称：以私人房屋作抵押时未经其妻同意，而房屋属夫妻共有。

抵押担保人秦某称：我只担保 3 个月，鉴于已超过 3 个月，担保人已无责任。

抵押担保人镇政府称：用国家文物抵押担保合同无效，不应承担责任。人民法院在充分调查的基础上，判决王某与银行签订的借款合同有效，抵押担保人应承担各自的担保责任。

该案例中体现了商业银行经营过程中的信用风险、法律风险、操作风险等。以自己不享有所有权或者经济管理权的财产作抵押物的，应当认定抵押无效；国家机关不能担当保证人；抵押人用共有财产作抵押，应出具共有人同意的书面意见后才能办理抵押。

二、商业银行风险管理流程

一个完整的商业银行风险管理流程包括：风险管理目标与政策的制定、风险识别、风险评估、风险控制、风险监控、风险报告。

制定风险管理目标与政策是风险管理流程的起点。只有先明确目标，管理者才能确定哪些因素可能影响目标的实现，才能对来自内外部的各种风险进行有效识别和评估。同样，只有先制定政策，管理者才能确定在风险管理过程中哪些行为是被允许的，哪些行为是被禁止的，才能对已识别出来的风险采取有效的应对与控制措施。风险管理目标与政策制定更多是体现在战略层面上，在金融机构的风险偏好、风险容忍度、整体风险状况、现有的及潜在可获得的资本规模等限制性条件下完成。风险识别、风险评估、风险应对与控制、风险报告与监控等具体环节是对风险管理目标与政策的细化和执行，下面我们重点介绍这四个环节。

（一）风险识别

风险识别就是在各种风险发生之前，对风险的类型及其产生的原因进行分析判断，以便对风险进行估算和控制。风险识别是风险管理的第一阶段，是对风险的定性分析，也是整个风险管理的基础。

风险识别的方法很多，常用的有以下几种。

1. 故障树法

故障树法是利用图解的形式将大的故障分解成各种小的故障，通过对故障的分解，找出引起风险的原因。由于这种方法分解后的图形呈树状，因而人们形象地称它为故障树分析法，如图 1—1 所示。

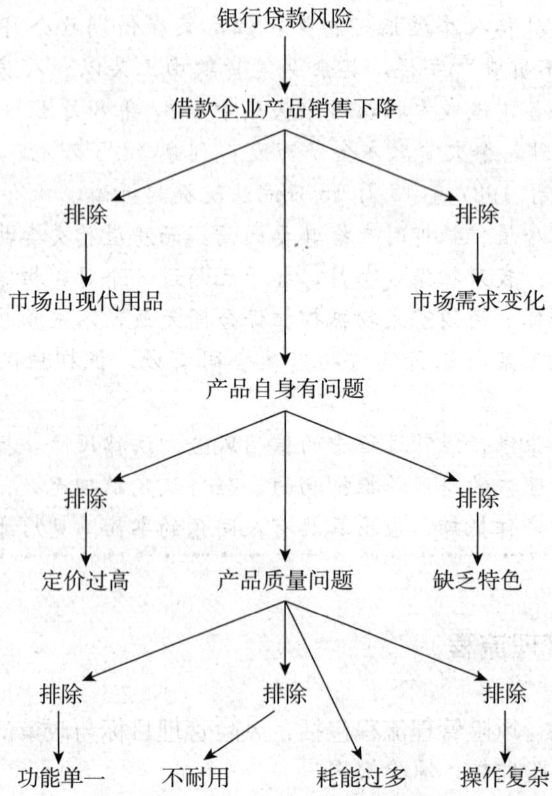

图 1—1　故障树分析法图例

故障树分析法具有简单明了、能比较迅速地发现存在的问题、使用领域广泛等优点。在对商业银行风险进行识别时，故障树法也是一种十分有效的方法。比如，在贷款风险识别中，它将银行面临的主要贷款风险分解成若干较小的风险，也可以将产生贷款风险的原因进行层层分解，排除无关因素，从而准确地找到对银行贷款真正产生影响的风险和原因。图1—1所示的是用故障树法对贷款风险进行识别的过程。

上例说明，银行贷款风险是由于借款企业的产品与同类产品相比耗能过多导致产品销售困难而引起的。

2. 专家预测法

专家预测法是以专家为索取信息的对象，组织各个领域的专家应用专业知识，通过直接对过去和现在发生的问题进行综合分析，从中找出规律，对发展前景做出判断。这种方法最大的优点是：在缺乏足够的统计数据和原始资料的情况下，可以对预测对象的未来状况做出有效的推测。将其应用于贷款业务中，可以对贷款活动中潜在风险的性质和可能引起风险的因素进行比较准确的判断。

专家预测法可分为个人经验法、专家群体预测法、德尔菲法和主观概率法四种。

（1）个人经验法：它是指依靠在某个领域有专长和经验的专家对预测对象的未来发展趋势和状况做出分析判断。这种方法的优点是简洁明快、综合性强，特别适用于突发情况下的预测。但由于这种方法仅依靠个人的分析和判断进行预测，会受到知识面、知识深度和占有资料有限的影响，易产生偏颇。所以这种方法要与其他方法综合应用，才会得出正确的判断结论。

（2）群体预测法：它是指以会议的形式，邀请有关专家群集共同研讨，先就银行征询的问题各抒己见，相互启发，最后集思广益，就其风险取得一致的、正确的判断结论。

（3）德尔菲法：又称函询调查法。将其用于商业银行风险的识别，主要是针对原因较复杂、影响较大而又无法用分析的方法加以识别的风险。该方法的基本程序是：首先由银行制定出风险调查方案，确定调查内容；其次聘请若干专家，对风险项目进行独立分析，并提出各自的判断结论；最后，将各个专家的回复整理后，再将不同的意见反馈给他们，让他们第二次提意见回复，在此基础上得出基本一致的判断结论。这种方法克服了专家开会讨论时附和权威或争论时碍于情面不便发表自己真实意见的弊端，有利于充分发挥专家各自的独立思考作用，互不干扰，综合各家之长，相互补充。这种方法的缺点是对分歧较大的问题难以取得较为一致的结论，主观色彩较浓。

（4）主观概率法：它是指银行先将所要分析的风险和必要的背景材料函寄给专家，让他们根据自己的经验和估计，提出预测结果及数值并回复银行，银行收到答复后，根据概率论的基本原理，求出专家主观概率的平均值作为判断结论。这种方法是对事件发生的各种可能性的概率加以主观判定，其综合分析和预测效果较好，可以作为对德尔菲法缺陷的一种弥补。

3. 流程图分析法

流程图分析法是通过建立流程图来系统分析、识别风险的潜在因素的方法。它主要用于对资金运用方面的风险识别与分析，通过对企业再生产过程的各个环节逐项进行分析，从中发现问题，找出可能产生的风险及其根源。

一般企业的生产经营过程如图1—2所示。

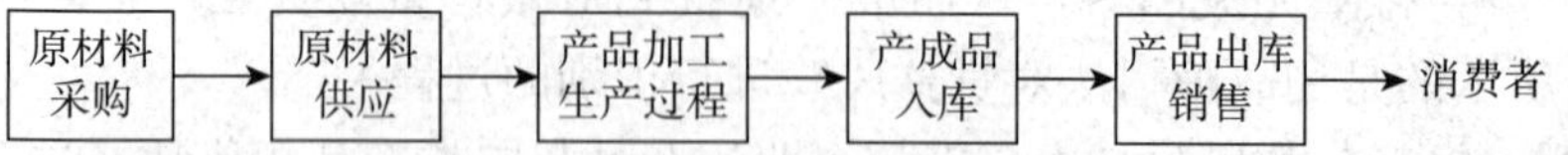

图1—2 生产经营过程流程图

在图1—2所揭示的企业生产经营过程的每一个阶段都存在着潜在的风险因素。比如在采购阶段，原材料在运输过程中会遇到交通中断等问题，进而使风险的可能性转化为现实性；在产品加工生产阶段，可能由于机器故障、停电、停水等因素使产品生产无法正常进行，从而形成风险，还可能因组织管理不当造成浪费；在成品入库待销过程中，可能会因失窃、火灾或其他人为因素，导致产品灭失、损坏，使产品价值无法实现等。总之，无论在哪一环节上存在风险因素，都可能会引起生产经营过程的中断，使投入企业的资金无法安全收回。

4. 监测—诊断法

监测—诊断法是指银行通过对客户经营情况的观测、记录和分析，及时发现风险信号，然后对银行面临的风险进行正确诊断的一种风险识别方法。

在实际工作中，该方法常用于贷款风险的识别。对银行贷款的贷后检查、监督并建立预警信号系统是银行对贷款在使用过程中的风险进行监测的主要手段，也是银行及时诊断和防止贷款风险损失的重要措施。银行通过对贷款发放后借贷人经营状况的监测，可以及时发现贷款风险的预警信号，以便尽快采取补救措施，减少贷款风险损失。

贷款风险预警信号系统主要包括以下几个方面。

（1）有关财务状况的预警信号。主要有：存货激增，存货周转速度放慢；现金状况恶化；应收账款余额激增；流动资产占总资产的比率下降，流动资产状况恶化；固定资产集中速度变化；除固定资产以外的非流动资产集中；长期债务大量增加；短期债务增加失当；资本与债务的比例降低；销售额下降；成本上升，收益减少；销售上升，利润减少；相对于销售而言，间接费用增长过快；相对于销售额或利润而言，总资产增长过快；呆账增加，经营亏损等。

（2）有关经营者的信号。主要有：关键人物行为或个人习惯发生变化；对银行的态度发生变化，尤其表现为缺乏合作态度；已解决的问题重新出现；不履行个人义务；发生董事会、所有权或重要的人事变动；关键人物患病或死亡；无力按计划履行承诺；未能实现预定的盈利目标；财务报表呈报不及时；控制成本不力；各部门职责分裂或混乱；冒险兼并其他公司，或冒险投资于其他新业务、新产品和新市场；投机心理过重，投资风险过大；商品服务定价过高或过低；对市场反应迟钝；某一个人独裁专制，业务发展缓慢；企业、行业或经济环境变幻莫测；发生劳资纠纷，甚至出现罢工等。

（3）有关经营状况的信号。主要有：经营业务的性质发生变化；财务记录和经营控制混乱；工厂或设备布局不合理；用人不当；缺乏关键产品生产线；丧失一个或多个财力雄厚的客户；关系到企业生产能力的某一个客户的订货变化无常；投机于存货，使存货超出正常水平；工厂和设备维修不善，推迟更新过时或无效的设备；存货陈旧，数额巨大且杂乱不堪等。

(4) 有关借贷双方关系的信号。主要有：借款人在银行的存款过速下降；借款人的应付票据长期过多；固定资产或流动资产融资计划不明确；对短期负债依赖过度；季节性贷款需求变化无常，贷款要求的规模和时间变化无常；多种还债来源未落实；从其他机构取得贷款，特别是抵押贷款；签发的支票金额经常超过实际存款余额等。

（二）风险评估

商业银行风险评估就是在识别银行的某种业务活动可能面临何种类型的风险之后，应用一定的方法估计和测定发生风险的概率和损失大小及其对银行产生影响的程度。它是风险管理的第二阶段，是整个风险管理中关键的一环。因为在很多情况下，风险管理的失败并不是由于未能正确地识别风险，也不是由于业务处理的方法不对，而往往是由于对风险控制的方法不当，而这又往往是由于对风险的评估错误造成的。只有对风险的估算准确，才能为正确采取风险控制和处理的方法打下基础。

总体来说，对金融风险的评估主要有两种方法，即定性评估和定量评估。定量评估通常借助于数理分析技术，运用建模的方法对风险的大小进行数量化的描述。随着数理技术的发展，这种方法在风险管理中得到了越来越广泛的应用。然而，当风险对数量增长没有影响时，或者当定量评估需要的数据实际上无法获得或分析这些数据的成本太高时，定性方法往往发挥着关键的作用。常见的风险评估主要有以下几种方法。

1. 主观判断法

通过专家和管理者的主观判断来度量风险的大小，通常适用于没有确定性规律和统计规律的风险。例如，早期的商业银行就是依靠信贷专家的专业技术、主观判断和对某些关键因素的权衡来评判借款人的违约风险的。确定主观概率时也常用到这一方法。主观判断法可以充分利用专家的知识、经验和技能，具有较强的灵活性。但由于其过度强调主观的作用，受人为因素影响较大，且缺乏标准的、统一的度量框架，因而单纯地依赖这种方法本身就意味着风险。随着定量分析技术的推广与应用，主观判断法越来越多地成为其他度量方法的辅助手段。

2. 评分或评级法

首先选取若干关键性指标构建一个风险评价体系，然后据此对风险管理对象进行考核，给出分值或等级分类。这种方法的综合性强，应用面也非常广，比如度量操作风险的平衡记分卡、度量市场风险的证券评级、度量信用风险的 z 计分模型、贷款五级分类和信用评级等。

3. 统计估值法

利用统计得来的历史资料估计金融风险的大小，不仅可以估计风险发生的概率，还可以估计出风险变动的幅度，即方差和标准差。估计的方法主要采用点估计和区间估计。用这种方法度量出来的金融风险是否准确，关键取决于历史资料的数量和质量。

4. 数理统计法

在历史资料较少或不易取得的情况下，可以通过建立数学模型的方法来度量风险，如蒙特卡罗模型、极值模型等。

5. 模拟法

近年来，模拟法在金融风险评估中得到了较好的应用。这种方法要求风险管理人员围绕需要评估的风险设定一个或多个假设情境，然后根据风险因子在这些情境下的变化情况来估算出风险损失的大小。常用的模拟法有蒙特卡罗模拟法、历史模拟法、情景分析、压力测试等。

6. 假设检验法

对求知参数的数值提出假设，然后利用样本提供的信息来检验所提出的假设是否合理。它与统计估值法一样，主要适用于统计规律稳定、历史资料齐全的风险估计。

（三）风险控制

在商业风险识别和度量的基础上，风险管理者要选择合适的风险管理策略和工具，对其所面临的风险进行处理，将风险水平控制在可承受的范围之内。

商业银行风险控制就是对风险识别和风险估评之后测出的风险进行处理和控制的过程，它包括防患于未然的控制，也包括风险发生之时和之后进行的控制。风险控制既是商业银行风险管理的重要内容，也是商业银行内部控制的核心内容。一般来说，商业银行主要通过以下几种方式来控制风险。

1. 风险规避

风险规避是指在风险发生之前，风险管理者因发现从事某种经营活动可能带来风险损失，而有意识地采取回避措施，主动放弃或拒绝承担风险。

风险规避是一种保守而且比较简单的风险控制手段，选择规避风险是风险管理者抉择的结果。但是，在现代的经济社会中风险丛生，一味地回避风险，只能反映管理者不思进取，而且，从经济成本的角度讲，放弃了可能取得的风险收益，实际上就是一种损失。所以，风险管理者应当认真地权衡收益与风险，只对极不安全或者得不偿失的风险采取回避态度。一般来说，这种方法主要适用于以下情形：

（1）风险承担与回报不对称，即某业务可能预期收益较低，而面临的风险却比较大。

（2）承担的风险太大，超过了金融机构的承受能力。

（3）风险过于复杂，超过了金融机构现有的管理能力。

（4）管理风险的成本过高。

（5）蕴含此类风险的业务不是金融机构的主要业务。

2. 风险分散

风险分散的理论基础源于马科维兹的资产组合理论。根据该理论，组合的风险不仅取决于单个资产的风险，还取决于这些资产间的相关性。由于组合中各资产彼此间相关系数小于1，因此组合的风险小于单个资产风险的加总。如果组合中的资产数目越多，或彼此间的相关系数越小，则组合的风险分散效应就会越显著。

因此，金融机构可以通过持有不相关或负相关的资产（负债）组合，并使组合的资产（负债）种类多样化，达到在总体上降低风险的目的。值得一提的是，资产分散的方法在降低风险的同时，并不影响组合的总收益，组合的总收益率仍然等于单个资产收益率的加权平均。如果不考虑交易成本的存在，风险分散可谓是金融风险管理领域的一道"免费的午餐"。

风险分散方法主要包括五个方面：

(1) 资产种类分散，是指银行将资产分散在各类贷款和各种证券上。

(2) 行业分散，是指银行将资金投资于若干行业而不是某一个行业。

(3) 地区分散，是指银行将资金既投资于经济发达地区，又投资于经济正在发展的地区和经济落后、急需开发的地区，或者把资金投资于全国乃至全球各地不同的地区。

(4) 客户分散，是指银行进行资产选择时，应将资金投向不同规模、不同行业、不同地区的客户上。

(5) 资产质量分散，是指银行在发放贷款和购买证券时应将资金分散于不同质量的贷款和证券上，从而既获得低质量资产的高收益，又取得低收益资产的高质量，保证银行实现收益最大化和风险最小化。

3. 风险转移

风险转移是一种事前的风险管理措施，是指在风险发生之前，通过各种交易活动，把可能发生的风险转移给其他人承担，避免自己承担风险损失。

风险转移与风险规避相比，是一种更积极的风险控制方法。因为这种方法并不消灭风险源，只是改变风险承担的主体，而且即使风险全部转移出去了，原风险主体不再承担任何风险导致的损失，却有可能保留风险带来的部分收益。当然，风险转移是需要成本的，特别是风险的转移实际上是一种交易，是一种风险的买卖。因而，转让人要支付给受让人一定的补偿，或直接或间接提高受信者融资的成本，有时还要付给中间交易者一定的费用，交易的结果是风险的转移与被转移双方都获得自己满意的风险—收益状态。

风险转移的方式主要有以下几种：

(1) 担保。当客户的信誉程度比较低时，应当要求客户寻找担保人对其担保，由担保人对其债务承担连带责任。这样，就可以把客户的信用风险转移给担保人。

(2) 保险。保险作为一种风险转移方式，在后面的内容中将进一步说明。

(3) 转让。转让即风险主体将有风险的资产转让给他人，从而所附带的风险也被转移，达到风险控制的目的。特别是对于金融资产，转让是一种经常被使用的风险转移方式。例如，将手中所持证券在其价格下跌之前卖出、将在国际银团中的贷款出售、未到期票据贴现等，这些都是资产转让的具体方式。

(4) 期货与期权等交易。利用期货与期权交易转移风险是目前广泛使用的风险管理方式。需要注意的是，期货与期权虽然有极大的风险防范作用，但只能转移风险，而不能消除风险，因为它们也是普遍性的投机工具，本身包含着巨大的风险。

(5) 指数化。指数化基本上是一种针对市场风险的风险转移方式，是指利用市场中的经济变量的指数来调整价格，进而调整利益分配的一种方式。它的种类也很多，比较典型的是指数化利率。它是根据物价上涨率来调整利率变化的方向和幅度，以此给融资交易的一方以补偿，借以降低其通货膨胀风险。

(6) 抵押和质押。它要求融资交易的一方提供不动产、动产或是权利凭证作为保证资金安全的抵押标的，一旦出现风险，在需要时即可通过变卖抵押标的来收回资金。

4. 风险对冲

金融机构还可以通过进行某种特定的金融交易来对冲其面临的某种金融风险。如果两项交易的收益彼此呈负相关，当其中一项交易亏损时，另一项交易将获利，从而实现盈亏相抵，这就是对冲的基本原理。对冲也称套期保值，最典型的对冲方式就是金融机构通过在远期或期货市场上建立与现货市场相关的头寸，来冲抵现货市场价格波动风险。例如，在现货市场上处于多头地位，就在期货市场上做空；反之，在现货市场上处于空头地位，就在期货市场上做多。这样，无论未来价格如何变动，都可以达到套期保值的目的。

可见，金融衍生工具不仅是一种风险转移的手段，同时也是对冲风险的有效工具，不断创新的金融衍生工具为对冲提供了巨大的发展空间。如今，对冲风险已不仅仅停留在利率、汇率、股价、商品价格等市场风险管理领域中，在信用风险、操作风险等领域也展现出了新的活力。

5. 风险留存

风险留存是指金融机构直接承担风险并以自己的财产来弥补损失。金融机构选择这一方法来处置风险并不一定意味着它无力管理风险而只能被动地承担，事实上这也是金融机构在对未来的损失和机会成本等变动因素进行综合考虑后，出于经济可行目的而主动承担风险的一种策略。

针对风险的留存，金融机构并不是一味地被动接受，通常会在损失尚未真正发生之前就采取一定的防范措施以增强自身的抵御能力，比如预提风险准备金、扩充资本金等。

(四) 风险的报告与监控

1. 商业银行风险报告

风险报告是将风险信息传递到内、外部门和机构，使其了解银行风险及其管理状况的重要工具。可靠的风险报告可以为管理层提供全面、及时和精确的风险信息，为风险管理决策提供必要的支持；可靠的风险报告也是投资人和监管者对金融机构的要求，他们据此可以了解和掌握金融机构的风险及其管理状况，进而做出相应的反应。

（1）风险报告的职责。风险报告有以下职责：保证对全面风险管理重要性和相关性的清醒认识；传递金融机构的风险偏好和风险容忍度；实施并支持一致的风险语言；使员工在业务部门、流程和职能单元之间分享风险信息；告诉员工在实施和支持全面风险管理各部门中的角色和职责；利用内部数据和外部事件、活动、状况的信息，为风险管理目标的实施提供支持；保障风险管理信息及时、准确地向上级或者同级的风险管理部门、外部监管部门、投资者报告。

（2）风险报告的路径。良好的风险报告路径应采取纵向报送与横向传送相结合的矩阵式结构，即下级机构相关部门在向上级部门对口报送风险报告的同时，必须向同级的风险管理部门传送风险报告。

（3）风险报告的主要内容。风险报告是商业银行风险管理的重要组成部分，它是了解商业银行风险的窗口。风险报告的关键在于将风险信息及时准确地报告给需要信息的人。不同的需求者对风险报告的要求各不相同。按风险报告的需求对象不同，通常可将风险报告分为内部报告和外部报告。外部风险报告的内容相对固定，主要包括提供监管数据、反映管理情况、提出风险管理的措施建议等；内部风险报告的内容较为复杂，一般来说，对于机构的前台、中台、后台以及更高的管理层，它们需要的信息是不同的。董事会和高级管理层需要高层次的宏观信息，比如全面的总体评估、最大风险来源及可能损失、趋势报告等，通常采用周报、月报、季报甚至日报。前台需要微观的细节，比如某个头寸的风险状况、风险分解、热点报告、最佳套期保值报告等，通常采用实时或日报。

2. 商业银行风险的监控

银行风险具有瞬变性和不可准确预见性，即使能够对某一风险进行度量并采取有针对性的控制措施，但随着日常经营的持续进行，该风险可能会相应地增大或变小，还可能会出现新的风险，这些可能出现的变化会进一步导致早先采取的控制措施失效。因此，对银行风险进行监控是非常重要的一环。

从内容上看，风险监控主要包括两个层面：一是跟踪已识别风险的发展变化情况，包括整个考察期内风险的产生条件和导致后果的变化，评估风险减缓计划的需求状况；二是根据风险的变化情况及时调整风险控制计划，对已发生的风险及其产生的遗留风险和新增风险及时识别、分析，并采取适当的控制措施等。

风险的监控应该贯穿于风险管理的全过程。在实践中，建立风险预警系统是监测风险的一种重要手段。风险预警系统，是指通过设置并观察一些极具敏感性的风险指标的变化，从而对商业银行可能面临的风险进行预测预报的风险分析系统。一般来说，所选定的风险指标必须具备两个基本的特征：一是必须具有高度的敏感性，即风险因子一旦发生变化，能够在指标值上迅速地反映出来；二是必须具有高度的前瞻性，即一旦指标值趋于恶化，往往就意味着损失可能发生或将要发生，属于损失发生的先兆性指标，而非结果性指标。

第三节 商业银行风险管理文化

一个战略清晰、目标明确、职责到位的现代银行风险管理体系与培育一种以促进业务发展为根本的增值型风险管理文化是密不可分的，只有把先进的风险管理文化贯穿到银行发展战略、根植于整个银行的运营行为之中，并内化为员工的职业态度和工作习惯，才能构筑起抵御风险的坚强防线，实现银行稳健经营和可持续发展。

一、风险管理文化的内涵

风险管理文化是银行在长期的发展过程中形成的，是全体成员统一于风险管理方向上的某种思想观念、价值标准、道德规范和行为方式的集合。风险管理文化由知识、制度、精神三个层面组成，以精神层面为核心、知识层面为基础、制度层面为保障。风险管理文化的精神层面主要指风险管理的基本理念，知识层面主要指风险管理的技术方法，制度层面主要指风险管理的制度规定。风险管理文化从精神层面到制度层面逐步具体化。

对于一个好银行来说，竞争优势中起决定作用的因素有两个：一个是健康的风险管理理念和拥有这种健康文化的员工队伍，另一个是先进的风险管理制度、流程、技术和方法。先进的风险管理制度、流程、技术和方法虽然能够为风险管理提供制度保障，但要通过健康的风险管理文化和拥有这种健康文化的员工的执行来体现，仅靠制度本身不能完全起到作用。正如一位美国银行家所说："一个金融机构的管理常常失败，其原因并不是因为缺乏信用管理体系、政策及程序，而是因为其现有的占据主导地位的企业文化不能使这些系统、政策和程序真正发挥作用。"因此，健康的风险管理理念对于一个银行起着基本性作用。

健康的风险管理文化既要坚持统一性与差别性，又要坚持独立性与服务性。统一性是指风险管理活动应在统一的风险理念指导下进行，差别性是基于业务多样化和客户需求复杂性而寻求的管理手段和制度的灵活性。根植于重视整个互动而非局部分析的思考方式，先进的风险管理文化强调统一为前提的差别和差别为基础的统一。风险管理的独立性，就是要有独立的机构、人员，以独立的视角，对业务发展中存在的风险进行客观识别、度量和控制，独立性是风险控制制约性的关键。风险管理的根本目的决定了风险管理同时应具有服务性，风险管理要服务于业务发展，服务于稳定获取收益。只有坚持统一性与差别性、独立性与服务性，风险管理才能实现其管理价值，促进经营价值最大化。

健康的风险管理文化以企业整体文化为背景，以经营价值最大化为目标，贯穿以人为本的经营理念，有机地融合先进的风险管理技术和科学的风险管理手段，始终面向不断变化的市场、客户，在与市场的不断博弈中完善政策及制度，与时俱进地指导银行的风险管理实践，是科学、完整、高效、可控的全面风险管理体系的灵魂。先进的风险管理文化既是对传统风险管理的升华和创新，又是对现代银行风险管理的借鉴和消化，通过培育风险管理文化，可大幅度提升银行风险管理水平。

二、先进的风险管理理念

比较国际先进银行的风险管理理念可以发现，虽然这些银行的总体战略、风险偏好、业务优势和历史沿革各不相同，但关于风险管理的核心理念基本一致。我国商业银行应充分发挥后发优势，根据各自的发展战略和管理目标，学习、借鉴先进的风险管理理念，并将其融会贯通到自身风险文化建设中。概括而言，先进的风险管理理念主要包括以下内容。

（1）风险管理是商业银行的核心竞争力，是创造资本增值和股东回报的重要手段。这是一个重要的理念突破，商业银行不再是传统上仅仅经营货币的金融机构，而是经营风险的特殊企业。在这一理念指导下，商业银行的管理目标、发展战略以及经营模式都将发生变化，主要体现在从粗放型、冒进型、盲目追求市场份额的初级阶段，走向精细化、审慎型、注重风险收益管理的高级阶段，切实保障商业银行的可持续发展。

（2）风险管理的目标不是消除风险，而是通过主动的风险管理过程实现风险与收益的平衡。银行是经营风险的企业，银行不能回避风险，只能管理风险。美国花旗银行主席及总裁威斯顿曾有一句名言："事实上，银行家从事的是管理风险的行业，简单来说，这就是银行业。"在银行经营管理中，风险问题无所不在。银行经营管理的每一个过程和环节，都伴随着对风险的控制和管理，银行的每一项业务都是伴随着对风险的评判以及控制而展开的。在发放贷款时，银行对企业的资信评估、项目评估、产品的市场评估，甚至贷款发放程序的制定，以及贷后管理，都是围绕着对风险的控制和管理这一主题进行的。仅一笔贷款发放，所面对的风险就有好几种，甚至在吸收存款、开展中间业务、增设网点时，银行也要将风险的因素考虑进去。透过银行经营管理的表象，撇开那些物质属性的遮蔽，所能抽象出来的本质就是风险。银行正是通过承担并有效地管理风险来获取盈利的。

（3）风险管理战略应该纳入商业银行整体战略之中，并服务于业务发展战略。风险管理必须与业务计划和业务策略有机结合，所有业务单位和职能部门都承受风险并获得风险带来的收益，因此必须承担相应的风险管理责任。前台业务部门、风险管理部门以及其他支持保障部门均属于商业银行全面风险管理的范畴。

（4）商业银行应该充分了解所有风险，建立和完善风险控制机制，对于不了解或无把握控制风险的业务，应该采取审慎的态度。虽然风险管理的目标是提高承担风险所带来的收益，但商业银行应当严格控制风险水平，避免承担可能危害正常运营的风险。当面对两种或两种以上的情况需要做出抉择时，商业银行应选择风险较低的情况。

三、风险管理文化的培育

（一）加强管理层的驱动作用

先进的风险管理文化只有体现在风险管理战略的制定中，有机融合于信用风险、市场风险和操作风险的具体管理方法和运营机制之中，才能使风险管理的基础进一步牢靠，风险管理的效果进一步提高，才能促进商业银行各项业务健康快速发展。要实现这个目标，银行高管层的重视是前提，要发挥风险管理文化建设上的驱动作用，通过持续不断的理念宣传和自身实践的示范效应，将先进的风险管理文化体现在商业银行可持续发展的风险管理战略中，通过对全行各类风险实施管理流程的整合建立科学完整的风险管理模式，用基于过程的内控体系重塑风险管理技术水平。

（二）全员的风险教育和培训

培育先进的风险管理文化，就是要使风险管理成为风险管理人员、业务部门人员的共同理念和自觉意识。先进的风险管理文化将银行的管理目标建立在全行员工的共识之上，促使员工迈向共同的愿景，把风险管理的责任扩散到每一个部门和每一个业务环节，并通过组织持续性学习将其内化为员工的职业态度和工作习惯，最大限度地发挥员工在风险管理方面的积极性、主动性和创造性。人是创造文化的主体，又是传承文化的载体。风险管理文化的培育要以人为中心，着眼于员工的思维方式和心理状态，动员全体员工参与风险管理，明确风险管理职责，从而在整个银行业务流程中创造出良好的风险管理氛围。

（三）创建学习型组织

要培育先进的风险管理文化，先要引导整个银行成为学习型组织。银行业是一个知识和信息密集型行业，银行之间的竞争正逐渐变为员工素质的竞争，而员工的高素质在很大程度上取决于其学习能力。在新的银行业竞争背景下，银行业竞争的实质是学习能力的竞争，竞争优势来自比竞争对手学习得更快的能力。以学习来塑造组织变革能力的本质，就是将组织建成一个不断地自我更新、自我创造和外界变化相互推动引导的组织。因此，打造学习型银行，鼓励员工不断学习，更新风险管理知识，提升风险收益的平衡判断能力，是银行在市场竞争中站稳脚跟并赢得竞争的重要保证。商业银行应把打造学习型银行作为一项战略性项目，建立一种持续学习的理念和机制，在行内形成一种浓厚的团队学习氛围，并激励员工把学习能力转化为创造能力，从而实现员工和银行共同发展的目标。

（四）建立激励和约束机制

合理的激励和约束机制是培育商业银行风险文化的重要保证，这就要求商业银行风险文化建设应当与薪酬制度、人事制度相结合，通过设计科学的激励与约束机制来增强各级管理人员特别是高级管理人员的风险意识，防止盲目扩张、片面追求业绩、忽视风险等行为发生，进而形成健康的风险文化氛围。

第四节　商业银行风险管理组织架构

一、健全的组织架构是成功管理银行风险的必要保障

商业银行的风险管理理念、战略、政策、程序等都必须通过一定的载体才能得以实施，风险管理的效果与机构内部的组织架构具有高度的关联性。合理的机构设置和清晰的职能界定不仅有助于明确风险管理者的权力和责任，形成有效的风险治理机制，还有助于在机构内部的各组成部分之间围绕风险管理进行持续的沟通，营造出良好的风险管理环境。反之，不合理的风险管理组织架构往往会导致金融机构的风险管理政策和程序失败。英格兰银行在其关于巴林银行的一份报告中就明确指出，巴林银行倒闭的主要原因是其对职能分离原则的背离。尼克·里森既控制着台前的交易，又控制着后台系统，正是这样的组织结构才使他能伪造交易账户，并将其损失长期隐藏起来。

案 例

巴林银行倒闭

1995 年 2 月 26 日，具有 233 年悠久历史的巴林银行破产了，这个消息震惊了英国女王。很明显，破产是由一位 28 岁的交易员尼克·里森（Nick Leeson）在衍生工具交易中损失了 13 亿美元造成的，这笔巨额损失耗尽了该银行所有的股权资本。

在期货市场上的操作使巴林银行面临着日本股票市场的巨大风险，后来给该银行带来了巨额损失并导致破产。里森是新加坡巴林期货公司的首席交易员，他手中已积累了大量的日经 225 股指期货（日经 225 是由日本股票构成的指数）。巴林银行在新加坡交易所和大阪交易所的名义头寸曾一度令人难以置信地高达 70 亿美元。在 1995 年的头两个月里，日本股市下跌超过 15%时，巴林期货公司遭受了巨大的损失。同时，由于里森已大量售出期权，损失进一步加重，里森本以为日本股市会保持平稳。当损失不断加重时，里森仍顽固地相信他是对的，仍然不断地增加他的头寸规模。最后，他没有资金来支付交易所要求的保证金，只得于 1995 年 2 月 3 日仓皇出逃。随后，里森给他的上司发了一份传真说："我为留下的烂摊子深表歉意。"

由于巴林银行一直被认为是一家比较保守的银行，它的破产给全世界的金融机构敲了一个警钟。此次灾难揭示了巴林银行内部管理的严重缺陷：里森既控制了前台交易部又控制了"后台部门"，而"后台部门"的职能在于确认交易并确保所有的交易活动都符合规章制度。在任何一家正规的银行，交易员可以支配的资金和可持有的头寸数量都是有严格限制的，为了避免利益的冲突要清楚界定前台交易部和"后台部门"各自的职能。此外，大多数银行还都设有一个独立的风险管理部门，以加强对交易员的监督检查。

1995 年 2 月 27 日，《华尔街日报》中引用英格兰银行的官员们有关巴林银行的观点概

括了此次事件带给我们的教训。

英格兰银行的管理者们表示，他们并不认为巴林银行倒闭的问题与衍生工具之间有某种特殊的联系……在某种情况下，当交易员超越授权范围而持有大量头寸时，真正的问题在于投资机构内部控制的强度，以及交易所和管理层所进行的外部监控。

巴林银行的股东们承担了全部的损失，巴林银行的股价跌至零，使其高达约10亿美元的市场资本总额化为乌有。巴林银行的债券持有者只能得到债券面值5%的偿付。此外，还有一部分损失由荷兰的金融服务集团荷兰国际公司（ING）来承担，该公司斥“巨资”1英镑收购了巴林银行。

受历史条件、经营环境、管理偏好等多种因素的影响，金融机构的风险管理组织架构在实践中呈现出了多样性。结合金融风险管理的发展趋势和国际先进金融机构的经验，可以发现，一个设计良好的风险管理组织架构至少应具备以下特性。

（一）全面性

全面性即风险管理组织结构的设计能够充分满足全面风险管理的要求。全面风险管理要求金融机构的风险管理不仅能够覆盖所有的部门、岗位和人员，而且要能够涵盖所有的风险和业务环节。因此，在组织设计上，金融机构大多会通过自上而下设置完整的风险管理部门、建立一支强有力的风险管理人员队伍、让风险管理人员参与业务流程等措施来应对全面风险管理的要求。当然，最佳的状态是，凡是存在风险的地方都能配有专业的风险管理人员，以确保他们积极参与到影响风险的策略、业务和控制开发的各个方面，在任何必要的时候，都能及时发出“控制风险”的声音。

（二）协调性

在实践中，金融风险管理的组织跨度很大，往往涉及多重的组织和部门，而且每一组织和部门都有其特定的关注领域。例如，财务部门可能会对估价、损益、账簿和记录有较大的兴趣；法律部门则可能专注于抵押、函证、标准协议等文件的起草与执行。因此，一个设计良好的金融风险管理组织架构会充分考虑机构内各部门之间的协调，不仅能够明确划分它们之间的权责，建立相互间必要的监督机制，还能确保它们之间信息沟通的方便、快捷、准确无误，以提高机构内合作与共享信息的能力。

（三）独立性

独立性即风险管理体系与业务经营体系保持相对独立。在实践中，金融机构大多是通过设置专门的风险管理部门，将前台交易与后台的风险控制、风险承担与风险监控分离开来，让风险管理部门完全独立于从事业务经营和管理的各个部门。也就是说，那些负责部署风险限额和做出与风险相关决策的风险管理者不用向那些具体负责柜台或交易业务、从而产生承受风险的部门承担报告和赔偿责任。这种设计的最大好处就在于：风险管理和风险承担在职责上的分离，不仅有利于增加金融机构的风险透明度，还可以有效地减少风险管理者和业务部门之间的利益冲突，确保风险管理者在任何环境下都不会妥协。

（四）集中性

集中性即通过良好的组织制度设计，将风险管理职能集中到某些特定的内部组织（如专门设立的风险管理部门），从而实现对风险的专业化管理。一直以来，金融机构对风险管理职能的理解存在着两种截然不同的观点：一种是行政式的，要求配有初级和中级专业人员，他们工作的重点只是分析和报告风险，而不是管理风险；另一种是职业式的，要求配备经验丰富、技能高超的专家，其职责是监控、报告和管理风险，而不是简单地报告和分析风险，他们行使着真正的管理职能。相比较而言，职业式的风险管理大大提高了风险管理组织的权威性，因而更容易赢得高级交易经理和业务人员的认同和尊重。20 世纪 90 年代以来，金融机构越来越普遍地把精力和资源转移到组建一个经验丰富、有权执行和管理程序的专业团队上来，职业式的风险管理得到了普遍应用。

（五）垂直性

风险管理组织结构的垂直性包括两层含义：第一，风险管理的负责报告线路垂直，下级风险管理机构对上级风险管理机构直接负责并报告工作；第二，人力资源和财务管理的垂直化，上级风险管理部门和人员负责下级风险管理人员的提名、业绩考核与评价，风险管理系统建立相对独立的财务管理模式。这样，通过实行垂直化管理，金融机构能够确保风险管理人员可以不受任何干预和影响，始终保持独立的视角和机构整体的视角来识别并评估风险，做出相应决策，从而使风险管理的决策具有相对的权威性和独立性。

知识链接

中国建设银行风险管理体系

垂直管理

在总行聘任了首席风险官，设立了风险监控部，强化了风险管理的专业性。在分行层面，遵循异地交流风险管理人员，截至 2006 年年末，一级分行风险总监、二级分行风险主管已选聘到位（其中，一级分行的风险总监统一由总行任命，二级分行的风险主管由分行提名、总行审核后任命），并在部分县级支行任命了专职或兼职风险经理。风险管理人员负责所辖银行全面风险管理工作的组织实施，并担任所辖机构的牵头审批人，其第一汇报线路为向上级风险管理人员汇报，第二汇报线路为向所在机构或业务单元的负责人汇报。

平行作业

在大中型公司类客户授信业务领域，推选客户经理和风险经理的平行作业机制，风险经理参与自贷前调查至贷后管理信贷业务全部环节的风险管理。在贷前环节，风险经理与客户经理共同参与客户评价和项目评估工作，并对信贷材料出具风险评价意见；贷款发放前，风险经理负责审核贷款条件的落实情况；贷款发放后，风险经理负责信贷风险识别和预警，并进行风险提示。目前，平行作业工作正在全行平稳推进。

二、风险管理组织的体系

（一）董事会

商业银行的董事会承担对风险管理实施监控的最终责任，确保金融机构有效地识别、评估、监测和控制各项业务所承担的各类风险，并就风险管理工作的有效性对股东负责。董事会在风险管理方面主要履行以下职责：

（1）审议并向股东（大）会提交风险管理年度工作报告。

（2）确定机构风险管理总体目标、风险偏好、风险容忍度，批准风险管理策略和重大风险管理解决方案。

（3）了解和掌握机构面临的各项重大风险及其风险管理现状，做出有效控制风险的决策。

（4）批准重大决策、重大风险、重大事件和重要业务流程的判断标准或判断机制。

（5）批准重大决策的风险评估报告。

（6）批准内部审计部门提交的风险管理监督评价审计报告。

（7）批准风险管理组织机构的设置及其职责方案。

（8）批准风险管理措施，纠正和处理任何组织或个人超越风险管理制度做出的风险性决定的行为。

（9）督导风险管理文化的培育。

（10）审批机构风险管理中的其他重要事项。

（二）风险管理委员会

为了更好地落实日常的风险管理工作，金融机构通常设立专门的风险管理委员会。风险管理委员会可以下设于董事会，也可以在高级管理层面设立，前者更为常见。风险管理委员会一般由专业人士组成，不仅包括专业的风险管理人士，还包括专业的法律人士、会计人士等。委员会主要履行以下职责：

（1）提交机构风险管理年度报告。

（2）审议风险管理策略和重大风险管理解决方案。

（3）审议重大决策、重大风险、重大事件和重要业务流程的判断标准或判断机制，以及重大决策的风险评估报告。

（4）审议内部审计部门提交的风险管理监督评价审计综合报告。

（5）审议风险管理组织机构的设置及其职责方案。

（6）办理董事会授权的有关全面风险管理的其他事项。

（三）高级管理层

商业银行的高级管理层负责制定、定期审查和监督执行风险管理的政策、程序以及具体的操作规程，及时了解机构的风险水平及其管理状况，并确保机构具备足够的人力、物力以及恰当的组织结构、管理信息系统和技术水平，有效地识别、评估、监测和控制各项业务所承担的各类风险。

为了更好地监控风险，金融机构通常在高级管理层中设置专门的风险管理职位，即首席风险官（CRO）。近年来，首席风险官已成为金融机构内最热门的职位之一。金融机构首席风险官主要履行以下职责：

（1）参与机构层面上的重大决策过程，协助首席执行官决策。

（2）组织推动风险文化建设。

（3）组织制定整体性的风险管理政策和策略。

（4）组织建立涵盖信用风险、市场风险、操作风险、国家风险等在内的全面风险管理组织架构。

（5）组织开发和更新风险管理系统，确定风险管理参数和标准。

（6）组织确定区域、资产（或产品）和客户的风险限额、组合方案及拨备政策。

（7）向首席执行官、风险管理委员会汇报资产质量和风险管理情况。

（8）按照董事会的相关决议和首席执行官的工作要求，组织落实各项风险管理措施。

（9）负责向监督部门就风险管理事项进行汇报和沟通。

（10）参与风险条线管理人员的绩效管理，包括绩效任务、绩效考核和绩效改进，并对他们的激励方案提出建议。

（11）参与风险条线管理人员和资深专业人员的队伍建设等。

知识链接

中国建设银行诞生首位“CRO”

首席风险官（Chief Risk Officer，CRO）在国外金融机构中由来已久。首席风险官是现代金融机构管理中重要的高级管理人员，是公司重要战略决策的拟定和执行者之一。2005 年，建行在境内外媒体上发布广告招聘首席风险官，希望在全球范围内选聘一流的高级管理人才，以提升风险管理和内控水平，保证业务健康发展。在经过一系列严格的选拔之后，2006 年 6 月 14 日，建行正式对外公布了其首席风险官人选——建行总行风险与内控管理委员会常务副主任朱小黄。建行新闻发言人对朱小黄的评价是：“具备丰富的银行工作经验，特别是风险管理和市场营销等方面的技能和经验，对中国的国情和银行改革发展情况比较熟悉，有出色的管理能力。”

（四）风险管理部门

在金融机构中，风险管理部门是负责风险管理具体实施的专门性组织，是风险管理组织体系的核心环节。负责风险管理的部门应当职责明确，与承担风险的业务经营部门保持相对独立，向董事会和高级管理层提供独立的风险报告，并且具备履行风险管理职责所需要的人力、物力资源。负责风险管理部门的工作人员应当具备相关的专业知识和技能，并充分了解本机构与各类风险有关的业务、所承担的各类风险以及相应的风险识别、计量、控制方法和技术。金融机构还应当确保其薪酬制度足以吸引和留住合格的风险管理人员。风险管理部门主要履行以下职责：

（1）研究提出机构风险管理工作报告。

（2）研究提出跨职能部门重大决策、重大风险、重大事件和重要业务流程的判断标准或判断机制。

（3）研究提出跨职能部门的重大决策和评估报告。

（4）研究提出风险管理策略和跨职能部门的重大风险管理解决方案，并负责该方案的组织实施和对该风险的日常监控。

（5）负责对机构风险管理进行有效性评估，研究提出机构风险管理的改进方案。

（6）负责组织建立风险管理信息系统。

（7）负责组织协调机构风险管理日常工作。

（8）负责指导、监督有关职能部门、各业务单位以及全资、控股子公司开展风险管理工作。

（9）办理风险管理的其他有关工作。

（五）其他部门

1. 内部审计部门

内部审计作为一项独立、客观、公正的约束与评价机制，在强化金融风险管理的过程中发挥着重要作用。内部审计可以在风险识别、评估、监测和控制等主要阶段来审核风险管理能力和效果，具体包括以下内容：

（1）审核经营管理的合规性及合规部门运作的有效性。

（2）审核内部控制的健全性和有效性。

（3）审核风险状况及风险管理流程的适用性和有效性。

（4）审核信息系统规划设计、开发运行和管理维护的情况。

（5）审核会计记录和财务报告的准确性和可靠性。

（6）审核与风险相关的资本评估系统情况。

（7）审核机构运营绩效和管理人员履职情况等。

2. 法律/合规部门

设立法律/合规部门的目的在于及时判定、评估和监测金融机构所面临的法律/合规风险，并向高级管理层和董事会提出咨询建议和报告，其承担的职责有以下几方面：

（1）协助制定法律/合规政策，有效管理金融机构的法律/合规风险。

（2）适时修订规章制度和操作规程，使其符合法律和监管要求。

（3）开展法律/合规培训和教育项目。

（4）关注、准确地理解法律/合规监管要求及最新发展，为高级管理层提供建议。

（5）参与金融机构的组织架构和业务流程再造。

（6）参与新产品、新服务开发，提供必要的法律/合规测试、审核和支持。

3. 其他职能部门和业务单位

其他职能部门和业务单位应接受风险管理职能部门对风险管理工作的组织、协调、指导和监督，它们在风险管理工作中应履行以下职责：

（1）执行风险管理基本流程。

（2）研究提出本部门或业务单位重大决策、重大风险、重大事件和重要业务流程的判断标准或判断机制。

（3）研究提出本部门或业务单位的重大决策风险评估报告。

（4）做好本部门或业务单位建立风险管理信息系统工作。

（5）做好培育风险管理文化的有关工作。

（6）建立健全本部门或业务单位的风险管理内部控制系统。

（7）办理风险管理的其他有关工作。

本章小结

商业银行风险管理概述	商业银行风险的概念与特征	从风险管理的角度，可以将商业银行风险定义为：商业银行在经营活动中，由于受事前无法预料的不确定性因素的影响，使商业银行的实际收益与预期收益发生背离，从而导致商业银行蒙受经济损失或获取额外收益的机会和可能性。 商业银行风险具有客观性、可控性、隐藏性、集中性、加速性和传染性等特征。
	商业银行风险的种类和管理流程	对商业银行风险的分类可采用不同的标准，相应的，分类的结果也各不相同。根据商业银行风险的表现形式，可将其分为信用风险、操作风险、市场风险、流动性风险、国家风险、声誉风险、法律风险和战略风险八种。 一个完整的商业银行风险管理流程包括：风险管理目标与政策的制定、风险识别、风险评估、风险控制、风险监控和风险报告。 风险控制既是商业银行风险管理的重要内容，也是商业银行内部控制的核心内容。商业银行风险控制的主要策略包括：风险规避、风险分散、风险转移、风险对冲、风险留存。
	商业银行风险管理文化	风险管理文化是银行在长期的发展过程中形成的，全体成员统一于风险管理方向上的某种思想观念、价值标准、道德规范和行为方式的集合。风险管理文化由知识、制度、精神三个层面组成。 先进的风险管理理念主要包括：风险管理是商业银行的核心竞争力，是创造资本增值和股东回报的重要手段；风险管理的目标不是消除风险，而是通过主动的风险管理过程实现风险与收益的平衡；风险管理战略应该纳入商业银行整体战略之中，并服务于业务发展战略；商业银行应该充分了解所有风险，建立和完善风险控制机制，对于不了解或无把握控制风险的业务，应该采取审慎的态度。
	商业银行风险管理组织架构	一个设计良好的风险管理组织架构至少应具备五个特性：全面性、协调性、独立性、集中性、垂直性。 风险管理组织体系的主要环节包括董事会、风险管理委员会、高级管理层、风险管理部门和其他部门。其中，董事会承担对风险管理实施监控的最终责任。

第二章　信用风险管理

案例导入

××展销中心成立于1995年7月，与1993年2月成立的××神州房地产公司为关联企业，二者均为台资企业。

2004年6月25日，中国银行将其对××展销中心的债权转让给信达××办事处，转让债权为截至2003年12月31日的贷款本金2 555万元、利息847万元，本息合计3 402万元。

1997年1月至7月，中行××开发区支行分六次向债务人××展销中心发放贷款2 555万元，贷款期限均为一年，合同约定用于资金周转。

贷款发放前，中行与第三人××神州房地产公司签订抵押合同，约定抵押人以××神州房地产公司所拥有的××广场的部分期房为××展销中心向中行开发区支行贷款提供抵押，并在房地产管理局办理了登记手续。期间，××神州房地产公司私自将抵押期房中的263套售出。

贷款到期后，××展销中心无力还款。1998年2月，中行向当地法院对××展销中心提起诉讼，并依法对抵押资产进行了诉讼保全。同年6月，法院裁定中行胜诉，对抵押房屋优先受偿。但由于涉及社会稳定问题，法院强制执行工作一直未能进行。

2004年10月，××广场购房业主向开发区法院要求解除对抵押房产中的1998年以前已出售给236名购房户的房产的查封，并多次到开发区法院进行群体性上访、闹事。

2004年11月12日，开发区法院迫于相关购房户聚众闹事的压力，解除了对抵押房产中的1993.06平方米房产的查封。

试分析该案例体现了银行经营过程中的哪种风险，银行工作人员在管理该风险时有哪些失职。

学习目标

了解贷款的流程，了解贷前调查的内容，了解贷后管理的重要性。

理解调查贷款用途的目的，理解贷款条件的内容，理解贷款展期、还旧借新、借新还旧的含义。

掌握实地调查技能，掌握贷前调查风险防范的技巧，掌握贷款审查、贷款发放、贷后管理中风险防范要点。

信用风险既存在于传统的贷款、债券投资等表内业务中，又存在于信用担保、贷款承诺及衍生品交易等表外业务中。对大多数商业银行而言，贷款是最大、最明显的信用风险来源。贷款业务是我国商业银行的主要业务，当前我国的金融风险主要体现在商业银行的巨额不良贷款上。本章主要阐述信贷风险的防范与管理。

每笔贷款都要经历贷前调查、贷款审查、贷款审批、贷款发放、贷后管理、贷款回收阶段。贷款风险存在于业务的全过程，每个阶段都存在着风险。信贷客户经理不可能天天有时间盯着每笔贷款的情况看，只有对每个阶段的特点充分认识，对重要环节加以掌握和管理，才能事半功倍，在有效防范风险的同时做好贷款业务。

第一节　贷前调查阶段风险管理

传统观念认为，银行经营的是货币。而根据现在的观念，银行经营的是风险。最容易直接使银行资金遭受重创损失的业务，就是以贷款为主的各类授信业务。因此，防范授信业务风险是银行各级主管人员和信贷客户经理的重要职责。

在贷款资金从银行放出去到收回来的六个阶段中，贷前调查是防范风险、确保银行信贷资金安全的第一道重要关口。每笔授信业务贷前调查结果的好坏，将直接影响到该笔贷款是否能发放的决策，以及贷款质量的好坏。一笔具有安全性、收益性和流动性的好贷款，能为银行创造良好的经济效益，而因调查失误而发放的贷款，则可能形成呆账坏账，给银行造成重大损失。因此，对于贷前调查工作，每家银行都是慎之又慎。

作为贷款安全第一责任人的客户经理在处理客户的贷款申请时，责任非常大。首先要对贷款人进行认真的调查了解，对于存在潜在风险因素的贷款，必须在此阶段就进行排除。

一、调查借款人

造成银行贷款损失风险高低的程度依次为：第一，诈骗贷款。骗子们有备而来，在借款时就没打算还，钱一到手就人去楼空，对银行来说是百分之百的损失，危害性最大。第二，套取贷款，包括虚报借款金额、拖长期限、挪用资金等。借款时他求你，还款时你求他，银行失去控制的风险性高。第三，企业经营失败。虽有多种原因，但也难以弥补。因此，诈骗借款和套取贷款，应是防范的重点。

对于申请人，客户经理首先应该分析判断企业申请贷款的原因，是正常生产经营所需，或是临时周转困难所需，或是已债台高筑走投无路。最后一种情况，最容易导致诈骗借款和虚假借款，务必万分小心，坚决予以拒绝。

（一）对借款人进行多维度调查

银行客户经理可对借款人进行以下几个方面的调查。

(1) 要调查借款人历年的还款情况。俗话说:“有借有还,再借不难;有借无还,再借就难。”所以说,借款人以往的还款记录是判断其资信好坏的重要依据。还款记录包括是否按时还款和是否足额还款两方面。借款人偿还其他银行贷款的记录可以从中国人民银行的企业征信系统中查到。借款人在本行以往的还款记录则可从授信业务的数据库中查到。

(2) 要调查借款人在本行的综合效益。银行客户经理找一家安全性较高的企业把贷款放出去,在目前情况下并不是很难的事,但由于利率市场化和同业竞争的结果,贷款利息收入相应减少,故银行应优先把资金发放给能为银行带来综合效益的企业。虽然这不属于风险控制的方面,但却是客户经理应从较高层次考虑的问题。在安全的前提下,能给银行带来相当数量的存款、资金结算、国际业务的,都应是好客户,应优先予以资金支持。

(3) 要调查借款人的社会资信。银行客户经理还应从社会多种渠道,特别是政府主管部门提供的信息,调查借款人的资信情况。政府主管部门包括工商局、税务局、商务部、海关、银监局、中国人民银行,等等。

(二) 风险防范要点

1. 要与企业的高层领导人见面

当贷款调查到一定阶段,特别是进入贷款条件商谈时,授信客户经理和银行高管人员必须见到借款企业的财务负责人或有权最终决定借款的高层领导人,与其直接沟通并确认贷款条件。

到借款企业的营业场所进行实地调查,是贷前调查必不可少的重要环节。通过调查可核实项目的真实性,获得对企业的直观了解,从厂容厂规、生产情况等方面判断企业的经营管理能力。通过与企业领导人、财务主管、经办人员的见面沟通,推断企业的发展状况。客户经理在此基础上写出的实地调查报告,是银行审批贷款的重要依据。

案 例

要深入调查才能给出正确的结论

对待同一种现象,可以得出两种完全相反的调查意见。例如,某企业向银行申请贷款,说其生产的大型设备销路如何好。银行派人调查,第一个客户经理去调查后认为,该企业向设备买家派驻工程技术人员,为买家长期提供现场服务,调查结论是企业售后服务好,银行应该发放贷款。银行再派人调查,第二个客户经理的调查结论却是,由于企业设备质量不过关,经常出毛病,只能长期派人在现场维护,否则设备无法正常运转,不可以贷款。两次调查,结果完全相反。

2. 把钱借给有钱人

选择好的客户是发放高质量贷款的第一步。好的开始是成功的一半,客户经理必须按照银行的授信政策，靠主动营销接近那些资信好、有潜力的客户，并发放高质量的贷款。

3. 嫌货的才是买货人

有些客户在向银行申请借款时，常常在贷款的金额、期限、利率等条件上与银行反复讨价还价，这些看起来不讨人喜欢的客户，实际上是银行的好客户。与斤斤计较的客户打交道，谈判虽然费力，但贷款是安全的，因为客户在借款时就考虑到如何还款了。

那种借款时你说什么是什么的客户，要么是第一次借款不懂银行规定，要么就是借了钱就不打算还款的。

4. 从结算方式上看企业产品销路的好坏

从企业的结算方式可以看出企业产品的畅销程度。企业销售收取货款的方式一般有三种：第一种是“先款后货”，即收取预付款后才发货；第二种是“银货两讫”，即一手交钱一手交货；第三种是“赊销”，即把货先卖出去，过一段时间后再收回货款。

了解企业的结算方式，对于银行来讲具有重要意义。一是可以了解企业的产品是否畅销，畅销产品的结算方式肯定有利于卖方。二是可以了解企业货款的回收时间，以作为确定贷款期限长短的依据。

（三）不可受理的风险借款人

信贷客户经理在接洽申请贷款的客户时，通过交谈和调查，发现存在下列潜在风险因素的，应拒绝贷款。

（1）对国家现行政策和银行制度规定不允许贷款的企业发放贷款，银行会产生政策风险。

（2）对经营管理不善、债务沉重、多年亏损的企业发放贷款，银行会产生经营风险。

（3）对债务纠纷严重，已卷入司法行为，账户被查询、冻结甚至扣划的企业发放贷款，会使银行产生司法风险。

（4）对已被其他银行拒之门外、得不到信贷的企业发放贷款，会使银行的贷款资金被企业用于拆东墙补西墙，从而一去不回。

（5）对于外地企业，放款容易收贷难，由于交通、通信的不便，会增加贷后管理成本，客户经理的时间精力都耗不起。对此类企业的申请，除非安全和效益比本地企业都好，否则不应考虑受理。

（6）对于地点不正规、文件资料不齐全，满口答应银行提出的任何条件的借款人，尤其应小心，很有可能借了款就不准备还，或者就是有备而来，诈骗贷款资金后溜之大吉。

以上种种不一而足。总之，对于感觉不好的企业，客户经理在第一次谈话时就应予以拒绝，直接将风险排除于银行门外。

案 例

把钱借给有条理的家庭主妇

2006年8月，76岁的武井保雄走完了人生最后一程，他身后留下的遗产多达56亿美元。武井保雄所开的公司叫武富士，实际上就是向个人发放小额高利贷。由于日本的商业银行专注于对企业贷款，私人贷款业务基本上被像武井保雄开的个人消费信贷公司占领。他以极低的利率吸引存款，再以接近30%的利率贷给工薪阶层和家庭主妇。随着日本经济的高速发展，武富士成为日本个人消费信贷业的领头羊。公司自创立以来，年年盈利。发放高利贷让他赚了个钵满盆满，他的个人财富迅速膨胀，资产也像滚雪球一样越滚越大。

武井保雄成功的经验之一，就是只把钱借给家庭主妇，而且必须是习惯把家里整理得干干净净的女人。他认为爱清洁、有条理的主妇信用好，不会赖账。

二、调查贷款用途

（一）调查贷款用途的目的

有的客户经理认为，只要借款人资信良好、担保落实，可以不必看重贷款的用途。这种认识是十分错误的，要搞清楚贷款真正用途的目的在于防止贷款资金被用于违法违规目的而造成风险，如被借款人用于股本性投资，用于企业抽逃资金，用于关联企业套取资金，用于高风险的经营，用于偿还其他行的不良贷款，用于其他不可明告银行的目的，等等。

要根据贷款的不同用途确定贷款金额的大小、期限的长短、利率的高低、担保的条件，等等。

要根据贷款的不同用途确定不同的还款方式。例如，同样是商业企业借款，其借款如果是用于进货后批发销售，则要求其以售后回款一次性归还贷款；但如果是用于租房或装修店面，则只能靠经营的利润逐步偿还。

对于大型企业集团，银行虽可发放不指定具体用途的综合性流动资金贷款，但必须对借款企业的整体规模、经营和财务状况、融资能力和履约记录等审查后加以确定。

（二）不可受理的风险借款用途

有时候借款人资格可接受，但其借款用途有问题。客户经理在调查过程中，务必充分了解企业借款资金的用途。对于下述借款用途，应予以拒绝。

（1）国家现行法律法规中不允许的用途。

（2）银行管理制度中规定不允许的用途。

（3）投机性强、高风险的用途，例如期货生意、投入股市等。

（4）短期资金长期使用，例如用于项目投资、公司股本金等。

这些用途的不确定因素多，容易造成授信资金到期不能按时收回甚至损失。

（三）要防止客户以好的概念套取银行贷款资金

一个企业集团经营范围很广，下属有多家子公司，业绩有好的有坏的，经营不好的企业难以从银行借出款，于是集团就让经营好的企业以好的概念，从银行借出钱来，通过集团转账去挽救经营不好的企业。更有甚者，一家企业以相同的好概念的申请材料，同时向多家银行借款，然后挪用。商业银行从人民银行的企业征信系统中，虽然也能查到企业在各家银行的贷款情况，但那都是事后的了。目前，对于同时套取几家银行贷款的恶劣做法，尚无好的对策。

案例

深圳明斯克航母多头融资案例

深圳市明斯克航母世界实业有限公司于 1998 年 12 月 29 日经深圳市工商行政管理局注册登记，具备独立的法人资格。其中，德隆国际战略投资有限公司出资 2.492 亿元人民币，占 89%的股份，唐万平出资 3 080 万元人民币，占有 11%的股份。经营除配套客房、中西餐、商场、商务中心、美容美发、广场艺术表演外，还兴办实业，如国内商业、物资供销业等。

该公司成立后经营正常，盈利状况较好。一份游客数据显示，明斯克航母前 5 年时间里共接待了 550 万人次，总收入达 5 亿多元人民币，其中在 2003 年春节黄金周接待游客 19.14 万人次，实现销售收入 1 920 万元人民币，在深圳众多旅游项目中仅次于世界之窗和欢乐谷。

但在德隆集团眼中，明斯克已经变为一棵向银行大肆融资的“摇钱树”。

中信银行是最早介入明斯克的贷款银行。在深圳明斯克公司正式营业前，该行就同明斯克一起设计了融资方案，批准明斯克项目投资所需的全部贷款资金，以明斯克航母经营权和收费权作质押，以明斯克船体作抵押，还款来源为“明斯克航母世界”的全部门票收入。当时中信银行提供的贷款资金足以让这个总投资 2.8 亿元的项目顺利经营。

然而在德隆集团操纵下，一个良好的旅游项目沦为融资平台。在中信银行贷款后的几年中，德隆集团又以明斯克公司的名义疯狂向多家银行借了巨额贷款，共有 8 家银行共放贷 6.77 亿元人民币，形成了巨额债务黑洞。这些贷款资金的实际使用人非明斯克公司，而是其“父亲”德隆集团。各家银行的贷款资金被德隆集团通过明斯克这个良好平台，源源不断地流向德隆操纵的资本市场。在德隆危机爆发前，还本付息的来源是德隆从各关联企业划来的款项。

因受资本方贷款及担保影响，承担巨额银行利息，负债额不断加大，明斯克公司不能清偿到期债务，几家银行先后向法院申请该公司破产还债。深圳市中级人民法院于 2004 年 10 月 29 日依法受理此案。2005 年 2 月 28 日，明斯克航母被深圳市中级人民法院宣告破产。经法院审计，明斯克航母资产总额为 6.7 亿元人民币，资不抵债金额为 1.9 亿元人民币。深圳明斯克航母世界在2006年3月22日流拍后，当年5月31日下午再次拍卖，在首轮以1.283亿元人民币的起拍价被中信（深圳）集团竞得。

从银行方面看，明斯克项目在运营几年后一直具有充足的经营现金流，并不需要新增流动资金，也没有新的投资项目。但一些银行无视这些情况，既未严格审查贷款用途，也不论证还款来源，相继盲目地提供了数亿元的巨额贷款。对于明斯克最终的破产拍卖，各家债权银行都值得认真总结和吸取深刻教训。

三、调查还款来源

（一）借款人的还款意识是否良好

有的借款人明明有资金可以还款，但就是拖着不还，影响银行对贷款资金的按时收回。

企业有钱而不愿还银行，原因是多方面：

（1）经营和融资困难，资金周转难，害怕还给银行后再也借不出来。

（2）别人拖欠我的钱，我就拖欠银行的钱。

（3）银行是国家的，企业也是国家的，拖欠就拖欠，能把我怎么样。

（4）企业内部财务管理能力差，资金衔接出现问题，等等。

虽然有种种理由，但最主要的还是在于企业负责人和财务主管的还款意识。只有还款意识差的人才会有种种理由拖欠贷款；如果还款意识强，就会想方设法筹款还给银行以保证信用。

银行应该督促企业建立良好的还款意识。一是要促进企业经营好，这是还款的根本保证。二是要帮助企业加强内部财务管理，保证资金衔接无误。三是要告知不按期还款的严重后果。四是要有一套经济和法律的催收手段。

（二）影响借款人能否按时偿还贷款的因素

影响借款人能否按时偿还贷款的因素如下：

（1）借款资金所用于的项目能否经营成功。企业借用银行贷款如果能经营成功，资金就能按时收回并向银行归还；如果经营出现问题，则还款就会出现问题。所以，银行需要格外关注企业的经营和资金使用情况。

（2）借款人是否有较强的再融资能力。企业能主动用于偿还银行贷款的资金来源一般有三个：第一是经营利润，第二是投资收益，第三是再融资。如果用于偿还银行贷款的第一和第二资金来源出现问题，有融资能力的企业可以用第三资金来源偿还贷款。虽然银行希望企业能用第一或第二资金来源还款，但在不得已的情况下，也只能靠企业的第三资金来源还款。

考察企业是否有从各家银行借款的能力，最简便和直观的标志就是看这家企业分别能从各家银行拿到多少授信额度。大企业规模大、实力雄厚，经得起风浪，经营的领域较为广泛，还款来源相对有保证，是各家银行追捧的对象，能拿到的额度多。而小企业做生意的回旋余地小，常常是一锤子买卖，做好了就成功，做砸了就无法还款，各家银行均不看好，因此，小企业很难拿到授信额度。

（三）要确定还款来源的可靠性

应注意到不同行业和企业的还款来源有着不同的特征。

有的还款资金来源比较可靠，在贷款前就可以确定，即在企业的产品没生产出来之前就已确定了买家。例如，工程公司中标后修建的公路项目；造船厂按订单建造的船舶；建筑安装企业按合同施工的楼盘；贸易公司已有售货合同的进货；等等。发放这些贷款，银行比较踏实，因为看得见还款的资金在哪里，主要论证买家的付款资信即可。

而另一种还款来源不可靠，例如，企业没有市场订单就生产；手机经销商在手机进货后不知能卖出多少；开发商住宅盖完后不知买家在哪里。这些借款人风险较大，银行放款必须慎重。

（四）要确定是一次性还款还是分期还款

借款人的还款方式，可以是一次性还款，也可以是分期还款。例如，借款同样是商业企业，如果是搞批发生意的，经营特征是借一笔款→进一批货→货物卖出→收回货款→一次还款，这时银行就可以采取一次发放一次收回的还款方式。但如果是搞零售生意，经营特征是批发一批货，再零售卖出，这时银行就可以采用细水长流的方式收回贷款。

四、调查贷款条件

（一）贷款金额要确定好

贷款金额由借款人在申请时提出，银行不可给多。给少了企业办不成事，给多了会造成资金浪费或不当利用导致的贷款无法回收。客户经理应根据以下因素加以确定：

（1）根据银行贷款政策确定。例如，贷款上限不得超过银行资本金的一定比例、银行存贷比例规定、期末信贷规模控制总额等。

（2）根据贷款用途确定。如果是单笔贷款，则应核算具体用途所需的资金量。如果是项目公司，一般是按项目投资总额的比例确定贷款金额，项目自有资金不得低于35%，贷款金额不得高于65%。如果是贸易公司，一般是以客户全年的经营总量除以周转次数，得出经营所需资金数，再减去企业自有资金后，就是所需的银行贷款数。

（3）根据条件确定。如果是综合贷款额度，要考察借款人的资信情况，包括贷款总额与借款人的财力是否相符，资金安全程度，以往对该借款人放款的最高金额，担保条件如何等。此外，还要与客户在本行的存款量或结算量相匹配。

（二）贷款期限要安排好

银行客户经理在调查阶段与客户确定可靠可行的贷款期限十分重要。

如果贷款期限定的太短，贷款到期时客户运用出去的资金还未周转回来，则无法按时还款而造成逾期贷款。而贷款期限定的太长，不仅增加客户不必要的利息负担，而且由于还款期未到，客户有可能将已收回的资金又擅自用到未经银行同意的用途上，从而形成风险贷款。

对于流动资金贷款，不应受“流动资金贷款期限就是一年”的思维定式的影响。应根据企业不同的借款用途，分别确定3个月、6个月、9个月的期限，该更短期就应该更短期，该回收就回收。

从银行角度来讲，在安全性好、利息率高的前提下，贷款期限当然越长越好，因为这样可免去对同样一笔信贷资金不断地收回来又贷出去的麻烦。但也不能无限制地做长期贷款，还必须考虑到银行资金的流动性问题。

原有贷款的回收与新贷款的发放在时间上要衔接好，使信贷资金的进出量做到均等流动，保持全年稳定的日均贷款余额。要避免信贷资金在发放或回收中过度集中于某个时期，造成贷款余额的大起大落和资金安排调度上的困难。

尤其要避免在12月发生大量贷款到期和偿还，导致年末贷款余额大幅波动，从而对年末核算利润、计提拨备、控制风险资产余额等项工作造成一定的压力。

（三）贷款利率要谈好

当国家宏观政策是促进经济增长时，中央银行就会放松银根，市场资金充裕，贷款利率下降。这会诱发社会上潜在的借款人申请贷款，将信贷资金运用到生产和消费领域，出现社会经济的繁荣。而当经济过热、通货膨胀严重时，中央银行就会收紧银根，提高市场利率，造成社会资金紧张，使借款人打消借款的念头。

利率是信贷资金产品的价格，贷款利率高，银行收益多；贷款利率低，银行收益少。客户经理掌握好以下对客户报价的基本原则，尤为重要。

(1) 上浮利率还是下浮利率。

银行对客户的报价，分为基准利率、上浮利率、下浮利率三种情况。

在正常情况下，按中国人民银行规定的基准贷款利率对客户报价。在下列情况下，对客户采用上浮利率：1）国家收紧银根，市场资金比较紧张时，银行业整体利率上浮；2）银行对于中小企业借款人，谈判地位较强；3）银行提供的贷款产品在结构、条件、服务等方面令客户满意；4）银行认为该笔贷款风险度较高，通过提高利率弥补可能发生的损失；5）银行不想发放该笔贷款，以大幅提高利率方式婉拒客户；6）通过提高利率方式，以弥补客户在本行存款等综合收益少的不足；7）采用提高利率，计算复利，加收罚息等手段，迫使借款人尽快还款。

银行在下列情况下，对客户采用下浮利率的优惠：1）认为借款人是优质客户，双方有长期良好的合作关系；2）从综合效益考虑，虽利率下浮，但可从客户的其他业务得到弥补；3）银行认为该笔贷款安全性好、风险低、抵（质）押品担保条件好；4）见市场信贷资金供大于求，银行业整体利率低；5）银行之间发生同业竞争，为争取好客户或好的贷款项目，而给予优惠。

(2) 固定利率还是浮动利率。

当市场利率处于上升趋势时，银行对客户贷款应该采用浮动利率，以保证能按照不断升高的利率计算和收取利息。

当市场利率处于下降趋势时，银行对客户贷款应该采用固定利率，以保证能按照原有的高利率计算和收取利息。

五、调查担保条件

(一) 贷款担保的三种主要方式

在商业银行信贷业务中，主要接受的担保方式有三种：保证、抵押、质押。在办理具体业务中，可采取其中一种方式，也可多种方式并用。

保证是指保证人和债权人约定，当债务人不履行债务清偿义务时，保证人按照约定履行债务清偿义务或承担连带责任的行为。保证方式分为连带责任保证和一般保证两种方式。

抵押是指借款人或担保人（抵押人）将其财产作为借款人向银行（抵押权人）申请授信业务的担保，当债务人不能按期履行还款责任时，银行有权依法处分抵押物收回贷款本息的一种担保方式。

质押是出质人（借款人或担保人）将作为质押物的财产交予质权人（贷款人）并由其占有，以作为债务清偿的担保。

担保的范围包括贷款本金及利息，复利、罚息、违约金、损失赔偿金、质物保管费、实现担保权的费用及实现债权的全部费用。

担保人（含保证人、抵押人、出质人）必须与银行签署银行统一制订的担保合同，担保合同的签订日期不得迟于授信合同的签订时期。

无论选取何种担保方式，都必须注重申请人的第一还款来源，而不应将希望完全寄托于担保作为还款来源。

(二) 调查保证担保时应注意事项

不言而喻，保证人的资金实力和信用程度一定要强于借款人，这样银行才能接受为担保人。客户经理在调查中应注意以下几方面可能存在的问题：

(1) 保证人资格是否合法合规。《中华人民共和国担保法》规定哪些单位不具备保证人资格，客户经理应对此十分清楚，防止无效担保。

(2) 借款人与保证人之间是否为关联企业？如果是子公司为母公司担保，则有可能与法规抵触。

(3) 虽然不是关联企业，但是否为企业互相担保（即“互保”），银行遇到这种“你借钱我担保，我借钱你担保”的互保模式，当贷款无法收回追索保证人时，麻烦也会不少。

(4) 保证人资产规模很大，但其债务是不是也很大？是不是同时为许多人提供了保证？如果其中哪个环节出了问题，银行追索担保也会成问题。

(5) 保证人同意保证是否经过其内部规定程序。最常见的就是股份公司应有其有效的董事会决议。这里强调“有效”主要应通过查看其公司章程，了解有决定权董事会的出席人数和表决人数。另外，客户经理应亲自或请律师到保证人处，见证面签有关文件，这也是防止虚假保证人的重要措施。

（6）保证人是否具有担保权力，或其担保的金额权限有多大？是否有其上级单位的授权书？是否属擅自对外担保行为？这些问题都是客户经理应调查清楚的。

知识链接

要注意企业集团内部关联交易风险

近几年来，企业内部关联交易导致银行风险的案例越来越多，客户经理必须注意以下情况。

（1）通过关联交易虚增销售收入。通过关联交易虚增销售收入的做法是关联企业之间互开增值税发票，并通过没有贸易背景的商业承兑汇票制造现金流，虚增销售收入和利润，使得银行相信其有还款能力，从而套取银行信贷资金。对此，客户经理要追溯销售去向和现金流来源，就不难发现问题。

（2）通过关联交易套取资金。通过关联交易套取资金的做法是上市公司的大股东或内部控制人，把商品和劳务、一些小公司的股票、不良资产、商标等，高价卖给上市公司，从而套走巨额现金。还有的是关联企业之间通过“其他应收款”科目相互占用资金。如果银行贷款给这样的上市公司，资金就会有去无回。对此，客户经理要看交易的方式是否正常、交易的价格的是否合理。

（3）关联企业通过互保获取银行贷款。关联企业通过互保获取银行贷款的做法是关联企业通过交叉担保，获得银行大量贷款。这样的第二还款来源，对于银行而言，没有实际意义。对此，客户经理必须查清关联关系，视同信用贷款的管理要求进行管理，不可放松警惕。

（4）集团公司贷款给子公司使用。集团公司贷款给子公司使用的做法是以所属公司的合并资产为依据，向银行借款再用于投资，对于那些没有集中进行财务管理的集团公司，银行贷款没有还款保证。为此，客户经理对于集团本部不具有实力的借款人，不可办理贷款。

（5）通过产融结合不断扩张。有的企业通过产业和融资相结合的方式迅速扩张，通过资本运作和不断投资来扩大规模，由此不断创造可融资的新概念，维护投资者和银行对它的信心。如果银行对这种虚假繁荣的公司不警惕，很容易被拖入其财务黑洞之中。为此，客户经理对于那些迅速扩张的企业要十分小心，那完全可能是一台“圈钱”的机器。对于没有经营现金流，靠借款拆东墙补西墙的公司，不可受理。

对于防范关联企业交易风险，银行可采取的措施很多，但主要应把握三条：

（1）控制总量，银行要在掌握集团企业关联图的基础上，对集团及其关联企业统一授信，核定总额度和分额度，分别使用。总量控制了，就不会出大问题。

(2) 盯住现金。所有恶意关联交易的最终目的都是要套取银行资金。银行要紧紧盯住企业现金和贷款资金的来龙去脉，不要被假象所迷惑。

(3) 落实担保。除非对资信好的企业发放信用贷款，否则对于关联企业都应该要求和落实用可变现的有效资产进行抵押，防范企业用虚假交易套取银行资金，做到手中有物，心里不慌。

（三）调查质押担保时应注意事项

由于质押担保的质物放在银行，由银行完全控制，因此在各种担保方式中，银行最愿意接受的就是这种担保方式。实践中银行常受理的质物主要有本外币定期存款单、国库券、未到期的银行或商业承兑汇票、仓单、收费权利等。

但银行客户经理不能因为是质押担保而放松警惕，必须注意以下问题。

(1) 凭证真实性的风险。对于质押凭证不论是本行还是他行出具的，必须到实地去核实真伪，确认以下几个方面：凭证是真实无误的；未被司法机关查封的；本行可办理看管手续的；本金到期时银行可扣划还款的。

(2) 出质人与借款人不是同一人的风险。如果质押凭证上的受益人名称和借款人名称不一致，客户经理应向出质人核实的问题是：出质人是否同意质押担保？是否完全知晓贷款情况及出质人应负的责任和后果？

(3) 质押比例不当的风险。银行希望客户申请 1 000 万元贷款时能以 1 500 万元存款质押，但这种“好事”在实际中几乎很少出现。通常的情况是，银行要求 90%的质押率，即客户提供 1 000 万元的存款或国库券的质押，银行只予以 900 万元的贷款金额。制定这种“缺口比例”质押率的考虑是，如果贷款收不回来，除了以质押物抵偿贷款本金之外，贷款的利息和处理贷款所产生的费用，要靠那 10%的部分来抵补。但在实际中，这种 90%的高比例质押贷款发生逾期甚至无法回收的情况很少。一是没有客户是为了不还银行利息而来办全额质押贷款的。二是客户不会希望银行去处置他的质押物，产生法律上、声誉上和交往上的负面影响。他们总是会设法还掉贷款，取回自己的质押物。三是在贷款期间，银行可运用质押的资金盈利，减少损失。因此，100%的质押贷款是可办的。

(4) 期限不匹配风险。主要应防止质押物到期日比贷款到期日早的情况。银行需要事先采取的控制措施有：将质押物的权利凭证（如定期存款单、国库券等）收管在银行的会计部门的库房内，未经批准任何人不得提取；对营业部下达存款账户看管通知书，没有授信部门书面同意，营业部不得受理客户对凭证的挂失手续等；定期存单到期后，由授信部门自动为客户办理转期，不得由客户取出办理。

（四）调查抵押担保时应注意事项

客户经理在与客户洽谈抵押贷款时，应该意识到抵押物可能存在以下风险，因此，要弄清情况，小心对待。

(1) 不允许用于抵押的风险。国家《担保法》规定，以下财产不可用于抵押：

土地所有权；耕地、宅基地、自留地等集体所有的土地使用权；学校、幼儿园、医院等以公益为目的事业单位、社会团体的教育设施、医疗卫生设施和其他社会公益设施；所有权、使用权不明或者有争议的财产；依法被查封、扣押、监管的财产。以国家明令禁止的财产用于抵押，将是无效抵押，而无效抵押自然是银行的风险。另外，对于一些产权不明晰，已发生诉讼纠纷的财产，也不可作为抵押物，否则会使银行卷入法律纠纷中。

（2）所有权权属不明的风险。有时银行要去处理用于抵押的房产时，才发现有关产权的法律文件不齐全，没有国有土地使用证明、没有销售许可证或者没有销售合同等，使处理无法进行下去。也许该房产为几个所有人共有，但银行事先不知，事后突然冒了几个人出来，阻挠银行处理抵押物。因此，客户经理在事前调查时，必须勤问细了解，发现并排除今后可能出现的不利因素，取得一个干净的抵押物。

（3）抵押物价值高估的风险。当银行要去处理抵押物时，发现处理后所得款项无法弥补借款人所欠银行的贷款本息。主要会出现的情况是：抵押物条件太差，拍卖处理时根本没人要；虽有人要，但拍卖所得价款很低，不足以收回预计的资金。为了防范这些损失的发生，银行通常都要将各种动产或不动产的抵押率列表加以规定，要求各部门对照受理客户的抵押申请。

一般来说，不动产抵押价值的高低，与其所处地理位置的好坏、今后升值潜力的高低、变现的难易程度等因素有关。而动产抵押价值的高低，与财产的新旧程度、通用性、变现性有关。

客户经理在调查抵押物时，还应注意的是抵押物的购买价和评估价。有时，借款人为了取得银行较多的贷款金额，会有意请评估事务所高估其财产当前的价值。为了去伪存真，获得抵押物客观真实的价格，客户经理必须进行市场调查。简单的方法就是，调查该抵押物同类产品的当时的市场价格，或同地段不动产的当前价格。“不怕不识货，就怕货比货”，通过横向比较，得出真实的价格。

六、调查的初步意见和授信调查报告

对于借款人的借款申请，调查的初步意见有以下三种：

第一种，同意发放，即对于不违反国家法律法规、符合银行信贷政策、资信良好、具备偿还能力和意愿的客户，特别是在本行有许多存款或结算业务的老客户，或有业务发展潜力的新客户，可同意放款。

第二种，有条件地发放，即对于条件不理想的贷款申请，在客户同意银行提出的限制条件后可以发放，比如减少贷款数额、缩短贷款期限、支付较高利率、提供满意担保、落实有关条件，等等。

第三种，拒绝发放，它是银行防范贷款风险最直截了当的方式。拒绝的原因可以有多种，总的来讲，发放该贷款的不利因素远远大于有利因素。拒绝的态度要明确、方式要适当、时间宜早不宜迟。拒绝的原因，有时可以明告，有时可用暗示或双方都可接受的理由加以婉拒。

形成初步的调查意见之后，需要撰写贷前调查报告。调查报告的内容应按照银行的规范要求写，至少应包括的内容有：借款人基本情况、借款用途、贷款条件、担保条件、与银行合作情况、风险分析、贷款建议等。

有的客户经理将企业的宣传材料，不加改动地变成自己的调查报告，然后递送给上级审批，这是十分有害的。企业的宣传材料通常正面情况讲的比较多，问题讲的少，客户经理不加以调查和核实，将会对审批决策产生误导。因此，对客户经理这种不负责任的做法必须严格禁止。

七、实地调查技能

实地调查是贷前调查中最重要、最直接的调查方式。客户经理应眼观六路、耳听八方，凭着敏锐的观察力和判断力，对于实地看到和听到的事情，加以记录、分析和判断。客户经理要做到“三看、三注意”。

（一）三看

一看厂区环境是否整洁。到了企业，要看厂容厂貌是否整洁，办公楼的走廊过道是否干净。到了公司，要看办公室是否井然有序，洗手间是否干净卫生。到了建筑工地，要看施工场所是否有序，物料码放是否整齐。这些虽是表面现象，但可以反映出企业管理水平的高低。

二看人员精神面貌是否良好。通过看员工的衣着和言谈举止，看出企业的士气和精神状态。如果大家埋头各做各事，工作有条不紊，说明生产正常，管理有章法。如果办公室里聊天的人多，车间里闲散的人多，说明企业管理不严，奖罚机制不到位。

三看生产运行是否正常。可按照产品的生产流程，顺序查看原料仓库、生产车间、检验车间、产品仓库等。通过调查生产线的运行情况，判断工厂生产是否正常，管理是否规范。

（二）三注意

一要注意从不同层面了解情况。客户经理应通过接触企业不同层次的人员了解情况。对于高层管理人员，要重点了解企业经营管理决策方面的问题。对于基层干部，他们对所掌管的业务最为清楚，言语较为真实可信，可向他们了解到生产和销售情况，再向高管人员去证实。对于普通员工，最好提出和他们有切身利益关系的问题，如薪水变化、福利条件、加班情况、休假等，从而证实企业的经营情况。调查谈话时要有技巧，包括控制谈话主题，居于交谈的主动立场，引导谈话者步入你想了解的内容。平时多积累社会知识，使谈话内容丰富和轻松。要善于察言观色，旁敲侧击，避免单刀直入引起对方的怀疑和警觉。要注意疑点，对于对方顾左右而言他、不愿正面回答的问题，应另行专门深入调查。

二要注意收集资料。对于能证实客户资信能力、贷款用途、还款能力的各种资料都应该加以收集。对于企业高管人员及家人财产的变化动向，也应留意。

三要注意核实情况。可以通过工厂用水量、用电量的变化，核实企业的开工量；通过租用运输车辆的记录，了解销售发货的情况；通过检查仓库，了解产品是否有积压的现象；通过银行对账单，了解销售回款情况。

案 例

银行调查注重“三品”、“三表”快速解决小企业融资难问题

2009 年 4 月 19 日，银监会主席刘明康在中央电视台经济频道的“对话金融界专家”节目中，盛赞浙江泰隆商业银行。他在节目中就如何解决中小企业融资难问题，详细讲解了泰隆如何通过“三品”、“三表”调查客户信息，如何为客户提供 3 小时和 3 天的快速服务，切实解决中小企业融资难问题。他表示，浙江泰隆商业银行以为小企业服务为主业，生活在小企业当中，熟悉小企业的风险，知道小企业的需要，通过多方创新，切实解决中小企业融资难题，值得肯定。

“三品”——决定贷与不贷

对于大银行来说，调查客户之后，给不给贷款，往往要经过很多测算，并进行敏感性分析，甚至还要做出可行性研究报告。而在泰隆，基层信贷员只有两个人，要走家串巷管 90 家小企业贷款，这对大银行来说，简直是不可能完成的任务。但是泰隆却能做到老客户来办新贷款，回去吃个午饭的时间，贷款就已经到账，3 小时之内解决问题。新客户新贷款，也保证 3 天内给出答复。

那么，泰隆是如何判断该不该贷款的呢？原来，泰隆考察客户有“三品”这个法宝。第一品是企业主的人品。在小企业里，要么董事长是丈夫，总经理是妻子，要么上阵都是父子兵，缺乏制衡机制。而泰隆则不管这些，只重企业的人品，看似很难判定的人品二字，在泰隆的信息网中却可触可摸。有位企业主晚上去赌了一场，泰隆就要收回 3 000 万元的贷款。与之相配套的是泰隆的“人海”战术和“面对面”沟通。泰隆有一支人数多、素质高、自律性强的客户经理队伍，泰隆对客户的了解，很多时候是建立在客户经理平时对客户密集走访、频繁接触与沟通交往过程中的信息积累基础上的。

第二品是企业的产品。产品质量好不好，附加值高不高，是不是适销对路，库存管理怎么样，都是泰隆的考察对象。

第三品是贷款的抵押品。在泰隆，抵押品是多种多样的，房子可以，车子可以，道义担保也可以。所谓道义担保，就是申请贷款的企业主只要具有一定的固定资产、良好的资信状况和可预见的按期偿还贷款本息能力，都可以向泰隆的各分支机构提出申请。

“三表”——摸清企业底细

据泰隆商业银行董事长介绍，大银行在解决中小企业融资难问题上，调查往往固定于老模式：第一，要求中小企业提供财务报表；第二，要求中小企业提供合格的会计师事务所审计过的财务报表；第三，要求中小企业提供税务局的税单。而中小企业的税单是定税制，大多没有能力提供合格的财务报表，更不愿意花费高成本去请一个会计师事务所来给他审计，因此，传统模式根本没给中小企业留下空间。

银行与企业信息不对称是中小企业贷款的最大难题。那么泰隆又是怎么解决的呢？在泰隆，没有大银行的大“三表”，取而代之的是泰隆特色的小“三表”。

第一是看企业的电表。电表不说假话，每个月泰隆都会到企业抄电表，企业生产增

长，电表度数就往上升，企业生产下滑，用电量也必然下降。泰隆当了回电表工，却能将企业发展情况尽收眼中。

第二是看企业的水表。纺织企业、印染企业都需要大量用水，泰隆只要看看水表，就知道企业的实际生产量，生产量增大了，泰隆就给贷款。

第三是看企业的报关单。在浙江台州，许多企业是外向型企业，产品出口到世界各地，那么泰隆就看企业的报关单，企业的发展情况一目了然。

现在，通过优质、高效的金融服务，泰隆的小额信贷调查和管理模式获得了政府、监管部门和社会的广泛认可。

八、客户经理调查时应遵守的原则

（一）严防犯罪

银行工作人员如果串通客户、内外勾结、骗取贷款，是严重的犯罪行为，必然受到严厉的刑事处罚。各级人员必须注意“外防诈骗、内防案件”。

（二）以银行利益为重

客户经理要熟悉客户，提供好金融服务，解决客户的需求。但是当银行利益和客户利益发生根本性矛盾和冲突时，客户经理必须站在银行的角度考虑问题和处理事务。

（三）按原则办事

对于上级介绍的项目，仍要按照银行规定和原则办事，应该做到眼里“只有风险，没有行长”，但事后应向上级报告情况和处理结果。

（四）“六亲不认”

客户经理也是生活在现实中，会有许多社会关系，不免会有亲朋好友、同事战友推荐或托办的项目。对此不可无原则地满口答应，必须按银行的贷款政策予以解释，好的项目予以促成，差的项目予以婉拒。对于不符合条件的贷款，客户经理必须坚持做到“六亲不认”，否则到头来吃苦头的是自己。

有时对于朋友托办的事，办不成反而可能是件好事，因为如果那笔贷款经营或投资失败，朋友之间的关系就会断了，而如果不做那笔贷款，朋友关系能一直保持下去。前面靠朋友义气帮忙，后面因钱断情，甚至反目成仇的事情，在现实生活中不少。

要留心经常跳槽的朋友向你贷款。你的朋友在企业当财务主管，他出面向你借款，看在多年情分和对他为人了解的基础上，把款贷给了他所在的企业。殊不料，他不久又跳槽了，你再找借款企业追款就难多了。这样的事情，也有不少。

（五）说话要留有余地

有时客户经理急于求成，或为了显示自己的能耐，常常用“没问题、肯定可以”这类的话答应客户，结果事情的发展使自己处于两头被动、进退两难的境地。须知，对于客户的申请，在没有得到银行最终书面批准前，即使你自己认为已经有较大的放款把握，也不能满口答应客户，把话说死。应该这样说：“你这件事我觉得基本能成，我尽量争取，但还是要以银行最终批准的结果为准。”这样说话给自己留有余地，避免发生特殊情况时陷入被动。

第二节　贷款审查、审批和发放阶段风险管理

一、贷款审查阶段

（一）信用审查部门的作用和知识结构

信用审查部门是银行授信业务的风险控制中心，是保障银行资产安全的重要关口。信用审查人员通过认真仔细的分析和严格全面的审查，为各级有权审批人员提供决策依据。信用审查人员主要应发挥好三项作用：

（1）把好关口。应将每笔授信业务存在的风险都列出来，并按发生可能性大小加以分析。

（2）当好参谋。银行对客户的授信申请无非是三种结果：第一种是同意做，第二种是不同意做，第三种是达到条件后才可以做，因此，信用审查人员应当好参谋，提出可选择方案和倾向性意见，供审批人最后审批时参考。

（3）提供信息。信用审查人员不能仅凭业务部门提供的申请材料作判断，应从银行内外多种渠道收集相关信息，作为审批贷款的决策依据。

信用审查部门要做好信用审查工作，整个部门人员的知识结构应是多样化、复合型的。为了规避政策风险，信用审查部门应对国家法律法规以及银行自身规章制度有相当的熟悉程度。为了防范授信操作中的风险，信用审查部门应对银行各项授信业务品种的作用、特性、操作流程、主要风险环节有深入的了解。为了分析企业的财务报表，必须有人懂得会计知识，以及各行业的财务报表特征。为了知道不同行业的资产运行特征和风险所在，必须有专人研究国民经济中各行业，至少是本行授信所涉及行业的情况，定期提供行业风险分析报告。因此，信用审查部门应集聚一批能深入掌握金融、法律、财务、授信、国际贸易及融资、行业分析、计算机等方面专门知识的人才。

（二）信用审查工作基本原则

信用审查工作遵循“客观公正、合规审查、独立审贷、承担责任”的原则。

客观公正是指各级信用审查人员应本着对银行负责的态度，按照既有利于控制风险，又有利于业务健康发展的要求，全面、真实、准确地反映信贷业务及风险的实际情况，客观地对贷款项目进行审查。

合规审查是指各级信用审查人员应对贷款申请人、担保人的主体资格、借款意思表示及出具的有关文件内容，认真进行合法合规性审查，确保银行信贷经营业务的合法合

规性。

独立审贷是指各级信用审查人员的审查工作不受干预，在充分了解项目的前提下，按银行统一政策标准，独立进行分析、判断，独立发表审贷意见。

承担责任是指各级信用审查人员既要充分准确地提示业务风险，提出降低风险的对策，也要避免夸大风险，并对审查意见承担相应责任。

（三）审查内容

统一的审查内容至少应该包括八个方面：借款人的基本情况、借款用途、还款来源、借款条件、担保条件、信用状况、综合效益、审查结论和建议。

审查借款人的基本情况。主要从借款人行业地位、成立时间长短、股东关系结构、经营规模大小、财务状况好坏等方面，识别和排除法律法规和银行政策不可接受的借款人。

审查借款用途和还款来源。有时候借款人资信没问题。但贷款用途会有问题。用途必须合法合规，资金所用的项目应能经营成功，还款来源应说得清楚。

审查借款条件。最主要包括金额多少、期限长短、利率水平等，这些都应通过计算来加以确定。如果认为金额太多、期限太长、利率过低等，应予以纠正。

审查担保条件。落实担保条件的意义在于，如果借款人第一还款来源出现问题，银行可转向担保取得第二还款来源。因此，信用审查人员应像审查借款人一样，审查担保所有的方面。

审查信用状况。借款历年的还款记录，是判断其资信好坏的重要依据。还款记录应包括偿还他行记录和本行记录两方面。对其他银行贷款的偿还记录，可从中国人民银行的企业征信系统中查到。对本行贷款的偿还记录，则可在本行的信贷管理信息系统中查到。

审查综合效益。银行不仅要发放安全性较高的贷款。更应优先发放给能为银行带来综合效益的贷款。在安全的前提下，能给银行带来相当数量的存款、资金结算、国际业务的，都应是好客户，应优先予以资金支持。

审查贷款风险。这是信用审查人员最主要的工作。不仅要把有多少风险点分析出来，还应该把这些风险是否会发生的可能性分析出来。

审查结论和建议。信用审查人员最后要给出自己的审查结论，并提出同意、有条件同意、不同意的建议，供有权审批人决定。

（四）当好教练员

信用审查部门不能只是会说“No”，还应会说“But……”，不能只是会否决项目，还应会出好主意；不能只当守门员，还应会当教练员；不能只做事后的救火队员，更应该当好平日的保健医生。要主动提醒业务经营部门和信贷客户经理，使他们注意到以下问题：

（1）要选择符合银行信贷政策的好客户和好项目上报，避免被否决，造成无效劳动。

（2）要申报的授信额度应符合客户实际需求，避免报过高的额度难以批准。

（3）要确实了解客户对贷款的需求条件，避免上级批准之后又要求多次修改和复议。

（4）要提高上报的调查报告质量，避免事后不断补充材料，影响工作效率。

（5）要减少上报不真实的“急件”，避免工作无条理和打乱正常的工作次序等。

（五）要善待积极反映项目情况的支行

支行将申请贷款的项目上报后，有时会不停地通过电话或当面反映和补充情况，有时甚至催问审批情况。这时审查部门人员不可以不耐烦甚至发火，因为通过贷款赚取利润是经营单位的职责所在。信用审查人员必须认识到，贷款就是利润。因此，对于来反映贷款情况的支行人员，要认真对待和听取意见。

（六）应该给项目客户经理陈述的机会

信用审查会上有时候会出现这种情况：当问到某个问题时，在座的人员谁也说不清楚，结果可能会出了个大致的批复意见，离实际情况有很大的差距。比较好的方式应该是，由经营单位人员陈述要做贷款的理由，由信用审查部门人员提出存在的风险问题，由审批人员听取了两方面的意见后，作出批准与否的意见。三方人员的职责起到了相互制约的作用。

（七）要从审查的书面材料中发现蛛丝马迹

一切授信决策都必须在真实的材料基础上做出。而在实际工作中，客户提供的虚假材料并不少见。例如：在董事会借款决议中，几位董事的签字笔迹出自一人之手；在购销合同中，发现经不起推敲的签字日期、购货金额、有效日期；在财务报表中，钩稽关系不清、数字对不上；在企业材料中，发现尺寸大小不合规的公章；复印颜色深浅不同、前后纸张不一、拼凑而成的文件；虽然是两年的两份合同，但公章所盖位置完全一致；难以自圆其说的借款用途；等等。

这些都需要银行审查人员仔细阅读材料才能发觉，尤其要注意用复印技术伪造的文件。如果轻易放过，都将是贷款发放后收不回来的隐患所在。

知识链接

造假的东西最可怕

在信贷业务中，风险并不可怕，因为风险是可以规避和控制的。最可怕的是造假。银行在虚假材料基础上做出的贷款判断和审批，后果很严重。在贷款业务中，常发生的造假主要有三种情况，必须注意防范。

第一种是企业造假。企业为了骗取或套取银行的资金，从一开始提供的材料就是虚假的。其目的或者是骗取资金后卷款潜逃，或者是套取资金后挪用于银行所不允许或所不知的方面。对此，客户经理应认真审核申请贷款的材料，控制提款资金去向，及时动态跟踪企业经营和财务状况，不难发现其中的骗局和陷阱。

第二种是内外勾结造假。近些年在银行发生的案件中，内外勾结占很大比例。俗话说：远贼必有近脚。因为银行内部的人员知道如何做贷款才能审批下来，知道贷款管理的薄弱环节在哪里。不法分子买通银行人员后，很容易得手。这种造假不易被发现，危害很大。对此，银行要加强职业道德教育，加强重要岗位的人员管理，严格遵守贷款调查和审批制度。

第三种是银行内部造假。主要表现为下级银行上报的贷款材料中有作假行为，为的是获得对不符合条件的企业放款，或许还掺杂着个人私利。这种作假通常不会是材料的虚假，而往往是对真实情况避实就虚、避重就轻、移花接木、瞒天过海、报喜不报忧，造成上级银行对贷款审批和决策的失误。对此，银行要进行风险文化、诚信文化和诚信品德教育，对于造假行为严肃处理。

（八）要仔细审查财务报表，从中找出虚假疑点

不良企业为了从银行借到贷款，常常会对报表造假，具体的造假方式如下。

虚增销售收入：生产单位把产品转给销售单位就算实现销售了。

虚增资产：高估土地、设备等固定资产后入账。

虚增利润：在报表中调增销售收入和营业外收入，同时调减销售成本和营业外支出等。

虚造变现能力：调增现金、有价证券、应收账款；调减存货和待摊费用。

其他应收账款不实：特别对于金额大、期限长的应收账款尤应注意。

存货不实：记账的采购价、进出库价不实，变更库存品用途和时间。

折旧不实：不按规定计提折旧。

知识链接

如何识别虚假报表

根据国内企业编制虚假会计报表的惯用手段，采用下列四种方法将有助于识别虚假会计报表。

1. 不良资产剔除法

这里所说的不良资产，除包括待摊费用、待处理流动资产净损失、待处理固定资产净损失、开办费、长期待摊费用等虚拟资产项目外，还包括可能产生潜亏的资产项目，如高龄应收账款、存货跌价和积压损失、投资损失、固定资产损失等。

不良资产剔除法的运用，一是将不良资产总额与净资产比较，如果不良资产总额接近或超过净资产，既说明企业的持续经营能力可能有问题，也表明企业可能在过去几年因人为夸大利润而形成“资产泡沫”；二是将当期不良资产的增加额和增减幅度与当期的利润总额和利润增长幅度比较，如果不良资产的增加额及增加幅度超过利润总额的增加额及增加幅度，说明企业当期的利润表有“水分”。

2. 关联交易剔除法

关联交易剔除法是指将关联企业的营业收入和利润总额予以剔除，分析某一特定企业的盈利能力在多大程度上依赖于关联企业，以判断这一企业的盈利基础是否扎实、利润来源是否稳定。如果企业的营业收入和利润主要来源于关联企业，会计信息使用者就应当特别关注关联交易的定价政策，分析企业是否以不等价交换的方式与关联企业发生交易进行会计报表粉饰。

关联交易剔除法的延伸运用是，将上市公司的会计报表与其母公司编制的合并会计报表进行对比分析。如果母公司合并会计报表的利润总额（应剔除上市公司的利润总额）大大低于上市公司的利润总额，就可能意味着母公司通过关联交易将利润“包装注入”上市公司。

3. 异常利润剔除法

异常利润剔除法是指将其他业务利润、投资收益、补贴收入、营业外收入从企业的利润总额中剔除，以分析和评价企业利润来源的稳定性。当企业利用资产重组调节利润时，所产生的利润主要通过这些科目体现，此时，运用异常利润剔除法识别会计报表粉饰将特别有效。

4. 现金流量分析法

现金流量分析法是指将经营活动产生的现金净流量、投资产生的现金净流量、筹资现金净流量分别与主营业务利润、投资收益和净利润进行比较分析，以判断企业的主营业务利润、投资利益和净利润的质量。

一般来说，没有相应现金净流量的利润，其质量是不可靠的。如果企业的现金净流量长期低于净利润，将意味着与已经确认为利润相对应的资产可能属于不能转化为现金流量的虚拟资产，表明企业可能存在着粉饰会计报表的现象。

（九）要善于通过计算发现问题

（1）某保龄球健身娱乐公司的总资产为 1 767 万元，申请一年期流动资金贷款 1 280 万元，以某外资银行 170 万美元备证担保。

经计算发现，其经营流水月收入仅为 20 万元，年收入 600 万元，如果再扣去经营成本和税费，一年后根本不足以还款。再调查发现，该公司原来在其他银行借有固定资产贷款建保龄球场，到期无法归还，本笔贷款的实际用途是去归还其他银行贷款。

由于公司一年后肯定无法归还贷款，如果银行发放该笔贷款，必然会造成贷款逾期。虽然可凭备证向开证行追索，但也不一定容易。

（2）某生意红火的海鲜酒楼（年营业收入 4 800 万元），申请一年期流动资金贷款 2 200万元，称用途是为在营业淡季低价一次性采购燕鲍翅和高档烟酒，作为库存所需。

经计算发现，该酒楼前三年最高的存货价值不曾超过 400 万元；按酒楼正常客人日均消费量计，如果用 2 200 万元进货，增加库存至少需要 500 天才能消耗完，这不符合该行业的常规。再调查发现，借款的实际用途是酒楼准备扩建与其餐饮相关的娱乐和洗浴中心。由于怕不符合银行贷款政策批不下来，故改用了虚假用途。

（3）某出租车公司申请一年期 5 000 万元流动资金贷款，称用途是更换一批新车型。

经计算发现，其一年营业收入根本不足以还款。再调查发现，实际用途是拟并购其他出租车公司。

（4）有三个客户同时申请高档别墅按揭，每套面积 623.80 平方米，单价 12 023 元/平方米。每套房总价约 750 万元。按六成比例，三套房共需借款 1 350 万元。

经计算发现，该别墅毛坯房单价 8 023 元/平方米，精装后加价达 4 000 元/平方米。由此每套房要投入 250 万元的装修，与常理不符。再调查发现，该楼盘销售进度不理想，借款申请人均为开发商公司的投资者，有重大骗取银行贷款资金的嫌疑。

（十）信用审查工作中的常见问题

信用审查工作中的常见问题如下：

（1）对一线业务部门下力气、花工夫得出的调查材料，深入分析研究不够，轻易提出否决意见上报。

（2）对下面送上来的项目材料，审查发现问题后不去彻底了解清楚，而是把情况不明的“半成品”审查意见上报给有权审批人。

（3）将审查报告写得像调查报告，提不出贷款项目的风险点所在。

（4）虽将风险问题罗列出来，但是该风险在实际中发生的可能性有多大，未作进一步分析。

（5）动态分析不够，宏观经济形势和企业情况已发生新的变化，仍坚持用原来的审查结论看新问题。

（6）评论式写审查意见，评论一番不知所云，观点不明，论据不清，没有较明确意见。

（7）只提出项目中存在问题，不善于提出解决问题的几个方案供领导决策参考。

二、贷款审批阶段

贷款申请经信用审查部门送到有权审批人手中时，已经到了决定贷款能否发放的关键时刻。一般来说，审批人对于银行多年的好客户，担保条件好的项目，金额小的和期限短的项目，业务部门和信用审查部门意见一致认为可做的项目，比较容易批准；对于新的客户，新的信贷品种，担保条件不好，金额大和期限长的项目，则要多加考虑；对于信用审查部门提出较多不同意见的项目，更会难以下笔批准。

（一）审批人的风格和责任

不同的审批人可能会有不同的审批风格。有些领导的做法是，只要信用审查部门对项目提出了反对或不同意见的，一律退回不予审批，待重新取得一致意见后再予考虑；或者因为自己对该业务不是很熟，无法下判断的决心；或者是完全相信信用审查部门的审查能力，认为他们的意见只会对不会错，因此要求业务完全照信用审查部门的意见去办；或者不愿承担责任，既然信用审查部门已提出了不同意见，干脆就不批准，以免今后项目万一出现问题要承担决策责任。

其实，信用审查部门提出不同意见是他们的职责，是必然的。如果对业务部门上报的项目都是毫无反对意见地赞同，这才可能是不负责任和失职。因此，对同一项目信用审查部门与业务部门意见相左，有时激烈争辩，甚至会一度影响到部门间的关系，这也是正常的，关键在于领导人如何去判别项目风险和协调部门的关系。

由于审批决策正确与失误的责任，最终是由审批人而不是信用审查部门承担的，因此，审批人应根据各方面因素做出自己的判断。是批准办理还是要求补充材料后再定，还是明确表态予以否定，都必须由审批人决定。

（二）审批中的风险

审批中存在哪些风险，或者说在哪种状态下批出的信贷项目容易出问题呢？

（1）盲目批准。对项目情况没有基本了解，对各方面所提出的意见没有仔细地考虑，对一些关键性环节没有充分注意，想当然地加以批准。

（2）轻率批准。有时虽然了解、考虑、注意到上述问题，但由于手头要处理的事情较多，或要赶着外出、开会等，没有更多时间研究就批准了。这种情况容易发生在下班后和放假前。

（3）情绪化批准。有时审批人心情很好，或碰到不愉快的事情，此时批项目就容易失去客观立场。当同类信贷项目的实施比较顺利，或者突然出现问题时，也可能导致“一刀切”式决策的出现。

（4）苛刻批准。有时审批人虽基本同意了项目，但由于不放心，或抱着“多要求总比少要求好”的想法，要求增加额外条件，在金额期限或担保等方面提出限制，结果客户没法做到，致使项目批而不准，没法实施。

（5）拖延批准。有时要求银行信贷支持是有时限要求的，超过限定的日期或时刻就会失去商机。对于这类项目，审批人应抓紧处理，要求有关部门在文件卷上加注“急件”、“特急”字样，以示特事特办。如果审批人预计要外出、开会、出差或遇节假日，应提前甚至加班将急件处理完毕，避免拖延而影响客户时间。如果因多种原因而不能在客户所希望的时间内批复，应预先向客户解释说明，以使其有时间调整其决策。

（6）越权批准。银行对不同级别的人员规定有不同的审批权限以控制风险。审批人超越自己权限而批准项目的情况也会有所发生，对此如不加以管理，制度形同虚设也将形成风险。超越权限批贷的情况常发生于：审批人制度观念淡薄；自认为对项目风险有把握；上级人员外出时未临时授权；因时间紧迫试图先批后报。俗话说“有制度就有例外”。但是对于擅自越权批准的行为，上级主管部门应视情形轻重予以处罚，否则无规矩不成方圆。同时，通过办公系统加以制约，使得越权限审批的合同上盖不出公章，文件寄发不出去。对于边批边报，先批先报以求得时间效率的特殊情况，应事先在制度中加以规定，出现不同情况时按各自对应的规定办理。

（三）贷款审批反问法

对于看不准的项目，审批人员应该反问自己一个问题：如果借款人现在不是向银行借钱，而是向自己借钱，自己会借给他吗？如果答案是肯定的，你可以签字同意。如果你犹豫不决，缺乏信心，那你必须重新考虑。这就是贷款审批反问法。对于条件好的申请容易批准，对于条件差的申请容易否决，而对于那些似好似坏，可做可不做，一时难以判断的贷款申请，通过贷款审批反问法，可以帮你做出决策。

（四）批准条件应具有可操作性

常常有这样的情况，审批人认为某笔贷款可以批准。但又觉得哪里有点不放心，于是在签批项目时，想当然地又加上了一些不符合实际情况的条件，结果使得分行和支行无法操作。

不具有可操作性的批准条件通常包括：减少贷款数额，达不到客户经营周转所需的金额，导致客户业务做不成；缩短贷款期限，早于客户业务资金回收的日期，导致今后的逾期；提高贷款利率，高于同业利率水平，使本行贷款不具有竞争力；增加担保要求，客户无法提供，只能放弃本笔贷款。

虽然加强贷款的批准条件，无论怎么说都不过分，但是如果审批人员不考虑实际情况，一厢情愿地提出不具有可操作性的额外条件，其结果常常会事与愿违，或者客户认为条件无法执行转到别的银行办理业务，或者分支行申请复议，增加了工作量，降低了效率。

要避免上述情况的发生，就要实事求是，在批准前做好沟通工作。

三、贷款发放阶段

贷款经过调查、审查、审批三个阶段之后，放款就是贷款资金出银行的最后一道关口了。提款环节是资金在银行手上还是在客户手上的分水岭。通常的情况是，资金出去前，是客户求银行；资金出去后，是银行求客户。一日之差，双方的态度就会发生变化。因此，放款环节是关键的阶段。

客户经理在贷款发放阶段主要有四项工作要做，即制作借款合同文本、签署借款合同、落实提款条件和提取贷款。

今天不落实条件的放款，都是今后银行无法保障自己债权的风险隐患。通常在手续不全而客户又急于用款的情况下，客户经理压力最大。这时一定要冷静对待，切不可图一时侥幸留下无穷后患。或者坚持制度，要求达到条件才办理，或者请示领导研究解决。目前各家银行都已认识到放款环节的重要性，成立专门的放款部门把好最后一道关口，集中办理同城的放款手续，防止操作风险的发生。

（一）提取贷款的注意事项

客户经理对于提款次数较多，或提款手续较为复杂的贷款，应提前与借款人取得联系，请其按要求准备好各项事宜，以便在实际提款当日顺利办理有关手续。

借款人如需变更提款计划，应按借贷合同中有关条款的规定办理，或在计划提款日前合理的时间内，向银行口头或书面提出申请，并得到银行的同意。

借款人在有效提款期内未提取的剩余部分金额，在提款期终了时自动注销。借款人以后如需使用这部分贷款额度的，应重新办理贷款申请。

借款人办理每笔提款时，应事先填妥银行统一格式制定的不可撤销的提款凭证。该提款凭证将作为借款人收到银行款项的借据。客户经理不得代替借款人填写提款凭证。

客户经理在借款人要求办理提款时，应根据借款合同认真审核以下要点：

（1）合同中允许提款的各项先决条件是否全部获得满足。

（2）合同中规定借款人在提款时应交纳的费用是否已交清。

（3）提款是否按合同规定的计划和期限进行。

（4）借款人是否有违约行为发生，且已得到纠正。

（5）提款总额是否超过合同规定的最高限额。

（6）提款凭证是否合格，包括合同号、借款人名称是否与借贷合同一致，提款的币种、金额大小写是否正确无误，借款人的签章是否完整清晰和齐全有效，汇款方式和线路是否可行等。

对于每笔提款，银行审核后应有经办人员、复核人员和主管人员的三级签字，才能办理提款，贷款从提取之日起开始计算利息。借款人提取的贷款资金，一般要求直接划到其在本银行的存款账户中。如需用款或汇往外地，由借款人另行从该账户中办理转账事宜。

在提款时可能需要借款人办理许多手续，客户经理应予耐心指导，出发点是替客户着想，为客户节省时间。具体应注意做到以下几点：

（1）如果需要客户填写有关报表凭证时，应提供标准样式以供参考。必要时对填写注意事项加以解释，避免由于错填、漏填，需要重填而耽误时间。

（2）需要由客户办理的手续和提交的资料，应向客户一次说清楚，防止交代不清使客户多次往返。

（3）有时事情能利用电话、传真等通信工具完成的，就不必强求客户专门再来银行办理。

（4）需要交给客户的材料，应在客户到来之前准备好，不应让客户到银行之后等待。

（5）银行部门之间的事务应由银行人员自行办理，不得相互推诿，或让客户代为办理。

（二）掌握好放款进度

合同规定的整个提款期间内，客户经理应注意掌握正常的提款进度，监督借款人按合同规定的用途和进度提款，防止影响信贷资金安全问题的发生，同时也要防止银行本身工作失误，影响借款人的用款。

在银行信贷业务中，发放贷款和控制风险是矛盾的两个方面。有些人采取的是“非此即彼”的处理方式，或者干脆不同意贷款，或者要求所有条件达到后才给贷款，这样很容易失去客户和业务。采用以下按度量放款的控制风险方式，可以较好地解决矛盾。

（1）按进度放款。

例如，当客户申请以三处房产抵押办理一笔贷款时，银行可以办妥一处房产后先发放对应金额的贷款，而不是等到三处房产都办妥抵押后才发放贷款。

又如，银行对于客户开票和开证业务的保证金要求，可以在初期先要求交部分保证金，等到汇票或信用证到期前，再交足剩余资金。

再如，借款人提款时，应要求其按“整提零取”的方式用款，即对于贷款资金，可以一次性提款转到其存款账户上，但用款时应凭能证明其真实用款背景的材料划款，防止资金被挪用。

（2）按比例放款。

例如，可以要求客户在银行办理与贷款金额相适应比例的结算量，以掌握客户资金回款情况。

又如，可以要求客户在开证总额中，规定即期信用证和远期信用证的比例，以控制远期信用证的风险。

再如，可以要求客户将贷款或贴现资金转为存款的比例，以掌握资金去向和增加结算。

当然，以上的放款方式，要事前和客户商定好，并写入借款合同中。

（三）对于特殊情况能否放款要有标准

银行对于放款都有严格的规章制度，必须落实到位后才能放款。但是有规矩就有例外。有时碰到的特殊情况，放款部门难以掌握。如果放款，可能有风险；但如果不放款，业务部门和客户经理又紧催不放。对此，银行应该制定放款标准，哪些条件达不到时坚决不能放款，哪些条件是可以通融的。就好像机场的指挥塔，对于飞机在特殊气候下能否起飞，必须有明确的规定条件，各方要共同遵守。

案 例

成功截堵风险事例

某大型民营企业集团的借款合同已签署生效，各项借款手续都已办齐。但在提款时，企业已填好的不可撤销的提款通知书却没有企业公章和法人代表、董事长的签字。银行客户经理感觉到不对劲，拒绝办理并向银行领导反映情况。这时企业董事长从境外打来无号码显示的电话，说她出差在外，请银行向其委托的会计人员办理贷款资金走账手续。银行提出请她到境外代理行去面签委托文件，她又推说跌倒受伤住院不能前往，银行请其将医院有关医疗证明传真过来，又说做不到。银行因此怀疑有问题，故不同意办理提款。果不其然，不久后得知消息，该集团已涉入巨额债务纠纷，董事长出逃境外。这件事由于客户经理的责任心，在放款阶段的关键时刻坚持原则，使银行避免了 5 000 万元的重大风险损失。

案 例

核实时受骗

某投资公司向银行申请一年期贷款 1 500 万元。用途是委托证券公司购买国债并全额质押于银行，并且事先为银行引入某事业单位一年定期存款 2 000 万元。由于国债信誉度最高，贷款质押安全性强，而且放款的资金来源也解决了，因此银行批准同意。放款前，银行专门派客户经理前往证券公司面签“委托购买国债协议”，并取得投资公司同意以所购国债用于质押的确认书。之后银行放款，将 1 500 万元贷款资金划入证券公司在另一家银行开设的账户。银行将取得的国债交割凭证封包入库。贷款后该公司按月付息正常，无异常情况。

不料，在贷后检查中，证券公司告知银行并无购买国债这件事。银行赶紧报案，投资公司的法人代表已逃出境外。再查，该笔贷款资金早已被投资公司挪用。该案件的深刻教训是银行人员未关注假国债质押问题。银行客户经理前往证券公司面签协议时，被一同前往的该投资公司人员借故滞留在大厅外，投资公司人员自行进出，转一圈出来后拿着已签字盖章的协议。实际上，证券公司董事长签字和公章都是借款人预先伪造好的。银行人员在实地核实这个小小的环节上出了大问题，这是最大的操作风险。

（四）管理贷款的原则性和灵活性

这是在信贷业务中难以把握又不可回避的问题。由于银行行业的特点和信贷的风险性，银行管理特别强调制度化和规范化。但是，有时候制度的原则正确，但缺乏可操作性；有时候制度文字表述不清楚，难以理解；有时候制度未随着形势的发展变化而修订，这些都会导致执行制度和实际经营的矛盾。或者遵循制度而使业务流失，或者办理业务而违反制度，这是很多客户经理在现实中常会遇到的两难问题。

如何做到既要有执行制度的原则性，又要有变通处理的灵活性，应遵循以下原则。

（1）严格遵守制度。信贷工作中以往无章可循或有章不循，导致贷款损失的案例不胜枚举。因此，银行对于信贷经营管理方面的规章制度很多，而且要求各级机构和客户经理必须严格认真执行。特别是对于“高压线”、“红线区”的规定，更不能触犯。

（2）吃透精神才能变通处理。在信贷业务中，变通和违规往往只有半步之遥，不容易把握。处理好了是“灵活”，处理不好则成了“乱来”。难就难在你是否真正吃透了上级指示精神的实质和下面的实际情况这“两头”。这就要求我们实事求是，在不违背上级指示精神实质的前提下，从实际情况出发，变通处理解决问题，达到既符合规定，又办妥业务的目的。

（3）掌握安全有利等项原则。凡是不完全符合制度规定，需要适当变通的，都要谨慎决策。对于变通，也要有原则。

安全原则。变通的做法必须是有利于控制风险和降低风险，而不是扩大风险。

有利原则。如果变通做法不能使银行赚钱，甚至还会亏本，那还不如不做。

为公原则。变通的出发点是对银行整体有利，不能为了局部利益，更不能为了个人私利。

透明原则。决策应该公开透明，不能见不得人。

报告原则。在条件和时间允许的情况下，应做到事前请示，事后报告。

第三节 贷后管理和贷款回收阶段风险管理

一、贷后管理阶段

（一）贷后管理比贷前调查更重要

贷款业务犹如种庄稼，三分靠种，七分靠管。不能认为只要选好种子，在适当的季节播种下去就万事大吉了。如果人少地多，粗放经营，靠天吃饭，只能广种薄收，甚至颗粒无收。只有精耕细作，除草施肥，抗害防灾，才能最终获得丰硕成果。因此，必须重视贷后管理工作。

对于贷款风险的避免，主要是靠贷款发放前的工作，即对贷款情况细致的调查和严格的审批。尽管如此，也不能保证审批时没问题，今后也不会有问题。在贷款合同的执行过程中，还可能出现许多不可预见因素和难以料想的事件，对贷款形成风险。因此，贷后管理要靠严格的制度、客户经理的责任心和积累的经验处理。对于那些金额大、期限长的贷款，贷后管理工作更应加强。

案 例

贷后调查失职

某家银行对一家企业发放贷款，用于企业引进国外的生产设备和技术。项目投产后，企业能正常支付贷款利息。在报送的财务报表中，对外投资和经营方面也没有反映什么重大变化。客户经理就放松警惕，也不去企业贷后检查了。过一段时间企业不付息了，客户经理就到企业去催收时才吃惊地发现，企业贷款购买的生产线都不在了。赶紧追查才知道，企业和外商在开发区注册了一家新公司，把引进的设备都运到新公司去了，大部分技术人员也去了，生产同样的产品。原来的企业已几乎陷于停产状态。

客户经理贷后调查工作失职，中了企业“瞒天过海”之计，使银行贷款面临损失的风险。

（二）贷后管理的主要内容

贷后管理阶段是指从贷款发放之日到贷款结清之日的管理。贷后管理工作主要分为风险监控管理和日常信贷管理两大类。

风险监控管理的内容包括贷后的定期和不定期检查、贷款到期前安排及逾期管理、风险监管与预警、不良信贷资产管理等。

日常信贷管理内容包括：对贷款情况的检查、计算利息并通知借款人、督促贷款本金和利息的安全回收、资料的收集和整理、对提前还款的处理、对贷款申请展期的处理、对贷款违约的处理、结清贷款时的有关事宜。

（三）客户经理贷后管理的职责

客户经理是贷后管理的第一责任人，其主要职责有：

（1）负责对借款人、担保人、抵（质）押物进行贷后检查。

（2）如实填写贷后检查表并负责五级分类的初分工作。

（3）及时报告贷后检查中遇到的具体问题和客户的具体需求，提出建议供领导研究决策。

（4）负责向客户回收和催收到期贷款利息。

（5）负责妥善整理、充实、保管贷款档案，并按规定移交档案管理部门。

（6）依据各级监管机构提出的监督检查意见进行工作整改。

（7）其他贷后管理工作。

知识链接

贷后管理的“三查三看”

在贷后管理的实践中，有的客户经理总结出“三查三看”的经验，有效地防范了风险。

一查贷款资金去向，看是否专款专用。如果发现借款人转移银行贷款资金，挤占挪用到其他地方，要立即采取措施追回。

二查企业经营情况，看是否正常运行。如果发现企业在生产经营、市场销售、资金结算、还款能力等方面出现不良苗头，要立即查明原因，判明情况，采取措施化解风险。

三查抵（质）押品状况，看是否状态完好。如果发现有贬值、损坏，或被人暗地转移、变卖等，要立即采取措施追讨和保全。

（四）贷后检查的主要内容

贷后检查的内容主要包括对借款企业基本情况的检查、贷款用途的检查、重大经营管理事项的检查、财务经营状况或项目进展情况的检查、结算往来情况的检查、担保条件的检查等。

1. 对借款企业基本情况的检查

（1）是否按期进行营业执照、税务登记、贷款卡等资格年检；

（2）是否按期报送财务报表、年度财务报表是否经有资质的会计师事务所审计。

2. 对贷款用途的检查

检查借款企业贷款实际用途是否与授信合同上约定的贷款用途一致，有无改变贷款用途的情况。

3. 对借款企业重大经营管理事项的检查

（1）项目主导产品市场是否发生重大变化。

（2）项目产权结构与经营管理体制有无进行调整，是否发生兼并、合并、分立、停业（产），是否有合资经营以及大额对外权益性投资，贷款建设项目是否可能停缓建或进行建设方案的重大调整。

（3）借款企业董事长、总经理、财务经理是否进行调整，新任领导的能力、作风、品质的评价。

（4）有无发生重大财务纠纷或违法经营行为。

（5）有无因意外事件造成重大财产或经济损失等。

4. 对借款企业的财务经营状况或项目进展情况的检查

（1）对企业财务上的检查：通过测算与比较本期（检查日）与年初、上年同期资产负债表、损益表、现金流量表及主要财务比率的变化，动态地评价企业的经济实力、资产负债结构、变现能力、现金流量情况，进一步判断企业是否具备可靠的还款来源和能力。

（2）对项目进展情况的检查：对固定资产贷款，还应检查项目投资和建设进度、项目施工设计方案及项目投资预算是否变更、项目自筹资金和其他银行借款是否到位、项目建设与生产条件是否发生变化、配套项目建设是否同步、项目投资缺口及建设工期等。

5. 对资金结算往来情况的检查

检查贷款期间借款企业在本行结算量、国际贸易结算量；分析其在本行结算量、存款量占比情况，判断其是否履行了贷款前的承诺，并对企业结算、存款潜力进行预测。

6. 对贷款担保条件的检查

（1）对保证贷款应重点检查如下事项：担保合同或担保函的有效性，保证人经营及财务状况是否正常、资产和负债有无重大变化、是否具备继续担保的资格和能力。

（2）对抵（质）押贷款应定期对抵（质）押物进行实地检查和监管，重点是查看抵（质）押物权属有无变动，是否发生出租、转让、赠予，抵（质）物形态是否完整，有无失修、拆迁毁损，抵（质）押物价值是否变动，抵押率是否降低，抵押物保险期是否完全覆盖授信业务期限等情况，确保抵（质）押物形态完好，金额足值、权属完整。若因市场等因素的影响，导致抵（质）押物的价值贬值时，应要求债务人追加抵（质）押物或提供其他合格担保。

二、贷款回收阶段

贷款回收是贷款管理六个阶段的最后一个阶段，犹如秋天农田里的庄稼该收成了，树上的果实该采摘了，水库里的肥鱼该捕捞了。但是如果不注意，一年的心血也会付诸东流的。安全回收贷款本息是信贷客户经理一切工作的出发点和最高目标。

在银行，谁都能把贷款放出去，但是谁要是能把贷款收回来，那才算是真功夫。“行百里者半九十。”这句话的意思是，一百里的路程，你虽然已经走了九十里，还是只能算走到一半，还是要努力到达终点才行。同样的道理，贷款回收工作虽然属于进入贷款全程管理的尾声，但只要贷款本息没有最终收回，工作就不能算完。

从实际工作来看，对于贷款的回收可以分为“正常贷款回收”、“风险贷款催收”和“不良贷款清收”三种情况。正常贷款回收是指借款人的经营和财务状况正常，贷款本息到期可以按期结清，银行只要按正常程序回收贷款本息即可。风险贷款催收是指按合同尚未到期，在五级分类中仍属正常类或关注类，但已出现风险苗头和预警信号的贷款，银行必须采取行动，提前催收。不良贷款清收是指贷款已处于五级分类中的不良类，银行由专门的资产保全部门加以清收。

（一）正常贷款回收的六个环节

（1）准确计算利息。这是贷款回收前的重要工作。利息算多了，客户吃亏。利息算少了，银行吃亏，因此必须准确计算。这一工作通常都由银行专门的部门用计算机完成。利息的计算公式是：

利息＝贷款本金×日利率×贷款实际占用天数

（2）通知客户备款。银行应该提前以书面的方式通知客户有关还款的事项，以便让客户有一定的时间去准备资金。通知内容包括应还本金、应还利息、计算方式、贷款利率、还款日期、还款账号、注意事项等。通知方式，可以采用当面签收、挂号函件或电子邮件的方式，事先借贷双方书面约定好。银行对内实行“到期提醒制”，由信贷管理部门将贷款到期客户名单和明细表，通过书面或邮件的方式，提前一个月送到各支行负责人手上，并由客户经理做好回收贷款的准备工作。

（3）落实资金到账。银行向客户发出了还款通知，并不意味着就万事大吉了，客户经理必须紧盯着客户的资金何时到账。为了防止客户事前不准备，临到期时资金不落实，无法按时还款，造成银行措手不及而逾期或垫款，银行应在借款合同中规定“提前到账制”。其基本内容是：在授信合同中规定，在贷款正常到期日前几天（如10天），客户应将足额资金汇入其在银行开立的存款账户上，以保证银行能按时扣收本息。

（4）当日办理扣款。扣款通常都由银行的电脑自动完成，借记客户在银行的存款账户，贷记客户在银行的贷款账户。对于还款日恰逢假日如何扣款问题，借贷双方需要提前在借款合同中约定好。

（5）检查账务无误。扣完款后，应通过电脑自动检查，贷款账户中的应收贷款本金和损益账户的应收利息、到账金额是否准确无误。

（6）追收未达本息。有时候客户还款不成问题，但是资金不能准时到达银行账户，原因包括客户内部财务安排不到位，资金被别的银行占压，资金在汇款途中等。对于这些未能按时到账的资金，信贷管理部门要打出清单，由客户经理查明原因，马上追收。不仅要收回应收本息，还要加收资金最终到账前所有天数的利息，保证银行财务管理制度的严肃性。

（二）贷款回收确认制

贷款回收确认制是由信贷管理部门定期要求贷款经办支行和部门，对信贷客户能否按期还款的可能性，以书面方式加以确认。客户经理必须当面与企业财务主管人员会谈，了解其还款的想法，确认还款的资金来源是否落实。认真分析客户经营情况、还款能力、判断回收的可能性，并按照提前偿还、按期偿还、还旧借新、借新还旧、逾期催收、压缩重组等回收方式，有针对性地制订贷款回收预案。

客户经理应在贷款到期前一个月，向借款人发送还款提示函，或以电话、登门拜访等形式提示借款人按时还款。如果还款有问题，应该立即研究，采取措施加以解决。

（三）要盯住企业资金的回收期

银行回收贷款资金的来源，主要是靠借款人的经营收入。客户经理要主动关心企业的市场销售情况，关心企业销售的结算条件，关心企业资金回收的日期，关心企业资金回到哪个账户。总之，客户经理不能坐等企业自己上门还款，必须提前了解企业还款的来源是否落实。

案　例

盯紧还款来源

某农村有位个体放款户，专门向那些临时需要用款的人发放小额高息贷款，如盖房子、娶媳妇、老人祝寿、小孩满月、生日、丧葬等。但这些借款的用途都是消费性的，借款人又不会有什么积蓄，如何保证贷款回收呢？他的办法就是坚持三招。第一招，在办事那天，坐在收礼的地方，把亲朋好友的红包作为资金回收。第二招，如果所收的礼钱不够还款，就雇人把借款人家中的部分家具、电器等贵重物品暂时收走。等借款人在限期内的余款还清后，东西就退回。第三招，如果到期不还，就把东西作价处理，结清贷款。这样十几年下来，很少失手。他家里也盖起了两层小楼房，置办了高级家具、全套电器。

这则事例给我们客户经理的启示是，其中第一招盯住还款来源和及时收账最重要。牵牛要牵住牛鼻子，解决问题要抓住关键点。

（四）如何处理提前还款

提前还款是指对贷款本金的提前偿还。提前还款虽然减少了利息收入，但是本金安全回收，因此银行原则上都会同意，尤其出现以下情况时，银行更会允许借款人提前还款：

（1）借款人如果仍按合同中的计划日期还款，可能会有风险而使贷款收不回来。例如，汇率变化使借款人需要买汇还贷的货币支出增加，国家管理政策将发生变动不利于借款人还款，借款人机构变化使今后还款难度增加等。这是从安全性角度考虑。

（2）市场贷款利率出现上升趋势，银行将贷款提前收回再贷出后，可有更好的利息收入。这是从效益性角度考虑。

（3）银行发生资金头寸紧张情况，提前收回的贷款可解周转之需。这是从流动性角度考虑。

值得注意的是，每当市场贷款利率下调时，银行都会面临许多借款人提前还款的高峰。借款人通常希望还掉高息贷款，再借低息贷款。银行是否同意客户提前还款，要根据借款合同和当时双方的谈判地位而定。

同意借款人提前还款后，信贷部门应将情况告诉银行中负责资金管理的部门，以便提前做好资金安排运用出去的准备。如果提前偿还的是贷款的全部本金，还应计算出应付利息，通知借款人做到利随本清。

（五）如何处理贷款展期

贷款展期是借款人不能按照借贷合同规定的计划日期归还贷款本金，经贷款人同意后，延展还款日期。客户经理必须了解客户不能按时还款的真正原因，并判别风险有多大。如果展期理由正常，可以受理。如果有风险，则应要求全部或部分还款，或增加抵押物，或提高利率。

银行在办理展期时注意以下问题：

（1）贷款展期应在贷款到期日之前（如提前10天），由借款人向贷款人提出展期申请，否则银行不予受理，而按逾期贷款情况处理。

（2）展期应以书面形式提出，说明申请展期原因，同时还应提交新的还款计划和保证措施。银行根据借款人的展期申请和有关材料，参照发放贷款的程序进行审批。可以完全同意展期，也可以有条件地同意，如要求将贷款金额还一部分、展一部分，或提供新的担保条件等；还可以不同意，将贷款作为逾期处理。

（3）对于每笔贷款，原则上只允许办理一次展期，多次展期的贷款可能存在问题，应引起银行的注意。展期最长的期限，不得超过原来贷款期限。

（4）如果原来贷款有保证人，应有保证人同意对展期贷款继续担保的确认书。如果有贷款抵押品，应重新确认抵押品的有效性。

（5）对于展期的贷款，应按新的利率档次计息。例如，原来贷款的期限是6个月，申请展期6个月，则应该按1年期贷款的利率档次开始计算。并由借款人对前6个月利息补齐差额，即1年期与6个月期利率之间的利差。

（6）银行同意展期后，应制作书面的展期合同，经借贷双方有权人员签字盖章生效。

有担保人的还应有担保人的签章。展期合同为原来借贷合同的一部分，具有同等法律效力，归入原合同的档案中保管。

（六）如何处理还旧借新

“还旧借新”又称“还后再贷”，是银行界的行话，意思是借款人必须自己先筹集资金把原有贷款还掉后，银行才能向他发放新的贷款。银行要求借款人还旧借新，其意义在于，证明借款人有还款的诚意和还款能力。中国有句老话，“有借有还，再借不难。有借无还，再借就难”，说的就是这个道理。

客户经理在办理还旧借新贷款时要注意的问题是：

（1）要在原有贷款未到期之前，就应该和客户确定好是否要还后再贷，而不是等到贷款还清后再商量，避免客户在资金的调度和使用衔接方面出现问题。

（2）还旧和借新之间，应该隔上几天，不允许当天还掉旧贷款，当天提取新贷款。

（七）如何处理借新还旧

“借新还旧”也是银行界的行话，意思是借款人从银行提取新贷款，还掉老贷款，也就是说借款人本身不去筹集还款资金，而是用银行的钱还银行。显然，这种方式不是银行所希望的。出现借新还旧有以下几种原因：

（1）借款人既想长期占用银行资金使用，又不愿先筹资还掉原有贷款，再借出新贷款。对于客户的这些不合理要求，客户经理不能轻易让步，必须要求客户按“还旧借新”办理。

（2）借款人到期前确实无法落实还款的资金来源，而银行为了避免在内部考评上出现逾期贷款的问题，被动地接受客户提出的“借新还旧”的方式。更有甚者，那些信贷管理水平差的银行，会和客户联手，采用不断借新还旧、滚动还款的方式，掩盖那些不良贷款收不回来的事实。为了防止这种情况发生，上级管理部门一般不会轻易批准客户的“借新还旧”的贷款申请。

（3）借款人资金雄厚，信用良好，还款能力强，银行为了稳定客户信贷关系，防止本行的贷款被其他银行的贷款顶替，主动让客户采取“借新还旧”的方式。但是，“借新还旧”的这种方式要尽量少用。客户经理要有能力去说服客户采用银行希望的“还旧借新”方式。

（八）避免让贷款集中在年末到期

银行贷款如果过于集中在年末到期，会对银行年末管理工作造成较大被动。主要表现为：

（1）如果贷款在12月到期能正常结清，银行无论是对老贷款办理续贷或新项目申贷，都要在一个月的时间内办完贷款调查、审查、审批、放款等工作，压力较大，容易忙中出乱，乱中出错。

（2）如果贷款在12月到期不能正常结清，出现逾期甚至不良，会造成银行在年末有限的时间内难以办妥重组或完成清收，将直接体现为支行、分行和全行年末报表中的不良贷款数。

（3）由于银行的考核指标有的是以年末贷款余额为分母的，如贷款不良率、风险资产收益率、风险资本收益率、不良迁徙率等，因此，如果 12 月贷款余额出现大起大落的波动，会对这些指标的考评带来被动性。

（4）银行五级分类、不良拨备等项工作，都要随着贷款余额的变动而变动。为此，必须提前做好贷款到期的安排工作，尽量避免各项贷款在年底到期。

（九）风险贷款催收

风险贷款是指按合同而言未到期，仍在正常类和关注分类中，但已出现风险苗头和预警信号的贷款。以往银行对于贷款回收的管理方式是，在合同规定的贷款到期日才回收贷款。现在人们意识到，贷款发放后的情况千变万化，等到合同到期日再去收款时，有些问题已经不易解决，甚至发生损失。

（1）风险贷款前兆。

信贷部门和客户经理平时应加强对借款人的检查，防止贷款违约事件的发生。当出现下列 10 种情况时，应引起客户经理的注意，它们是贷款即将发生风险的前兆：

1）对于到期应还的本金或利息，首次在付款时间上无故向后拖延，或支付的金额少于规定金额。

2）对于贷款多次要求展期，或意外地申请新贷款，这说明企业资金周转有困难，而且资信不足以从其他方面获得资金用于归还银行贷款。

3）借款企业不按规定时间和要求报送财务报表和资料，这可能是企业不愿暴露不良财务状况，否则就是内部经营管理制度出现问题，环节衔接不上。

4）借款人态度发生变化，有意疏远与银行的关系，办公室电话经常没人接，或总说经办人员或负责人不在。当银行人员上门求见时，明显感到当事人是在回避，或出现推诿现象。

5）其他金融机构突然前来了解借款人的资信情况。

6）借款企业出现经营管理不善的迹象，如高层领导人员变更频繁、企业人员流动不正常、劳动纪律松弛、劳资关系紧张、发生停工事件等。

7）借款人卷入诉讼纠纷，法院做出了不利于借款人的判决。

8）借款人的不法行为被揭露，司法部门要求检查或冻结借款人的存款账户。

9）评级机构对借款人评定的级别降低，借款人股票行情看跌，新闻媒介出现不利于借款人的舆论报道等。

10）借款人与本银行的其他业务往来减少，存款账户余额大幅度下降，或出现不正常的透支。

当上述情况出现时，信贷部门不用专门进行调查就应敏感地注意到问题的存在，客户经理不能掉以轻心。当借款人不能履行借贷合同中任何部分时，应立即查明原因，并采取措施加以解决。

（2）能够成功回收风险贷款的经验。

以下是一些成功回收风险贷款的经验：

1）在发现有风险苗头的前期，要尽可能地从多方面了解情况，对风险程度做出判断。

2）设计轻重缓急、压力不同的各种清收方案，选择加以实施，法律保全部门要提前介入。

3）随时召集有关部门和人员参加会议，研究不断出现的新问题和新情况，调整清收方向和措施。

4）风险当前先不要忙于银行内部的责任追究，而是要调动各方面力量和积极性化解风险，待解决问题后再总结经验教训和认定责任。

5）要鼓励支行和客户经理在发现问题的第一时间上报，以使上级争取时间研究措施，不要让支行因害怕而压报、瞒报。

6）贷款回收后对有关部门和人员要通报表扬，总结经验教训，正向激励支行清收的积极性。

本章小结

商业银行信用风险管理	贷前调查阶段风险管理	贷前调查主要包括：调查借款人、调查贷款用途、调查还款来源、调查贷款条件、调查担保条件等。 对于借款人的借款申请，调查的初步意见分以下三种：第一种是同意发放，第二种是有条件地发放，第三种是拒绝发放。 实地调查是贷前调查中最重要、最直接的调查方式。客户经理应眼观六路、耳听八方，凭着敏锐的观察力和判断力，对于实地看到和听到的事情，加以记录、分析和判断。客户经理要做到“三看、三注意”。
	贷款审查、审批和发放阶段风险管理	统一的审查内容至少应该包括八个方面：借款人的基本情况、借款用途、还款来源、借款条件、担保条件、信用状况、综合效益、审查结论和建议。信用审查部门工作人员应该当好教练员；要善待积极反映项目情况的支行；应该给项目客户经理陈述的机会；要从审查的书面材料中发现蛛丝马迹；要仔细审查财务报表，从中找出虚假疑点；要善于通过计算发现问题。 一般来说，审批人对于银行多年的好客户，担保条件好的项目，金额小、期限短的项目，业务部门和信用审查部门意见一致认为可做的项目，比较容易批准；相反，则要多加考虑；对于信用审查部门提出较多不同意见的项目，更会难以下笔批准。贷款审批阶段存在盲目批准、轻率批准、情绪化批准、苛刻批准、拖延批准、越权批准等风险。 客户经理在贷款发放阶段主要有四项工作要做，即制作借款合同文本、签署借款合同、落实提款条件和提取贷款。贷款发放阶段应该掌握好放款进度；对于特殊情况能否放款要有标准；管理贷款既要有原则性，又要有灵活性。
	贷后管理和贷款回收阶段风险管理	贷后管理阶段是指从贷款发放之日到贷款结清之日的管理。贷后管理工作主要可分为风险监控管理和日常信贷管理两大类。 贷后检查的主要内容包括：（1）对借款企业基本情况的检查；（2）对贷款用途的检查；（3）对借款企业重大经营管理事项的检查；（4）对借款企业的财务经营状况或项目进展情况的检查；（5）对资金结算往来情况的检查；（6）对贷款担保条件的检查。 正常贷款回收包括：（1）准确计算利息；（2）通知客户备款；（3）落实资金到账；（4）当日办理扣款；（5）检查账务无误；（6）追收未达本息等六个环节。

第三章 操作风险管理

案例导入

> 2012年7月18日，姜女士到某银行办理现金存款业务。姜女士将现金20 000元（共200张100元面额的钞票）递进窗口，同时给营业员说：把这20 000元给我存活期的。营业员接过钱去，将钱放到点钞机上清点之后，打印出存单，交给姜女士签名确认。姜女士看到存单上的金额是20 000元，活期，便在存单上面签名，递回给营业员，营业员将姜女士签名的部分撕下来，盖章后将存单交给姜女士，姜女士离开。
>
> 第二天，姜女士接到了该银行营业员的电话，称：姜女士存的钱不是20 000元，而是18 900元，少了1 100元，是结账时发现短款，于是回放录像，发现姜女士存的钱点钞机清点共189张，因此，存款金额共计18 900元，而不是20 000元，让姜女士补给银行1 100元。
>
> 姜女士是否应该补给银行1 100元？

学习目标

了解商业银行各业务线及柜员管理中存在的操作风险点。

理解操作风险的概念、分类。

理解商业银行操作风险的成因。

掌握商业银行操作风险的控制措施。

第一节 操作风险概述

操作风险是一种古老的风险，自商业银行诞生伊始就伴随其左右。但很长时间以来，商业银行却忽视了对操作风险的防范和管理。近几年来，随着操作风险的频繁发生和损失数额的不断上升，商业银行才开始重视对操作风险的管理。迄今为止，对于操作风险的概念仍存有争议，不同的国家有不同的认识，甚至同一国家不同银行的看法也不一致。最初，巴塞尔委员会将除信用风险、市场风险以外的所有风险都纳入操作风险的范畴。后来，巴塞尔委员会根据英国银行家协会、国际掉期和衍生品交易协会、风险管理协会及普华永道咨询公司的意见，将操作风险定义为："操作风险是指由不完善或有问题的内部程序、人员、信息科技系统以及外部事件所造成损失的风险。"本定义所指操作风险包括法律风险，但不包括策略风险和声誉风险。

根据操作风险的定义，商业银行的操作风险可以按人员因素、内部流程、系统缺陷和外部事件四大类别分类。

一、人员因素引起的操作风险

人员因素引起的操作风险是指由于银行内部员工的行为不当（包括无意行为和故意行为）、人员流失或关系到员工利益的事件发生而给银行带来损失的情况。人员因素涵盖了所有与银行内部人员有关的事件引起的操作风险，具体包括操作失误、违法行为、越权行为、违反用工法、关键人员流失和劳动力中断六种情况。

（一）员工操作失误

这种操作风险是由员工业务操作过程中的非主观失误造成的，如数字输入错误、忘记复核等。由银行员工操作失误引起的操作风险一般具有损失小（当然不排除特殊情况）、发生频率高、难以事先预测和非员工故意行为的特征，因而更加难以防范。

案 例

河南存单纠纷案

河南省民权县程庄镇村民王某于1999年2月22日将9万元现金存入程庄镇邮政储蓄所。2000年8月，王某翻存单时，发现存款数大写是“玖仟元整”，小写是“9万元”。王某要求储蓄所将大写玖仟元予以更正，遭到拒绝，后王某将储蓄所告上法院。法院依据《最高人民法院关于审理存单纠纷案件的若干规定》的有关规定：持有人以在样式、印鉴、记载事项上有别于真实凭证，但无充分证据证明系伪造或变造的瑕疵凭证向金融机构要求兑付的，持有人应当对瑕疵凭证的取得提供合理的陈述。如金融机构不能提供证明存款关系不真实的证据，或仅能证明金融机构底单的记载内容与上述凭证的记载内容不符并以此为由进行抗辩的，应认定持有人与金融机构间存款关系成立，金融机构应当承担兑付款项的义务。据此规定，法院判决储蓄所败诉，王某的权益得到了维护。

很明显，本案的发生是因为银行员工的操作失误（没有核对存单上的大写与小写金额），从而引起客户与银行的法律纠纷，并最终给银行造成损失。当然，对柜台操作人员监督、管理不到位，也是本案发生的重要原因之一。值得注意的是，当纠纷发生时，银行并没有及时采取相应的补救措施，而是断然回绝储户的要求，以至于银行在输了官司的同时，其声誉也受到了损害。因此，很多银行在计算某一操作风险事件给银行造成的损失时，不仅考虑到银行因此受到的直接损失，还会考虑因声誉下降等因素而给银行造成的间接损失。

（二）员工违法行为

银行内部员工所具有的信息、身份优势为其进行违法活动提供了可能，而且由于银行员工的“内部人”身份，使得银行员工内部作案更加难以防范。由银行员工违法行为导致的操作风险包括：挪用客户资金、欺骗（内部员工欺诈和内外勾结欺诈）、蓄意破坏银行声誉、洗钱、偷窃银行财产（实物财产和知识产权）等。从我国的情况来看，商业银行员工违法行为导致的操作风险主要集中于内部人作案和内外勾结作案两种。

案 例

内部人作案——城市信用社 8.8 亿账外账案

广东省梅州市兴宁信用社主任郑某在 1994～1999 年任兴宁市兴城镇城市信用合作社负责人期间，利用职务之便，以吸储或同业拆借等方式吸收资金共计人民币 8 亿元，同时，还挪用兴宁城市信用社大账资金 7 320 万元、城市信用合作社股金 633 万元，并将资金挪用到其个人设立的账户上，用于账外高息发放，贷款给 40 多个单位和个人。郑某利用账外账挪用资金共计 87 953 万元。郑某的行为直接导致该城市信用社破产并被接管。

该案件是关键人犯罪，信用社内部岗位、部门、上下级之间缺乏监督制约机制，对关键人员（本案中的信用社主任）的监控不足是造成郑某以信用社的名义建立个人“账外账”的主要原因。银行系统的信息和权力强势人员，如信贷管理人员、支行负责人等，均有可能利用职务之便进行侵害银行、客户利益的犯罪行为。在我们搜集到的资料中，内部人犯罪的形式还有非法发放贷款、伪造金融票据、挪用银行贷款等情况。

案 例

内外勾结诈骗——中信实业银行票据诈骗案

中信实业银行上海分行南京西路支行的信贷科长陈某与同伙先找到一家大客户，到南京西路支行以定期存款的形式存了 3 亿元人民币。然后，他们私刻客户印章，伪造了一份保证合同，内容是该客户愿意为其他 4 家单位开具的汇票提供 100%的担保。保证合同签订后，陈某继续伪造了核保手续，表示客户愿意提供担保。有了保证金，陈某就伙同 4 个单位开出汇票。陈某开具的第一笔汇票期限为 3 个月，到期后，陈某和同伙提供了足够的资金，让中信实业银行顺利对外付款，使银行放松了警惕。自 2001 年 9 月始，经陈某之手，累计开了 2.96 亿元的汇票，然后拿到其他银行套现。到案发时止，已到期的汇票金额为 1.85 亿元，中信实业银行已向外支付的金额达 8 000 多万元。

该案例是典型的银行内外勾结犯罪，其犯罪手法是私刻公章、伪造合同、伪造或变造票据等。而这类案件之所以屡次发生，其根源就在于银行内控不严。这主要表现为：

（1）银行内部的规章制度没有得到很好的贯彻执行，如本案中贷后检查工作不到位。

（2）业务流程设计不合理，如本案中信贷员对自己的客户负责到底的制度。

（3）轻信关键人员。

案　例

内外勾结作案——农业银行深圳分行内盗大肆骗贷 4 969 万元

原中国农业银行深圳市分行第三营业部个人理财部主任彭某利用职务之便，伙同他人在两年多的时间里，采用伪造房产证、贷款人身份证件、房地产评估报告、公证书等虚假贷款资料的方法，先后 83 次从其所在营业部骗取贷款，总额高达人民币 4 969 万元。彭某因涉嫌贪污罪被深圳市检察院提起公诉。据起诉书显示，被告人彭某曾化名 David Peng、李明，另外两名同案人员分别是原任中国农业银行深圳市分行第三营业部个人理财部职员吴某及广西籍无业人员陆某。起诉书指控，2000 年年底至 2003 年 9 月，彭某纠集吴某以及彭某、冉某（均在逃）等人，密谋由吴某等负责伪造贷款资料，彭某利用其在中国农业银行深圳市分行地王大厦支行（后更名为深圳分行第三营业部）个人理财部任职的便利，通过办理虚假的个人消费抵押贷款和二手房按揭贷款，骗取银行贷款。2003 年 9 月，吴某冒用客户李某的资料办理了第 83 笔虚假贷款。同月，农行第三营业部发现此笔贷款为虚假贷款，彭某等罪行败露。经审计核定，至案发时，农行第三营业部尚有被骗贷款 3 700 余万元人民币未能收回。

银行员工违法行为导致的操作风险通常是由于银行内部管理、监督上存在漏洞造成的。为防范此类操作风险，银行应在加强内控建设和强化管理上下工夫。

（1）加强内控建设，尤其要做到有章可循，有章必循，违规必纠，执规必严。

（2）完善监督检查机制，重点是交叉检查和关键点检查。交叉检查是指部门与部门之间、岗位与岗位之间对各项手续、文件进行交叉检查。关键点检查是指对以下四个关键点进行检查：关键人（基层行政部门的负责人、要害岗位从业人员）、关键部门（贷款审批、财务开支、人事安排、办事处柜台、金库守卫等）、关键物件（现金、密钥、印章、重要空白凭证）、关键工作五环节（交接手续、审批程序、电脑操作口令、存取手续和票据清算环节等）。

（3）加强与银行员工的沟通与交流，掌握员工的思想动态，尽早发现其不良企图和作案动机，将他们的犯罪行为扼杀在萌芽状态。一些案件显示，银行员工作案往往有某些前兆，比如参与赌博、赌球、炒股等。因而对关键岗位人员工作 8 小时之外的社会交往、投资情况进行适当监测是防范操作风险的有效手段。

（三）违反用工法

员工劳动合同的签订和解除应符合《劳动法》、《劳动合同》等相关规定，相关的内部规章制度的制定和员工的安排使用也应以上述两个法规为依据，并及时传达给员工。在商业银行人力资源管理的实际操作中，违反相关法规或者没有按照规定的程序直接解除劳动合同的做法，将引起劳动合同纠纷，从而给银行造成一定的损失。违反用工法导致操作风险的情况包括非法终止合同、歧视政策或差别待遇、虐待员工、违反健康与安全规定等。

案 例

玉林农行六人解雇案

2002 年 10 月 23 日，玉林农行在押钞归库交予库管员清点现款时，发现调拨款和缴款单一致，但金库会计通过内网核对时，却发现网上数额与管库员现场核对的数额不相等，少了一笔 10 万元的款项和缴款单。这件事涉及 1 名调拨员、1 名司机、2 名经警、2 名管库员和 1 名金库会计共 7 人。2003 年 8 月 5 日，玉林农行根据其内部规章，下文解除了与其中 6 名员工的劳动合同关系，对另外 1 名员工做出开除处理。同年 8 月 26 日，其中的 5 名当事人向玉林市劳动局劳动仲裁委员会提出劳动仲裁。5 人还指出，农行对他们进行了长时间非法关押隔离，并以此为据，由 2 名原玉林农行管库员为原告，另外 3 名当事人为证人，于 2003 年 10 月向法院提起民事诉讼。此民事诉讼被定为人格侵权纠纷案。

这起由银行失金案引发的劳动纠纷使得银行和自己的员工对簿公堂，不仅使银行承担一定的诉讼费，而且还给银行造成了不良的社会影响。这一案件发生的主要原因在于：

（1）玉林农行解除劳动合同的制度依据主要是广西农行 2002 年 7 月 29 日发布的一些实施细则和操作规程，而直到案发后的 2002 年 11 月份，该分行才将这些细则分发给员工学习，从而引起纠纷。

（2）在案件发生后，玉林农行的处理方法过于简单，在事情没有调查清楚的情况下，就将相关人员解雇，这是员工将银行诉诸公堂的主要原因。

案 例

摩根斯坦利性别歧视案

2004 年 7 月 12 日，华尔街第二大投资银行——美国摩根斯坦利公司（Morgan Stanley）就有关该公司的性别歧视指控与美国平等就业机会委员会达成庭外和解，同意向原告方支付 5 400 万美元的赔偿金，从而避免了因被控性别歧视走上被告席。这起官司要追溯到 1998 年，摩根斯坦利公司一位名叫艾利森·希弗琳（Allison Schieffelin）的女员工控告公司因性别歧视不给其提供职务晋升机会。希弗琳当时在公司担任债券交易员，当年收入为 135 万美元。希弗琳说，女性雇员被排除在一些外出活动之外，她就此向美国平等就业机会委员会提出申诉。随后，有更多女性职员提出类似起诉。

性别歧视也会导致操作风险。从传统思维角度我们确实难以理解，但国外这类例子却屡见不鲜。本案中 5 400 万美元的赔偿对银行来讲也不是一笔小数目。随着男女平等、保护人权等理念的深入人心，特别是人权环境的不断改善，这类情况极有可能在国内出现。前车之鉴，值得警惕。

启示与建议：违法用工、员工合同纠纷等违反用工法的情况往往会在银行内部及社会上造成恶劣影响，不仅使当事人不满，而且会影响到在岗人员的工作积极性和工作态度，以及银行自身的声誉，从而给银行带来不可估量的损失。因此，商业银行必须高度重视。

（1）要严格执行《劳动法》、《劳动合同法》及相关劳动法规，银行内部相关规章的制定必须严格符合以上法规的要求，并在员工中做好宣传学习工作，保证满足每个员工的知情权。

（2）要树立“人性化”用工的理念，在用工过程中要坚决避免出现歧视性政策，尤其是性别歧视方面，更应引起注意。

（3）对于涉及内部员工违规的事件，要在充分调查、弄清事实的基础上，提出合理适当的解决方案。

（四）员工越权行为

员工越权行为导致的操作风险是指员工滥用职权，对客户交易进行误导或者支配超出其权限的资金额度，或者从事未经授权的交易等，致使银行发生损失的风险。具体包括滥用授权、超过限额、超越交易规则、超越岗位职责等。

案例

联合爱尔兰银行案

联合爱尔兰银行是爱尔兰最大的商业银行，在欧洲金融界享有盛誉。1977 年，该行在美国巴尔的摩（Baltimore）创建完全第一银行。目前，完全第一银行已成为美国 50 家最大的银行之一，在马里兰州和宾夕法尼亚州设有 250 个分支机构和分理处，雇用员工 6 000人。完全第一银行最先发现该行外汇交易员鲁斯纳克经手的外汇交易有问题的时间是在 2002 年 1 月初。当时，该银行正在对资产部进行例行管理审核。恰在此时，鲁斯纳克要求银行中心提供巨额现金支持他的交易战略，银行高级经理人员认为他要求的钱款数额巨大，产生怀疑并开始调查。调查人员发现大量伪造的交易文件后，这起 7.5 亿美元资产不翼而飞的欺诈案方才被揭露出来。联合爱尔兰银行总裁巴克利说：“这是一起相当复杂的诈骗案件，可能是内外勾结，绕过某些控制程序，多人联手作案。”该银行美国业务部总裁也表示，鲁斯纳克必定与公司其他雇员串通一气。通常情况下，外汇交易人员每天经手的货币买卖交易以数十亿美元计，他们不仅从事即时买卖，而且进行远期交易。根据相关规定，为了确保不使交易损失积累过多，交易人员必须通过购买选择性合约来弥补可能的亏空。如果外汇市场走势与交易员的预测背道而驰，他们的交易头寸就会用选择性合约来弥补。一位交易人员说，因为用于购买选择性合约的现金需要在一家信贷银行的账户上预先支付，鲁斯纳可能一直在与外部人员合作。

该案披露后，对欧洲金融系统产生了巨大冲击。联合爱尔兰银行的股票在伦敦和都柏林股票交易所猛跌13.7%，市值缩水12%，损失24亿美元，并带动其他金融证券类股价下跌，联合爱尔兰银行是都柏林股票市场的最大上市公司，占股市总值的12%。这还只是近期的影响，长远来看，这一事件对联合爱尔兰银行将产生巨大影响：它严重打击了该行长期以来在美国扩大业务的雄心，减缓了其在美国金融市场的拓展步伐；长期以来作为欧洲经营最好的“无风险”银行之一，联合爱尔兰银行在交易员作弊长达一年的时间内竟然没有察觉，使人们对它的风险控制机制产生了怀疑，其声誉大大受损；利润大打折扣意味着为满足银行管理条例而保留的准备金会降到底线。

案例

澳大利亚国民银行案

澳大利亚国民银行4个外汇交易员越权进行外汇交易，并在发生巨额损失后，制造了大量的虚假交易，结果窟窿越来越大，直到另一个交易员对他们的这笔交易产生怀疑并报告有关内部风险管理官时才被发现。而此时已经造成了高达3.6亿澳元的损失。该事件还使该行的高级管理层发生重大人事变动。

银行员工越权行为造成的操作风险往往非常隐蔽，不易防范，从而给银行带来巨大损失，甚至于使银行陷入破产倒闭的境地。巴林银行的倒闭、日本大和银行案、联合爱尔兰银行案即是这类操作风险的典型代表。值得注意的是，除了员工越权这一因素之外，这类风险的发生在很大程度上还在于银行的监督管理不到位。因此，加强对银行操作人员的监督管理，尤其是对其授权、岗位职责的执行情况加强监督检查就显得尤为重要。

（五）关键人员流失

由于关键人员掌握大量技术和关键信息，他们的流失将给银行带来不可估量的损失，比如交易员、高级客户经理等。但由于这类事件对银行的影响通常要经过一段时间以后才能体现出来，且难以量化，因而对此类事件的公开报道仅限于“某人离职（跳槽）”之类的新闻信息。这对于我们的分析帮助不是很大，在此不再给出案例分析。

（六）劳动力中断

劳动力中断是指罢工等劳工行动造成的银行因人员不足而无法正常运转的情况。虽然电子科技的飞速发展已使银行摆脱了原来那种手工作坊式的经营管理方式，但银行仍呈现出明显的劳动密集特征，特别是一些关键技术、岗位、信息必须有合适的人来运作，而不是机器。因此，劳动力中断给银行造成的损失将是非常巨大的。

案例

汇丰银行（HSBC）罢工风波

英国金融业工会Amicus于2005年5月23日宣布，因劳资双方薪酬谈判破裂，汇丰银行员工于5月27日罢工一天。这次罢工是8年以来英国银行业的首次罢工。汇丰银行员工对薪金不满由来已久。早在5月11日，拥有超过1万名汇丰控股员工的Amicus工会便放出风来，称5月27日是汇丰控股的年度股东会日，也是长周末假期前的星期五，员工可能在这天罢工。不过该工会发言人也表示："我们希望向汇丰控股发出明确信息，汇丰需要重返谈判桌，避免发生损毁性的罢工行动。"5月23日，劳资双方在调解仲裁服务处的调解下，进行了为期30个小时的谈判。但最终谈判宣告破裂，此次罢工行动不可避免。据悉，Amicus工会5月初曾经调查了汇丰2.3万文职人员中的1万多名员工，其中21%的员工支持某种形式的工业行动，工业行动包括拒绝超时工作、拒绝严格遵守工作职责和罢工。在这些投票发表意见的员工中有68%支持罢工，大约占英国汇丰银行员工数量的4%。

二、流程因素引起的操作风险

流程因素引起的操作风险是指由于商业银行业务流程设计不合理或流程没有被严格执行而造成损失的风险。流程因素分为业务流程设计不合理和流程没有被严格执行，后者又可以分为实际操作中遗漏或忽略流程、增加不必要的步骤两种情况。

（一）流程设计不合理

业务流程设计不合理不仅影响银行的经营效率，流程中的漏洞还有可能被不法分子利用，从而给银行造成损失。

案例

银行上门收款业务流程案

某商业银行根据其原来与客户达成的上门收款协议，派工作人员上门收取客户的存款，并在客户交接本上填写了现金包数和数额。回行后，银行打电话通知客户，客户未作反应，银行按照协议的规定向客户签发了进账单。一个月后，该客户以银行在双方交接簿上签发的数额向人民法院提起诉讼，要求该商业银行以该数额承担本息的返还义务。在辩护过程中，该商业银行以当事人签订的协议为依据，主张客户如对数额有异议，应在一个星期内查看银行录像，客户如没有异议则视为同意，银行是按协议办事，并由查点该客户现金封包的银行员工出庭作证。该客户则以银行经办人签收的数额和银行未对其提出异议为由主张自己的权利。法院认为，因银行录像带已销毁，且银行通知客户为电话通知，客户通过电话对存款数额口头承诺而无法举证，故最终判决该商业银行按客户交接本上签收的数额承担向客户支付本息的义务。

本案的发生主要是因为银行上门收款业务流程设计不合理。在上门收款业务中，银行采用回行之后清点金额的方式，此时客户不在场，发现问题不能及时解决。而银行的有效证据——录像资料仅保存一个月，一旦客户在一个月后提出异议，银行就会处于一种被动地位。这一案例同样为我们防范操作流程不合理导致的操作风险提供了思路——在开发新业务时，要全面考虑可能出现的问题，针对可能出现风险的每个点完善业务流程。

（二）流程执行不严格

流程执行不严格导致的操作风险主要包括在业务执行过程中缩减步骤和随意加插不必要的人员或程序两种情况。

案 例

减少或忽略流程——贷前审查不严导致不良贷款

K公司于1997年11月17日、1999年11月26日分别在H银行贷款300万元、400万元用于研制“××型免疫图像分析系统”。2000年7月因计划向全国市场推广该产品，又在H银行申请流动资金400万元。当H银行放款后才得知K公司当年未办理工商年检手续。在银行督促其尽快补办时，K公司承诺由新注册的J公司承接这笔贷款。2001年7月贷款到期，K公司经营不善，无力归还，J公司又迟迟不予承接，贷款发生逾期。

本案属于典型的忽略必要业务流程的情况。在本案中，鉴于K公司1997年就在H银行有项目贷款，H银行的信贷人员贷前调查时，仅询问公司当年是否办理了年检手续，在得到肯定答复后，没有检验企业营业执照的年检记录。这种忽略必要业务流程的做法是操作风险发生的根本原因。有关调查显示，国内商业银行普遍存在贷前调查不充分和贷后检查流于形式两大问题，而这恰恰是造成国内商业银行不良资产居高不下的原因所在。

案 例

添加不必要流程——存款数额前后不符案

1989年9月26日，储户徐某委托弟妹李某前往中国银行沈阳分行办理存款。李某填好存款凭条后，连同人民币4 755元和存折递给记账员甲。甲经初点认定李某交付的存款现金为4 755元，当即写了存折、存款凭条，并在存款凭条上加盖了名章。甲在向复核员乙移交时，将其中部分现金交给了坐在甲乙之间的实习生丙，丙以这部分现金练习点钞技法。其余现款，甲移交给了乙。大约10分钟后，复核员乙提出，全部款额为4 355元，比存款凭条上的数额少了400元，并将款退给甲。甲又将4 355元现金退给了李某。为此，徐某于1989年10月13日向沈阳市和平区人民法院提起诉讼，要求被告中国银行沈阳分行赔偿所缺少的现金400元。被告中国银行沈阳分行辩称：根据“两人临柜，复核为准”的规定，本行对短缺的400元不负有责任，拒绝赔偿。

很显然，该案发生的关键在于记账员甲与复核员乙之间增加了实习生练习点钞的环节，从而造成存款金额纠纷。业务人员在办理储蓄业务时，增加不必要的环节，实际上违反了银行业务流程的有关规定。本案中，储户将款项交付给银行工作人员并经其查核后，交付行为已告结束，该款项的风险也相应地转移给了银行，银行对该款项的风险损失应当承担责任。

启示与建议：很多流程因素引起的操作损失都是可以避免的。案例一中，如果信贷员严格执行贷款“三查”制度，这一案件就可以避免。因此，对于流程执行不严格导致的操作风险，防范的关键在于严格落实各项规章制度，严格执行各项业务流程，既要消除忽略某个业务流程的做法，又要避免随意添加业务流程的行为。为此，就需要商业银行建立起强有力的监督检查制度。

三、系统因素引起的操作风险

银行业是一个高度依赖电子化系统的行业，系统的良好运转是保证银行正常运营与发展的基本条件，因此系统因素给银行带来的风险不容忽视。系统因素引起操作风险的情况可以分为系统失灵或瘫痪、系统本身的漏洞以及客户信息安全性。

案 例

系统失灵——工行系统瘫痪案

2003年11月19日，工行总行为将在11月22日进行的全行计算机系统升级作准备而调整了系统参数表，使得全国范围内的数个工行营业网点出现系统故障，业务停办长达3个半小时，给客户和银行造成了损失。

2004年2月27日上午9点左右，上海市工商银行部分储蓄网点因受通信故障的影响，柜面终端交易堵塞，影响了营业。

本案是典型的由于系统升级造成系统瘫痪，导致数据传输不畅造成损失的操作风险。其主要特点如下。

（1）在银行系统升级过程中，新旧参数不能兼容，导致营业网点系统故障。

（2）商业银行没有充分估计到系统升级可能引发的系统故障，因此也没有制定应急方案。

启示与建议：银行的计算机系统稳定与否不仅关系到银行的正常运营，而且关系到储户利益的维护。因此，对于那些可能导致系统失灵的情况，如系统升级、系统瘫痪等，要建立应急应对措施。在日常工作中要对重要数据进行备份，制订应急预案。此外，提高系统维护、监控人员的技术水平，也是防范此类问题的有效措施。

案 例

系统漏洞——交通银行外汇宝“*”号事件

1999 年 1 月，交通银行北京分行西单支行推出了一套电话外汇买卖——外汇宝交易系统。外汇宝业务的推出方便了外汇交易者，顾客可以在家里利用电话进行外汇买卖。在外汇宝交易规则中写明电话机上的“*”号键可以用来修改交易中的输入错误。2002 年 4 月至 6 月，外汇宝客户夏某在以电话交易方式从事个人外汇买卖时，利用“*”号键的修改功能，按住不放，从而延长了操作时间，获得了最佳交易时机。由此在短短两个月的时间里，共获利 477 908.93 美元。同年 6 月，交通银行在发现有人通过操纵电话交易系统获取非法利益后，以黑客入侵为由向公安机关报案。

交通银行在推出新业务时，没有对该业务的交易系统进行足够地检测、试验，没能在正式使用之前发现系统中的明显漏洞，是造成损失的主要原因。此外，交通银行对外汇宝交易系统的监控不到位，直到发生多达 47 万美元的损失时才发现问题。

启示与建议：新业务的推出需要相应的交易系统配合，系统漏洞和系统失灵会影响到新业务的开展甚至给银行带来损失。因此，需要对新业务的交易系统进行全面而深入地检测、试验，以发现系统中存在的问题，避免损失和纠纷的发生。同时，要对新的、不成熟的交易系统进行严密监控，以便随时发现并解决问题。

案 例

病毒危及网上银行安全

木马病毒“网银大盗”对于用户的计算机程序没有任何影响，却专门盗取网上银行用户账号和密码。2004 年，一种称为“超级网银大盗”的病毒又惊现网络，与网银大盗只盗取一家网上银行用户号码不同，此次变种病毒更厉害，能盗取大部分网上银行的账号、密码、验证码等。反病毒专家证实，存在安全隐患的网上银行支付系统达 32 家。瑞星提供的案例显示，2004 年 9 月，网上一种名叫“快乐耳朵”的病毒可以窃取招商银行的用户账号和密码。

从表面上看，病毒盗取的是客户的信息，不会给银行造成损失。其实不然，客户在使用银行提供的网上银行服务过程中，因非人为的安全性问题造成的损失，银行应承担相应的责任。从另一个角度看，如果银行不能确保网上银行账号的安全性，势必会影响其在客户心目中的形象，从而造成客户流失。统计数据显示，从1998年第一笔网上银行业务交易成功至2003年，正式建立网站的商业银行达40多家，开展交易型网上银行业务的商业银行达30家。网上银行个人客户超过40 00万户，企业用户达60万户，2003年网上银行交易量为200 000亿元，2004年则超过了400 000亿元。网上银行业务正逐步成为商业银行新的利润增长点。如果商业银行不注意防范此类操作风险，其可能遭受的损失将不可估量。

案例

瑞穗银行丢失客户信息案例

2005年3月30日，日本瑞穗银行（Mizuho Bank）公布，该银行167家分行合计丢失了27万名客户的信息资料。瑞穗银行是在4月日本将全面实行《个人信息保护法》之前对公司内部信息管理进行大检查时发现这一情况的。丢失的客户个人资料包括记录有储户姓名、账号、账户余额、存款明细等个人信息的专用存储盘，以及投资信托和贷款申请书等。另外，瑞穗信托银行当天也表示，其总行和福冈、鹿儿岛两家分行也丢失了记录有6 800人账户号码、存款余额的专用存储盘。瑞穗银行通过调查认为，客户信息有可能被银行职员错误丢弃或损毁，不太可能外泄。该行向客户致以诚挚的歉意，并表示今后将严格进行信息管理，以防类似事件发生。

启示与建议：某种意义上讲，商业银行就是一家信息处理工厂，靠经营信息赚取利润。这生动地说明了信息对商业银行的重要性。以贷款业务为例，银行必须首先获取客户的完整信息，然后进行分析、评估，最后才能决定是否放贷。这就要求银行必须确保客户信息和经营管理信息的真实、完整、安全、有效。任何信息的丢失，都将给银行造成巨大损失。

四、外部事件引起的操作风险

银行的经营都是处于一定的政治、社会、经济环境中，经营环境的变化、外部突发事件都会影响到银行的经营活动，甚至产生损失。外部事件引起银行损失的范围非常广泛，包括外部欺诈/盗窃、外部突发事件和外部经营环境的不利变化。

（一）外部欺诈/盗窃

外部人员的蓄意欺诈行为是给银行造成损失最大、发生次数最多的操作风险之一。外部人员精心设计的骗局和陷阱常常令商业银行防不胜防。

案 例

虚假公司骗贷案

1993年10月，福建省福州市姜某虚假出资100万元，骗取验资报告，注册了福州融商工贸有限公司。1995年8月，姜某伪造了陈某、姜某、福州某工贸有限公司出资600万元的现金缴款单，从而骗取了融商工贸有限公司虚增600万元的工商登记。1998年5月，姜某又伪造1 030万元的现金缴款单及实物出资凭证，骗取了验资报告，从而骗取福州融商工贸有限公司虚增资本1 500万元的工商登记，后变更为福州融商企业集团有限公司。姜某采取上述手段于1996年9月、1997年1月、1997年12月、1998年4月共虚报资本1 500万元，注册了4家公司。在此期间，姜某以虚假注册的公司、虚假的担保、贸易合同、财务报表向5家银行申请了13笔贷款共计2 685万元，除用于投资外，其中的1 200多万元全部提现，至今尚有2 399万元未还。同时，姜某采取多立户头、多次转账或者直接通过个人户头的形式提现，故意隐匿公司财务账本，使提现部分无账可查，以此达到非法占有贷款资金的目的。因无力偿还其非法占有的贷款资金，他又采取伪造验资报告、审计报告以及变更公司名称、法人代表等手段逃避银行的债务诉讼。

外部人员的恶意犯罪行为往往给银行造成巨大损失。本案中，姜某骗贷之所以能够屡屡得逞，有以下几种原因。

（1）姜某的骗贷手段多样。主要以虚假注册多家公司，伪造缴款单、企业担保、贸易合同、财务报表等手段来骗取贷款，并通过伪造验资报告、审计报告、变更公司名称、法人代表逃避法律诉讼。

（2）银行信贷人员警觉性不高，防范意识淡薄。姜某的贷款次数多、数额大，但依然没有引起银行和信贷人员的重视。

（3）贷前审查不严。在贷款审查阶段，信贷人员仅仅核对贷款人提供的材料，没有鉴别出材料的真实性，也没有对企业的整体运营情况进行深入调查了解。

启示与建议：外部欺诈具有不易预测的特点，银行只有通过转变思想、转换机制、内部练功、提高素质、加强内部控制来积极防范和化解风险。

（1）银行在日常的经营管理中要树立风险意识，时刻提高警惕，从思想上重视可能发生的风险。

（2）提高银行业务操作（如贷款）人员的专业技能，增强识假辨假能力，不让犯罪分子有机可乘，杜绝风险的发生。

（3）严格按照操作程序开展业务。一方面要求信贷人员切实遵守银行的业务操作程序，另一方面要加强内部监督，防范信贷人员的道德风险。

（4）外部人员作案不仅包括诈骗，还包括抢劫、盗窃等犯罪事件，银行必须加强安全保障措施，才能防患于未然。

（二）外部经营环境变化

外部经营环境变化引起的操作风险是指由于银行监管法规、政策或银行的合作者、相关资源供应商的突然改变使银行经营受到影响，并发生损失的风险。由于银行业在金融系统的独特作用，各国银行监管机构都制定了严格的监管法律规章，监管法规或政策的变化可能使银行的经营不能连续进行，甚至发生损失。典型的如金融混业经营与分业经营的变化。

案 例

J. P. 摩根银行的分拆

20 世纪 20 年代，资本市场快速发展，很多金融机构将大量贷款投入股市，当股市发生危机后，很多银行倒闭，经济受到重创。为避免再次发生类似危机，也为了保护商业银行稳健运行，美国国会于 1933 年通过了《格拉斯—斯蒂格尔法案》，第一次明确了商业银行与投资银行的分业，并且将 J. P. 摩根银行限制于商业银行领域，而将其证券业务部独立出来，成立了摩根斯坦利银行，专营股票和债券业务。在随后的经营中，J. P. 摩根银行错过了许多发展的机会，并于 2000 年 9 月被大通银行兼并。

J. P. 摩根银行的分拆是由美国银行监管的突变引起的，这一行为使其当年主宰美国金融业的地位不复存在，最终落得被兼并的结果。因此，我们可以看到，银行经营环境的改变不仅可以影响银行短期的经营行为，甚至关系到银行的存亡。对于这种操作风险，银行应当成立专门的部门跟踪研究政府政策以及监管法规，保证经营的合法性，避免受到惩罚而遭受损失。还有一种情况是外部供应商经营中断引起的。对此，可以采用与多个供应商交易的方法，分散、转移和化解风险。

案 例

宏观调控使银行遭受损失

自 2004 年年初开始，我国经济出现过热迹象，特别是一些行业出现投资过热，例如钢铁、水泥、电解铝及房地产行业。其中尤以房地产为甚，一些地区的房地产价格上涨速度之快让人无法接受，以至于民间出现“房价上涨速度超过印钞速度”的夸张说法。在此情况下，为防止通货膨胀和经济过热，政府适时做出了宏观调控。其中，银行业监管部门也出台了一系列的配套措施。事实证明，这些措施有效抑制了过热行业的进一步升温，宏观经济初步实现软着陆。值得注意的是，一些商业银行在宏观调控中受到了巨大冲击，集中表现在一些银行的不良资产在 2005 年年初开始出现反弹。

商业银行与经济运行具有高度相关性，并呈现出明显的“顺周期”特征，即经济上升期，银行会加速业务开展，从而促使经济更快上升；经济衰退期，银行会收紧贷款业务，导致经济进一步衰退。在此情况下，出台宏观调控政策在熨平经济周期的同时，将对商业银行产生直接影响。因此，商业银行必须加强对宏观经济形势、行业运行态势的分析研究，以便准确预期政府的政策取向，防范风险。

（三）外部突发事件

外部突发事件可能导致银行经营的突然中断，并因此引起损失。由于这类事件的不可预测性，在商业银行的日常经营活动中建立应急准备，以保持业务经营的连续性就显得非常必要。这类突发事件包括自然灾害、外部人员的犯罪行为（与上面的诈骗不同，这里强调没有预谋的突发性犯罪行为），如频繁发生的恐怖袭击、美国“9·11事件”、2003年年底汇丰银行遭受恐怖袭击、我国2002年年底爆发的“非典”等都造成了极大的社会经济损失。

案　例

“非典”的影响

2002年年底开始爆发的“非典”疫情使各行各业均受到了不同程度的影响。银行业在“非典”爆发期间也遭到了很大的冲击，“非典”对银行的影响主要表现在：

(1)“非典”疫情大大减少了那些面对面交易的银行业务，如存取款。

(2) 银行的正常运营依赖于各个环节的正常工作，一旦因疫情使银行办公区域成为“隔离区”，银行的系统运行就可能受到影响，甚至直接影响前台的业务操作和银行资金的流动，最终影响企业生产和经济运行。因此，“非典”期间很多银行都采取了人员备份、两地办公等措施，这使银行增加了额外支出。

(3) 社会服务业、批发零售业、纺织和轻工业企业受“非典”疫情的冲击比较大，直接影响这些行业的还本付息能力，从而影响到银行投向这些行业贷款的安全性。

启示与建议：“非典”事件带给我们的最大启示就是，外部突发事件极有可能对商业银行的正常运营产生重大影响，商业银行应该为此建立应急预案。

(1) 保持对突发事件的敏感性。突发事件常常具有不可预测性，但对相关事宜常抓不懈，可以切断意外事件发生的根源。如强调讲究个人、公共卫生，可以减少如“非典”这类传染性疾病爆发的几率；日常经营安全防卫工作的加强可以降低抢劫、偷窃等事件的发生。

(2) 建立切实可行的应急方案。“非典”期间，各银行先后制定了自己的应急措施，关键部门如银行的数据中心和交易中心进行人员、数据、业务备份，以减少交叉感染的可能性，保证银行经营活动的正常运转。这为我们提供了应对突发事件的宝贵经验。

（3）在事件发生后，商业银行整个系统要严格贯彻执行各项措施、步骤，保证应急方案真正发挥效用，从而降低损失。

（四）经营场所的安全性

经营场所的安全性包括银行设施出现故障给客户或银行员工造成身体伤害或财产损失、银行经营场所的一些设备老化引发火灾等事故、自然灾害导致经营场所出现意外等内容。例如，2003 年 4 月 12 日，某银行储蓄所吊顶脱落，砸中了两名员工，并导致他们伤残。经协调，员工内部退养，并赔偿医疗费。

很长时间以来，国内商业银行对经营场所的安全性不够重视，以至于经常出现火灾等事故，给银行造成财产和名誉损失。尤其值得注意的是，银行认为如果客户在经营场所发生意外，银行可以不承担责任。在这一思想的影响下，一些银行对经营场所的安全性重视不够，甚至出现客户在经营场所遭受意外伤害的事故，银行与客户对簿公堂，最终银行被法院判定败诉。对此，银行必须清醒地认识到，银行有义务对经营场所内的客户的人身安全负责。

第二节　商业银行各业务线操作风险及防范措施

一、重要物品管理类

（一）有价单证和重要空白凭证、保险柜钥匙没有做到垂直交接

风险案例

××银行营业部保险柜钥匙 A、B 两套，均交给张某管理，该员工已于 2008 年调离，未做交接。

防范措施：有价单证和重要空白凭证管理人员因出差、休假及工作调动等原因离岗，必须严格办理交接登记手续，详细记载交接情况。交接时，凭证经管人员按当日实有库存数详细填列“业务人员交接登记簿”，并与有关会计账簿、业务系统余额核对，凭证经接收人、监交人清点无误后，共同在交接登记簿上签章。保险柜钥匙交接要做到垂直交接并登记。

（二）未执行印、证分管制度

风险案例

（1）××网点印章保管不合规，银行承兑汇票、存款证明等专用章由普通柜员保管。

（2）××支行业务公章未指定专人保管、使用。

防范措施：柜员制岗位的柜员可以负责保管网点各类业务印章，但应做到印、押、证三分管。银行承兑汇票、存款证明等专用章视同业务公章，应指定专人保管。

（三）柜员临时离岗未退出操作系统，未锁现金尾箱

风险案例

××网点监控录像显示，柜员下午临时离柜未退出操作系统，未锁现金尾箱。

防范措施：

（1）加强柜员风险防范意识和自我保护意识教育。

（2）营业用款箱实行一岗一箱，分岗使用。柜员短时离开经管的现金区域，装有现金、贵金属、有价单证的营业用款箱必须加锁，置于监控摄像范围内。

（3）柜员应严格遵守开机签到、离机签退制度，柜员离开电脑业务终端时，必须在终端上执行签退操作。

（四）现金重空库房管理没有坚持“双人管库，同进同出操作”

风险案例

（1）××银行金库管库员李某没有与其他管库员同进、出金库。

（2）××银行重空库房管库员刘某一人在库房内操作配发重要空白凭证。

防范措施：金库、重要空白凭证库房管理员必须坚持“双人同进同出同操作”的原则。

（五）出纳柜员因故离开，保险柜未按规定及时上锁

风险案例

某银行营业部大库出纳工作期间，所管保险柜未及时上锁。一员工趁其工作期间，故意躲开监控录像镜头，打开保险柜门，将保险柜中9 000港币盗走。

防范措施：营业期间，尾箱经管人不得随意离岗，如果特殊情况确需临时离岗，应将尾箱所保管现金及物品放入箱内，人离箱锁，随身携带尾箱钥匙，置尾箱于监控录像范围内，并交附近同事代为看管。尾箱钥匙丢失不得配置，应立即报告领导并更换新锁。

（六）金库安全管理“密码、钥匙管理不规范”

风险案例

（1）××银行金库门未安装密码锁。两名管库员下班后将金库门钥匙、保险柜钥匙放在营业部办公桌抽屉和铁皮柜内。

（2）××银行金库管库员，在开启金库门输入密码时，未要求他人回避，且未遮掩，同时还存在代另外一名管库员（掌管钥匙）操作的现象。

防范措施：金库门的密码、钥匙及备用密码、钥匙均使用“重要物品保管和交接登记簿”登记，遇到掌管金库密码、钥匙及备用密码、钥匙的人员岗位变动时，应逐项序时详细登记。

使用机械密码锁和专用库门锁的金库，至少由两名管库员掌管库门锁的钥匙和密码，其中金库的一名库管员掌握A套密码和B套钥匙，另一名库管员掌握B套密码和A套钥匙。

每次开关库门必须坚持双人开关库。

密码必须严格管理，做到掌管人自开自锁，严禁泄密，开启时严禁非掌管人旁观。密码锁的密码必须定期或不定期更换，密码使用期最长不超过三个月。掌管密码锁的人员变更时，必须立即更换密码锁密码。

备用钥匙及密码由金库所在机构金库主任及副主任分别保管，双人密封并加盖骑缝章后，各自专用保险柜分别管理。启用备用钥匙及密码应做好登记记录。

（七）重要部位未设监控或监控未能有效覆盖

风险案例

（1）××银行计财部重要空白凭证库房，未设监控设备。

（2）××银行县支行重要部位监控系统未有效覆盖，如：重要空白凭证保险柜无监控录像；低柜区监控不能有效覆盖；现金复点室与重要空白凭证交接室无监控设备；尾箱与押运公司办理交接区域监控存在盲点。

防范措施：重要空白凭证库房应具备防水、防潮、防火、防盗、防蛀、防鼠咬等安全保障设施，设置必要的监控设备，安装防爆灯和应急照明设备。

（八）管库员兼任查库员、查库主体未按期查库

风险案例

（1）××银行网点主任对ATM进行查库，同时又管理ATM钞箱密码，存在查库员和管理员兼岗现象。

（2）××银行分行业务管理部门未对辖内行现金、重空实施查库。

防范措施：各级主管部门应按频率、按要求查库。

（九）尾箱单人加锁

风险案例

（1）××银行营业部营业终了下班时，柜员现金尾箱由柜员本人加锁。

（2）××银行网点监控显示，营业前该机构尾箱由一人打开双锁，尾箱钥匙未双人开启。

防范措施：柜员临时离柜，现金箱必须上锁。日终后，由事中人员或柜员间循环核库无误后监督上锁，机构尾箱由管库员和会计主管双人上双锁，钥匙各自妥善保管，不得移交或交由他人保管。

（十）未坚持碰库制度

风险案例

（1）××网点监控录像显示，业务主管核对机构尾箱库存时，未对柜员现金进行盘点。

（2）××银行柜员午休时离柜没有清点现金。

防范措施：要坚持核对制度，现金岗人员每天两次对尾箱现金进行盘点，每日营业终了，尾箱监管人须对尾箱经管人库存进行盘点，认真查询现金清单，无误后双方盖章

确认。

（十一）在各类重要空白凭证、非重要空白凭证、各类合同上预先加盖业务印章

风险案例

(1) ××网点的现金请领单及调拨单提前加盖印鉴。

(2) ××网点柜员凭证箱中有一本现金支票，预先加盖行名章和行号章。

(3) ××网点上门服务时预先在现金进账单加盖业务办讫章。

防范措施：严格印章使用。严格按规定范围使用业务印章；工作交接时必须办理业务印章交接手续，实行“第三人监交”，并在登记簿上进行登记；严禁在空白凭证和票据上预盖印章。

（十二）作废、停用印章未进行双人加封、专人入库（保管）

风险案例

(1) ××网点已经停用的现金收讫、付讫、转讫业务印章6枚，未进行双人加封入库（箱）保管。

(2) ××网点管某保管的停用印章，由其单人入办公室档案柜自行上锁保管，未集中统一入库保管。

防范措施：应明确印章停用、报废及销毁的办法和程序；印章停用后及时在登记簿上登记，办理停用手续；机构撤并、更名、升格时相关业务管理部门应及时、主动收缴其印章；已作废印章应逐级上缴至上级机构印章管理部门集中管理、统一封存。由一级分行统一进行销毁，销毁时应实行申请、审批、相关部门监销、登记的程序。

（十三）柜员将业务印章交他人保管

风险案例

(1) ××网点李某将保管的业务公章交于某带出网点。

(2) ××网点业务办讫章（带编号），登记的保管人为马某，而实际由严某保管。

(3) ××现场检查××网点发现，在事中的抽屉内发现柜员张某私章一枚，在柜员贺某抽屉内发现柜员魏某私章一枚。

(4) ××行营业终了，个别柜员业务印章未入保险柜或随尾箱封包后寄库于守押公司，而是放置于办公室抽屉中。

防范措施：严格执行“专人使用、专人保管、专人负责”制度；必须专匣保管，固定存放，人离章锁，并遵守“章证分管”的原则；非营业时间必须将印章入库或入保险柜保管；印章丢失应及时查明原因并报上级机构妥善处理。

（十四）重要空白凭证账实不符、领用手续不合规

风险案例

(1) ××网点空白转账支票925份、现金支票50份，既未按规定作废，也未及时处理，保管在营业机构，造成账实不符。

(2) ××县支行停用、作废重要空白凭证账实不符，实物比报表大1 050元；只有移交清单，未建立手工登记簿，查看清单存在清单记录与实物不符现象。

(3) ××行凭证调拨、领用手续不严谨，重要空白凭证申领单凭证号码涂改严重或无申领人签收。

防范措施：

(1) 营业期间，业务柜组领用重要空白凭证后，根据“空白凭证领用单”登记“重要空白凭证使用登记簿”，注明起始号码。签发重要空白凭证时，必须按顺序号使用，逐份销号，号码必须衔接。

(2) 每日营业终了，复核员对前台柜员使用、保管的重要空白凭证与“重要凭证库存详细查询”进行发生数和结存数账实核对并签章。

(3) 对作废或停用的重要空白凭证要及时销毁，重要空白凭证上下级调拨、用户领用要填制领用单、号码不得涂改，要对实物进行清点。

(十五) 有重要空白凭证未入库保管

风险案例

(1) ××网点已制妥的银行卡放在柜员抽屉中保管。

(2) ××网点借记卡、现金支票、转账支票，人保保单未及时入库保管。

防范措施：营业网点领回的重要空白凭证必须遵循“先入库，后领用，再使用”的原则。柜员营业终了，重要空白凭证必须入库（柜）上锁保管或随现金尾箱交押运公司保管。

(十六) 会计档案管理不合规

风险案例

××县支行营业部会计档案管理不合规。会计档案未入柜保管，调阅传票未登记，造成几本传票遗失，无法寻找。

防范措施：营业机构应设立会计档案保管室或专用保管柜（箱），实行会计档案分类保管，不得随意堆放，做到安全保密、整洁有序、查找方便。会计档案原件一律不准外借，严防丢失和泄密。会计档案调阅应进行审批登记。

(十七) 对账和记账未分离，对账单回收率未达标

风险案例

(1) ××银行二级分行存在对账中心全权委托营业机构代为对账的现象。

(2) ××分行对账单未全数收回。

防范措施：应指定专人负责对账工作。记账岗位与对账岗位分别设立，对账人员与记账人员、客户经理、上门收款人员、上门结算服务人员及其他外勤人员严格分离，不得混岗操作。重点客户对账核对单送达率、回收率应在两个月滚动达100%；非重点客户核对单送达率、回收率每季应达到80%以上，未核对上的账户必须要关注；不符对账回单处理率应达到100%；对逾期未收回的对账单，应采取电话、短信、邮件等多种方式催收，对

重点账户连续两个月未能收回核对单回执的，要上门与客户进行核实对账回执。

（十八）单位印鉴卡保管不合规

风险案例

(1) ××支行的单位印鉴卡未入册保管，放置在纸盒或塑料盒中，且保管盒无锁，营业终了放在柜员共用的保险柜中，在双休日对公柜台不营业、对公柜员又不掌握保险柜的情况下，印鉴卡册虽然入保险柜，但实际处于开放状态；且支行存放印鉴卡的保险柜未在录像监控范围之内。

(2) ××支行印鉴使用和保管职责划分不清晰。由于对公业务比较繁忙，日常印鉴卡的核对工作由多人共同承担，但印鉴卡的保管责任由1人承担，由于印鉴保管处于开放状态，一旦遗失难以明确责任。

防范措施：营业机构留存的印鉴卡片应指定专人负责保管，不得随意乱放、随意转借，应做到人离卡收，营业终了入箱（入柜）加锁保管。

（十九）印鉴卡片数与开户单位数不一致

风险案例

××支行开立的结算账户多于或少于所保管的印鉴卡片数。

防范措施：银行营业机构与所有发生资金往来业务的单位银行结算账户应有其相对应的预留印鉴卡片，印鉴卡片数应与营业机构的单位银行结算账户数一致，不应存在有账户而无印鉴卡片的情况；结算账户销户应同期注销单位预留银行印鉴卡，并将印鉴卡册中的预留印鉴卡片抽出另行管理（或转入销户档案、或转入长期不动户印鉴卡专册管理）。

（二十）违反规定管理、使用本行印章、个人名章

风险案例

××银行在开展业务与管理过程中，不按规定保管使用本行印章、个人名章，被不法分子窃取作案。

防范措施：应指定专人负责印章管理工作，印章管理人员必须忠于职守，坚持原则，严格遵守印章管理制度和操作流程，对印章使用的合法合规性、使用程序的完备性负责。对印章管理人员应定期组织培训和教育，进行主要风险点提示，提高其风险防范能力。

二、存取款业务类

（一）储蓄挂失业务风险

风险案例

储户王某丢失活期存折，折上存款余额5 002.30元，该客户第二天一早到网点办理挂失手续，网点柜员在接到挂失申请后，并未立即在系统中做查询及挂失，直到办完3笔储蓄存、取款业务后，才给客户查询存款情况，查询结果显示，客户王某的存款已被他人

冒领。

防范措施：接到客户挂失申请后应及时为客户办理查询，在确认客户存款未被支取的情况下，应先冻结账户，再为客户办理挂失手续，并登记“登记簿”。

（二）遗产继承风险

风险案例

客户何某于某年9月1日在某银行存入定期存单5万元，次年2月5日，何某因车祸身亡，次日，其妻持存单办理支取存款，不知密码，柜员凭何某死亡证明书、户口簿为其办理密码挂失及支取业务。2月7日，何某之子持公证书到银行查询存款情况，逐对2月6日取款情况产生质疑，并产生纠纷。

防范措施：存款人死亡后，合法继承人为证明自己的身份和有权提取该项存款，应当向公证处申请办理继承权证明书，银行凭有效证明办理过户和支付手续。如该项存款的继承权发生争执时，应由人民法院判处，银行凭法院的判决书、裁定书或调解书办理过户或支付手续。

（三）未对存单的真伪进行鉴别

风险案例

一男子持一张3万元定活两便存单到某银行取现，柜员接此存单后并未对存单的真伪进行鉴别，马上以最快的速度办理了3万元取现，后经核对发现该存单只存款300元。

防范措施：办理业务时必须严格做好账（即电脑资料）、折（单）、交易传票、有价单证、印鉴、密码和现金的核对；认真自我核对、避免差错事故。

（四）大额取款业务风险

风险案例

客户张某某年5月1日在中国银行某支行存款30万元，同年8月20日其妻王某前往银行办理支取存款，柜员随即凭存款人及代办人身份证件办理支取手续。

防范措施：对代办人委托行为的核实。如代办人办理业务，交易行除验证开户人身份证件、存款凭证和密码外，要验证代办人身份证件，并复印开户人、代办人的身份证件，记录代办人姓名、地址、电话，还需由授权人员向开户人电话核实代办人委托行为的真实性，由核实人员填写个人客户大额交易核实记录单。

（五）无折现金存款业务风险

风险案例

客户刘某在某银行某支行为他人存款，客户仅提供存款账号存款5 000元，柜员随即为客户办理无折存款，在办理过程中系统突然中断未打印传票，柜员随即又为客户办理存款5 000元，下午该柜员结账时，发现库存短款。

防范措施：对于系统突然中断或打印出现故障未打印传票的业务，必须先通过系统日志查询该笔业务是否成功，如不成功再进行相关业务处理；如成功则根据日志手工补制业务传票，经办人复核签字后由网点负责人签批。

（六）借记卡挂失业务风险

风险案例

客户严某因家中失窃，将借记卡及密码、网银口令牌等全部丢失，且客户网银口令牌上标注了用户名及登录密码，客户随即去××银行某营业网点进行借记卡及密码挂失。柜员为其办理了卡挂失，并提示客户7天后来银行解除挂失并领取新的借记卡，但是柜员未将客户卡下关联的账户进行冻结，结果客户的卡下存款均通过网银划走。

防范措施：网点在办理挂失业务时，在对客户申请挂失资料审核无误后，应立即冻结挂失账户及关联账户，再办理其他挂失业务。

（七）借记卡销卡业务风险

风险案例

客户于某某日到××银行某营业网点做单卡户销卡业务，柜员未做卡关联账户销户即进行了销卡处理，导致卡下关联账户没结清。

防范措施：单卡户销户，应先进行卡项下账户结清后再进行销卡交易。

（八）柜员违规办理信用卡柜台大额存款删除业务。

风险案例

营业网点柜员在受理客户信用卡大额存款业务时，已在零售代做系统中完成“存入”操作后，客户又以当日不能取款为由要求撤销此笔交易，柜员遂执行了“删除”交易，导致资金被恶意透支。

防范措施：遇到客户存完现金后很快进行撤销交易的情况，应及时与银行卡部门联系，核实客户所述理由，以防范客户恶意进行透支。柜员不得随意对存款交易执行“删除”交易。

（九）存单大小写金额不符，引发客户与银行的纠纷

风险案例

某银行前台柜员未认真审核存单上的大小写金额，导致客户存单上的存款数额大写是“玖仟元整”，小写是“9万元”。产生纠纷后，客户将银行告上法院，要求按“9万元”兑付存单，法院审理后，认为存单持有人与金融机构间存款关系成立，银行败诉，金融机构应当承担“9万元”款项的兑付义务。

防范措施：柜员应严格按操作规程认真办理存款业务，复核人员和业务经理应及时、仔细审核，确保客户存单大小写金额一致。

三、结算业务类

（一）违反规定开立人民币单位结算账户

风险案例

（1）××支行账户开立手续管理不合规。如：未严格审核账户资料的完整性、真实性、合规性，在仅见到复印件或在资料不全的情况下就开立单位银行结算账户；非法人或单位负责人开立账户的未提供法人授权书，或提供了法人授权书却无法人签章、身份证复印件等。

（2）××支行开立各类性质的账户未按规定向人民银行核准或备案。

（3）××支行开立各类性质的账户时未在规定的时间内向人民银行核准或备案。

防范措施：银行开立账户时必须以实名开立，对开户资料的真实性、完整性、合规性审核是银行应尽的职责。客户出具开户证明文件或资料应一律提供正本或原件，同时应经双人审核后签章确认。

单位客户开立结算账户时，可以由法定代表人或单位负责人直接办理，也可授权他人办理。授权他人办理的，除出具相应的证明文件外，还应出具其法定代表人或单位负责人的授权书及其身份证件，以及被授权人的身份证件。

符合开立一般存款账户、专用存款账户的，应自开户之日起 5 个工作日内向人民银行备案。

人民银行应于 2 个工作日内对银行报送的基本存款账户、临时存款账户和预算单位专用存款账户的开户资料的合规性予以审核，符合开户条件的，予以核准。

（二）违反结算制度，操作失误，造成银行资金损失

风险案例

××支行受理交换提来的一张 50 万元转账支票，在未仔细核对银行预留印鉴的情况下就对外付款。后经单位对账发现，进行核对确认该印为伪造。由于无法追回造成直接经济损失。

防范措施：所有凭客户印章办理的业务必须严格审核业务凭证上加盖的印章与银行留存的印鉴是否相符，审核相符后才能办理后续的相关业务。

印鉴核验工作均需通过电子印鉴系统或手工核验的方式完成。如采用电子印鉴系统核验的，印鉴卡手工核验作为备用验印方式，在电子印鉴系统出现故障或印鉴尚未录入电子印鉴系统等特殊情况时采用。使用印鉴卡手工核验方式，所有核验业务均需双人折角验印（对公开户留存的开户资料复印件以及余额对账单上的印章，可单人验印）。

（三）岗位设置没有实现制约，存在不相容岗位兼职现象

风险案例

（1）××支行对公经办员办理开销户及变更手续并保管相关资料。

（2）××支行承兑经办、复核同时为银行承兑查询、查复业务的经办、复核。

防范措施：

(1) 各机构应建立健全银行结算账户开销户及变更业务复核制度，柜台复核人员必须同步审核账户管理规定要求客户提供的相关账户资料签章确认。严禁办理银行结算账户业务“一手清”。

(2) 承兑业务查询、查复、复核岗必须与承兑业务经办岗相分离，做到承兑业务关联岗位之间相互制约，相互监督。

四、代理业务类

(一) 向客户做出投资收益承诺

风险案例

某行营业部理财经理李某因和某证券公司客户经理关系密切，该券商客户经理便私下向李某提出，如果李某推荐大客户到该证券公司做股票交易，就会按交易金额的多少给李某提成。李某在金钱的驱使下，便擅自以银行的名义通知一些资金较大的客户，说如果客户在某证券公司开户，银行就会有专人为客户提供投资建议，并提供一些内幕消息，保证让客户挣钱。

防范措施：财富管理业务专业人员应了解并遵守相关法律的规定，不得有违反或帮助客户违反法律法规的行为；不得有误导、欺诈、利益冲突或内幕交易的行为；在提供理财规划咨询及协助客户执行理财计划时，应最大限度满足客户合理需求，以谨慎公平的方式执行；从事理财规划咨询时，应与客户充分沟通，将投资组合建议执行后可能产生的风险等情况如实向客户披露，并提供必要的咨询。

(二) 未建立完善的事前、事中、事后信息披露机制，未能很好地向客户提供方便、及时、准确的资产变动和期末资产估值等重要信息

风险案例

某股份制银行的一款理财产品在产品续存期内，银行不曾向客户进行任何持续性的信息披露。而在产品到期日，客户收到零收益的通知后感到非常突然，一时间难以接受，引发客户不满。

防范措施：商业银行应披露理财产品的背景、投资去向、收益预期、支付方式、实时收益信息等，充分保障客户的金融信息知情权，减少因误解而产生不必要的纠纷。同时，在与客户签订合同时，应明确约定与客户联络和信息传递的方式，以及在信息传递过程中双方的责任，确保客户及时获取信息。客户经理要加强与投资者的信息沟通，对于理财产品的提前终止、风险警示等重要信息，要及时在网点进行公告，并确保能随时联系到投资者，切实保护投资者的利益。

(三) 违规向客户销售保险产品

风险案例

某网点柜员在向客户销售银行代理的保险产品时，向客户误导销售，同时为避免出现

保险公司在对客户进行回访时，出现客户退保，在填写回访电话时留的是关系人的电话。

防范措施：落实规章制度的执行情况，复核人员应认真检查客户填写的投保书，并要求客户认真阅读保险条款，当面填写风险提示书。

（四）虚假宣传、未如实解释保险产品风险，误导消费者

风险案例

某银行工作人员在推销一款保险产品时称："这款理财产品很不错，是我们银行代销的，其实就是我们银行的产品。3 年即可支取，保证本金，每年保底银行定期存款利率 2.25%的收益，还有 4%的分红，每年另奖 325 元，而且还赠送意外保险。"他始终未提及保险产品可能存在的风险，客户购买后最终引发诉讼纠纷。

防范措施：代理保险时应向客户说明经营主体是保险公司，如实提示保险产品的特点和风险，不得将保险产品与储蓄等其他产品混淆、简单类比银行其他产品收益。

严禁银行营业网点擅自印制宣传材料或变更宣传材料的内容。严禁在宣传材料中出现"银行理财产品"、"与银行共同推出"等字样。

（五）保险公司人员在银行网点直接推销保险产品

风险案例

A 女士去某银行存款，一进门就被一名穿着类似银行制服的 B 女士拉住，介绍目前有一个理财产品，收益特别好。B 女士随即带其到柜台前开了一个临时账户，存了 5 000 元。接着 B 女士又拿出几张单子让 A 女士签字，A 女士这才发现签的原来是一张保单。于是她拒绝签字，要求立即返还存款。但查看后发现，刚存进去的 5 000 元已经被转走。之后 A 女士询问银行柜台人员了解到让她开户的 B 女士并非银行工作人员，而是来自一家合作保险公司。

防范措施：严格遵守监管规定，在银行网点直接向客户销售保险产品的人员，应是持有保险代理从业人员资格证书的银行销售人员，不得允许保险公司人员派驻银行网点。

（六）未执行"金额申购，份额赎回"规定

风险案例

某银行××分理处某综合柜员在为客户办理基金赎回业务时，客户询问该柜员："请看一下我买的基金到 10 000 元（市值）了吗？如果到 10 000 元我就赎回，我最近想用钱。"该柜员在电脑上查到了客户的持仓份额为 9 789.16 份，当时该支基金的净值为 0.65 元，所以市值应该是 6 362.95 元。而该柜员却回答客户说："你的基金现在是 9 789.16 元，将近 1 万元，你赎吗？"客户一听毫不犹豫地说："基本上回本了嘛，那我赎掉。"于是，该柜员为客户办理了基金赎回交易。事后，事中监督在复核业务传票时，根据传票的赎回份额和回想中午客户与经办柜员的对话，确定该柜员的操作实质上违背了客户的赎回意愿，并发生了真实的赎回业务。由于事中发现时已是下午 5 点，基金系统已停止交易，该客户无法进行赎回撤单业务，造成该客户必须接受该基金被赎回的事实，由此与银行产生纠纷。

防范措施：基金交易实行“金额申购，份额赎回”原则。金额申购指投资者在购买基金时按照购买金额提出申请；份额赎回指投资者在卖出基金时按照卖出份额提出申请。申购、赎回采取“未知价”原则，即基金的申购、赎回价格以申请当日的基金单位资产净值为基准进行计算。

（七）代发业务风险

风险案例

某银行××分理处为甲单位代发工资，因复核柜员临时有事，故将自己柜员号及密码告诉经办柜员，请他代办复核。结果由于该经办人员擅自将企业提交的客户卡号进行了修改，造成企业账误入他人账户，事后又未能及时发现，导致款项被他人取走。

防范措施：营业网点员工应以客户提供的数据为依据办理代付业务，并进行对账；批量办理代收付应分别经过经办、复核，并交由委托单位确认。

（八）未执行“批量代收付成功交易勾对”制度

风险案例

某银行网点办理批量代收付业务，经办柜员接收了企业方提供的批量文本，在上传批量文本前，将文本记录中的一笔记录更改为其关系人的账号后，才将文本上传到系统中，并成功执行了批量代收付业务操作，造成企业批量代付资金被挪用。

防范措施：落实规章制度的执行情况，复核人员应对批量代收付交易的成功清单与企业提供的原始文本进行勾对，保证入账账号与企业提供的账号一致。

五、信贷业务类

（一）信用卡发卡业务未落实亲签亲访制度

风险案例

某银行一营业网点柜台人员在柜台受理了张××提交的9份中银维萨信用卡申请件，客户提供的有效身份证件为军官证，柜台人员核查了申请表，申请表填写完整、证明材料齐全，按照银行亲签亲访制度要求张××出示军官证原件，张××出示了本人军官证原件后，解释说因部队有纪律其他人不能都出来，所以委托其办理，柜员想了想，同意后加盖了亲签亲访印章并将申请件交上级审批部门。因身份核查系统中无法进行军官证核查，审批人员在电核过程中发现，该部队只有张××为真实存在，其他人均系假冒，遂报案将其抓获。

防范措施：各层级信用卡营销人员包括柜台受理进件人员，在信用卡初审核环节，必须保证“亲见客户、亲见证件、亲见签名”，完成“三亲见”后方可在申请表上加盖“确认亲签亲访”章，从而实现真正意义上的真实性审核，从源头上防范伪冒欺诈办卡行为。

（二）未及时有效实施信用卡催收，造成资金损失

风险案例

某信用卡持卡人发生脱期三期未还款，分行每月将数据分发至二级行，二级行信用卡催收人员收到催收数据后因承担其他工作，未立即实施催收，而是在月末或季度末进行阶段性的集中催收时，发现此持卡人已于近期离职不知去向，经多方联系查找无果，造成银行资金损失。

防范措施：业务管理负责人员按照催收业务流程，负责对权限范围内日常催收业务进行监督和有效管理，催收工作人员将催收工作纳入日常工作，依照催收清单进行及时有效催收，防止因催收不及时、不连续而错过时机，造成资金损失。

（三）开立银行承兑汇票贸易背景不真实，保证金来源不合规

风险案例

A公司是×分行重点客户，2009年×分行为公司核定授信总量3亿元，其中流动资金贷款额度2亿元，利率按同期贷款基准下浮10%执行，银行承兑汇票额度1亿元，保证金30%，担保方式为信用，有效期1年。2009年2月28日，×分行为A公司发放流动资金贷款1亿元。2009年3月13日，A公司向B公司签发了3笔共计1 850万元的银行承兑汇票，期限3个月，用已发放的流动资金贷款缴纳保证金555万元。A公司与B公司签订的合同总价为3 260万元，合同签订日2006年11月28日，交货时间2008年3月15日。合同规定：合同签订10日内预付货款625万元，20日内支付5%进度款计163万元，8个月内支付第二笔30%进度款计978万元，发货前1个月支付货款20%计652万元，其余交货一年后支付。上述三笔业务增值税发票复印件未保存在档案中。

防范措施：银行业务人员负责受理承兑申请人提交的承兑申请，并严格审查承兑申请人实际经营情况，并监控其贸易背景，包括但不限于要求企业提供购销合同等相关贸易背景证明材料，进行必要的交易背景调查，没有真实性贸易背景的承兑汇票业务，严格禁止办理；贸易合同的内容、金额等须与申请承兑汇票内容相符；贸易合同的商品须属于承兑申请人经营范围；对应一份贸易合同，累计开立承兑汇票的金额不得超过对应的贸易合同金额；贸易合同的签订日期应早于承兑汇票的出票日期且在有效期内，留存的贸易合同复印件应与原件核对一致；在承兑到期日前应要求客户提供完整有效的增值税发票复印件，并核查税票的真实性，对应到每笔承兑汇票的增值税发票复印件随授信资料归档保管。严禁以贷款或贴现资金作为保证金。

（四）贷款未严格按照贷款支付要求，贷款实际用途与申请用途不符，违反“专款专用”规定

风险案例

2007年10月，某银行某经办行上报一笔杨某个人信用循环贷款业务，贷款金额20万元，期限1年，用途为购房。初审资料显示，借款人在某航空公司任空警，其年收入在12万元左右，其配偶2007年注册成立公司，初审核实其公司目前主要经营消毒产品及化妆

品，年收入在36万元左右，从初审提供其配偶名下个人卡折交易显示，2007年上半年交易量情况较好，借款人家庭收入状况符合银行个人信用循环贷款的客户准入条件。初审意见及资料显示，借款人此次申请贷款用于购置房屋，所购房屋为二手房，该套房屋价格30万元，借款人拟自筹10万元，自筹款比例33%，初审未提供相关自筹款证明，该套房屋于2007年9月已办理过户手续，考虑到借款人职业收入较为稳定，结合借款人目前年实际收入能力和其家庭现有负债情况，银行最终审批同意对杨某核定信用循环贷款20万元，期限1年，鉴于家庭年收入存在一定的不稳定性，要求追加借款人家庭名下一套位于6楼、建筑面积101.9平方米的住房做抵押；另要求经办行加强贷款资金支付流向，争取将贷款直接打入交易对方账户，对贷款的提现应严格控制，并提供相应凭证以证明贷款用途与贷款合同相符，确保专款专用。2008年9月，借款人配偶因经济案件被公安机关调查，借款人单位因此事暂停借款人执行空中保卫任务，银行贷款到期时无力归还，银行处置抵押物时因地段、楼层等原因无法立即拍卖处置，最终导致银行该笔贷款发生不良。

防范措施：经办行叙做两个循环额度贷款时，对贷款用途应提供用途证明材料，如装修合同、购房合同、购车合同等，对因合理理由在贷前未能完善贷款用途资料的，经办行在贷前调查报告中应明确说明原因，并在贷款发放后合理时间内补充完善用途资料，并进行三级审核确认后归入档案管理，不得发放无指定用途的个人贷款，按照相关要求对借款人及其经营状况、抵押物状况进行贷前调查。

（五）三级审批流于形式，内部风险控制失灵

风险案例

2003年8～12月，某商贸公司法人严某采用将本公司名下房产出售给员工李某等8人进行虚假交易的手段，向某支行申请10笔20年期、共计293万元二手住房按揭贷款，并且购买了贷款保证保险。贷款发放后即出现逾期。贷后人员检查发现，实际用款人严某已下落不明，经向借款人追索后发现，上述二手房交易均为虚假交易，当时是迫于公司压力所为，借款人目前无任何还款能力。上述贷款抵押物位于某高层住宅内，经查发现房产存在较大瑕疵，该批住房自1997年建成以来一直无人居住，且从未交纳过物业费、暖气费等费用，当时已拖欠各种费用近140万元，加之交易价格虚高，造成法院拍卖后形成199万元的损失。后期银行对承担担保责任的保险公司提起诉讼，法院以银行“未将贷款用途和房屋状况的真实情况告知保险公司”为由，判令银行败诉。由此，该笔贷款彻底形成损失，损失率达68%。

防范措施：个人贷款业务人员应通过现场调研等多种渠道进行严格而详细的贷款调查，特别是从贷款合法性、安全性和效益性等方面进行调查，根据掌握的信息和相关资料，提出客观的、综合性分析意见，形成初审报告；在借款人提款前须对提款先决条件和有关要件进行审查、落实，贷款发放后通过对借款用途的有效监控，防止借款人挪用贷款，并定期、不定期对借款人、保证人及抵（质）押物开展现场检查、分析，提出贷后管理策略和建议，履行各项贷后管理职责，负责主动风险预警和防控。

（六）个人住房按揭贷款业务中办理预抵押手续风险

风险案例

某银行在对辖内二级分行住房贷款业务内控合规检查中，发现普遍存在且存在一定风险隐患的问题是：对个人住房按揭贷款正式抵押登记工作的管理、跟进及催办力度不足。存在房屋竣工验收后抵押确权不及时的现象，各行对项目竣工验收时间进度掌握不准确，影响期房抵押手续不能在项目竣工后3个月内置换成正式抵押他项权证的情况。形成问题的主要原因是：客户不愿交纳契税和住房维修基金、不愿及时办理房产证或人长期不在本地；开发商竣工验收手续办理不及时。

防范措施：

（1）按要求认真做好楼盘后续跟踪，加强对契税、住房维修基金和竣工验收情况的监控，多做借款人工作，尽可能督促其按借款合同约定及时办理正式抵押他项权证。

（2）加强押品后续督办的流程控制，完善个金部中台人员押品台账，加强中台对押品的审核督办；原则上应每月对押品清查一次，保存检查记录，使抵押落实到位，降低贷款风险。

六、柜员管理类

（一）客户经理私自为客户保管卡折

风险案例

某银行理财中心客户经理因与客户关系较熟悉，客户为减少往来银行的麻烦，便将卡折和密码交给该客户经理保管，客户委托客户经理给他办理账户资金的存取款、转账、汇款、股票的投资等业务。

防范措施：理财经理不得为客户办理业务“一手清”或为客户提供服务私自代客户（包括亲友、本行员工）保管密码（包括网上银行动态口令）、银行卡、存折和有价凭证等物品和资料，避免出现与客户产生纠纷、挪用盗取客户资金的风险。

（二）替客户保管已开通三方存管业务的借记卡

风险案例

某银行营业部理财经理因个人投资收益颇丰，便以此为由向该行理财客户王某推荐股票，由于王某对股票并不了解，但又跟该理财经理相交甚好，于是决定将其开通三方存管业务的借记卡交与该理财经理保管，卡上有资金数万元，并告知其密码，让其帮助自己进行股票交易。

防范措施：不得接受客户委托，替客户保管存折、存单、密码、钥匙、有价证券、协议书、印章等文件和物品。

（三）客户经理进行临柜业务操作

风险案例

某银行支行理财经理赵某因和理财柜台柜员张某原是同年进入银行的大学生，平时私交很好。一天，某理财客户因有急事，非常着急办理业务，便找到他的理财经理赵某希望得到帮助，由于其他柜台都有客户排队，只有理财柜台张某的柜台没有客户，而此时张某手头有其他工作，正着急要离开柜台，赵某便提出这笔业务简单，让张某做柜员签到后就去忙其他工作，由自己代张某进前台系统操作，张某犹豫了一下，但还是同意了，便签到后离开了柜台。

防范措施：理财经理不得进行前台业务交易的操作，不能代客办理存款、汇款、投资交易、不得拥有授权卡，严禁临柜操作，严禁挪用客户资金。理财经理可拥有仅限于查询功能的业务系统柜员号。未经授权，理财经理不得向客户提供委托理财或代客理财服务。

（四）未执行“三人当班、两人临柜”规定

风险案例

某银行中午只有两名女员工上班，其中一名员工外出吃饭返回营业大厅时被犯罪分子劫持，后昏死过去。犯罪分子持榔头击打防弹玻璃，5 分钟后防弹玻璃被砸出一个 15 公分左右的洞，犯罪分子伸手打开防盗门，进入营业室抢劫。期间，在营业室内的这名员工已不知所措，在几个房间内乱窜，并未及时报警。犯罪分子将现金装入早已准备好的布袋内，扬长而去。

防范措施：

（1）营业网点必须实行“三人当班，两人临柜”工作制度。

（2）各行要制定和不断完善防抢劫预案，并经常组织员工进行学习和演练。

（3）员工一律不得离岗买饭。

（4）员工应熟悉各类应急预案，会熟练使用防卫器具、报警设备和灭火器材。

遇抢劫案件发生时，员工要在第一时间报警，并转移重要物品。

（五）长短款未按照规定处理

风险案例

（1）××网点 2008 年 6 月 16 日发生短款 10 188 元，未见当日出纳短款挂账，经询问系当日柜员现金垫款，经 6 月 17 日核查是柜员重复记账，柜员及事中对当日短款未认真核实。

（2）××网点柜员刘某 2007 年 12 月 31 日长款 1 万元，2008 年 1 月 2 日挂账，于 1 月 14 日退客户，记账凭证上无客户签名。

防范措施：柜台人员发现库存现金出现长短款，或收到上级行下划上缴款中的长短款时，在当天业务结束未查明原因的，必须挂账。长短款超过规定限额的，必须上报上级管理部门，次日及时查明原因销账。柜台人员发生短款业务须自赔。确属无法查明原因的，必须向上级部门汇报。

七、系统及安全保卫类

（一）违规在涉密计算机与非涉密计算机之间交叉使用U盘等移动存储介质

风险案例

××银行工作人员违规在涉密计算机和连接互联网的计算机之间交叉使用U盘，被境外情报机构利用“木马”程序，窃取涉密文件。

防范措施：涉密U盘等移动存储介质不得在非涉密计算机上使用；非涉密移动存储介质以及手机、数码相机以及具有存储功能的电子产品不得在涉密计算机上使用。

（二）不规范使用U盘，未及时升级操作系统补丁、未安装防病毒软件

风险案例

2009年，某行一员工将办公用U盘接入家中的PC机上，该员工通过PC机下载了大量音、视频文件，并将部分文件拷贝到U盘中。次日，该员工将此U盘接入其办公PC机中。当天下午，该行办公局域网速率明显降低，网络中出现大量异常流量。经科技人员检测，发现员工PC机感染了病毒，该机器同时向局域网内的其他计算机发出远程执行代码，所有没有安装补丁和未及时升级防病毒特征码的PC机均受到感染，感染后的PC机继续向网内其他PC机发数据，导致局域网流量急速增加，该行业务及办公系统受到明显影响。

防范措施：

（1）加强员工安全使用计算机的意识教育，加强违规后将受到严肃处理的警示教育。

（2）要求员工认真落实各项办公计算机安全管理的要求，尤其是严格遵守U盘的安全管理要求，确认办公用计算机按要求设定补丁自动更新（需定期检查）；定期检查计算机中的防病毒自动升级功能是否正常。

（三）员工违规访问互联网

风险案例

2008年，某行一员工违规访问互联网。某日，当地破获一起银行卡诈骗案件，据犯罪嫌疑人供述，该团伙在网络查找存在漏洞的计算机，并伺机获取有用信息，其中，包括上述某行员工的办公PC机，犯罪团伙从该员工PC机上获取了包括该行银行卡用户信息、姓名、卡号、通信地址、电话等，以及相关的用户申请信息等，该犯罪团伙利用上述信息，进行了银行卡克隆犯罪。

防范措施：加强员工安全意识教育，加强违规后将受到严肃处理的警示教育；员工需掌握计算机安全使用的相关技能。各级员工应严格遵守总、分行的互联网管理要求，上网机需专机专用，上网机上不应保存任何办公、涉密信息。不得利用上网机处理、传输涉密信息。各单位主要负责人作为本部门信息安全的第一责任人，应认真履行管理职能，应定期组织检查本单位上网机的安全使用情况，确保上网用机的安全。

（四）营业网点用电不规范

风险案例

某网点的饮水机、捆钞机等非计算机用电设备长期使用UPS回路供电。某日上午市电停电后，饮水机突发故障，导致UPS短路跳闸，由于UPS异常停机，网点所有计算机设备断电，并造成网络设备电源烧损，虽然该行及时通过更换网络设备恢复系统，但已造成上午业务高峰时段中断对外服务3小时的故障，引起大厅内客户的极大不满。

防范措施：

（1）加强网点负责人的安全意识教育，了解其承担的安全生产责任，组织落实各项安全生产规定。

（2）加强网点员工信息安全意识教育，加强网点人员基本的信息安全管理要求的培训。

（3）对网点定期进行信息系统安全检查，及时纠正违规行为，降低风险发生的隐患。

（五）机房发电机不能为UPS提供稳定的输入电源

风险案例

2010年，某二级行新购两台20KVA UPS，安装调试后，电源输出稳定。某日，该行所在城区停电，该行使用大楼发电机为新配UPS提供输入电源，但由于发电机输出电压波形较差，频率偏移，而新UPS对输入电源要求较高，UPS无法获得有效的电流输入，导致UPS不能正常工作，后该行通过联系某公司，紧急调用发电车，在2小时内恢复了UPS供电，且该行UPS输出正常，该行信息系统未受到影响。

防范措施：

（1）新购设备，尤其是核心设备上线后，应进行全面的测试。

（2）按要求，应定期（每3个月）进行发电机荷载切换演练，及时发现UPS输入、输出问题。

（3）应完善应急预案，加强与第三方联动管理机制，确保发生紧急情况时，确保相关资源及时到位。

（4）新购UPS前，应同时检查本行的发电机功率能否满足UPS输入总功率的2倍左右的要求。若不满足要求，应同时申请采购发电机。

（六）机房发电机不能为UPS提供稳定的输入电源

风险案例

2008年，某银行二级行本部办公大楼外侧因市政施工，挖断了进入该行的通信运营商的管槽内的多条光缆，由于该行骨干网络的主备线路全部使用同一家运营商线路，导致该行网络系统全部中断，所有对外服务的业务全部中断，4小时后，运营商通过调度光缆资源，重新熔接恢复了该行通信服务。

防范措施：

（1）严格落实总、分行关于骨干线路（长途）使用不同通信运营商的要求。

（2）不同通信运营商骨干线路必须通过不同的通信管井进入本行办公大楼及机房。

（3）定期进行骨干线路切换演练，检查运营商线路相互备份的能力是否能满足要求。

本章小结

<table>
<tr><td rowspan="3">操作风险管理</td><td>操作风险概述</td><td colspan="2">操作风险是指由不完善或有问题的内部程序、人员、信息科技系统以及外部事件所造成损失的风险。
人员因素涵盖了所有与银行内部人员有关的事件引起的操作风险；流程因素引起的操作风险是指由于商业银行业务流程设计不合理或流程没有被严格执行而造成损失的风险；系统因素引起操作风险的情况可以分为系统失灵或瘫痪、系统本身的漏洞以及客户信息安全性外部事件，其引起银行损失的范围非常广泛，包括外部欺诈/盗窃、外部突发事件和外部经营环境的不利变化。</td></tr>
<tr><td rowspan="2">商业银行各业务线操作风险及控制措施</td><td>重要物品管理类</td><td>严格办理有价单证和重要空白凭证、保险柜钥匙的交接登记手续。
执行印、证分管制度。
柜员临时离岗要退出操作系统，并将现金尾箱上锁。
现金重空库房管理要坚持“双人管库，同进同出操作”。
必须严格管理密码、钥匙，做到掌管人自开自锁，严禁泄密。
重要部位设监控，确保监控有效覆盖。
各级主管部门应按频率、按要求查库。
机构尾箱由管库员和会计主管双人上双锁。
坚持碰库制度。
严禁在各类重要空白凭证、非重要空白凭证、各类合同上预先加盖业务印章。
作废、停用印章双人加封、专人入库（保管）。业务印章严格执行“专人使用、专人保管、专人负责”制度。
做到重要空白凭证账实相符、领用手续合规。对作废或停用的重要空白凭证要及时销毁。
重要空白凭证入库保管。
实行会计档案分类保管，调阅应进行审批登记。
对账和记账分离，保证对账单回收率。
营业机构留存的印鉴卡片应指定专人负责保管，应做到人离卡收。
印鉴卡片数应与营业机构的单位银行结算账户数一致。
印章管理人员必须严格遵守印章管理制度和操作流程。</td></tr>
<tr><td>存取款业务类</td><td>接到客户挂失申请后应及时为客户办理查询挂失服务。
存款人死亡后，银行凭有效证明办理过户和支付手续。
办理业务时必须严格做好账、折（单）、交易传票、有价单证、印鉴、密码和现金的核对。
对大额代办业务进行实时核实。
对于出现异常的业务，必须先通过系统日志查询该笔业务是否成功。
网点在办理挂失业务时应冻结挂失账户及关联账户。
单卡户销户，应先将卡项下账户结清后再进行销卡交易。
柜员不得随意对存款交易执行删除交易。
柜员应严格按操作规程认真办理存款业务，复核人员和业务经理应及时、仔细审核，确保客户存单大小写金额一致。</td></tr>
</table>

		结算业务类	银行开立结算账户时必须对开户资料的真实性、完整性、合规性进行审核，并在规定时间内向人民银行备案。 所有凭客户印章办理的业务，必须严格审核业务凭证上加盖的印章与银行留存的印鉴是否相符。 承兑业务查询、查复、复核岗必须与承兑业务经办岗相分离。
		代理业务类	财富管理业务专业人员应了解并遵守相关法律的规定，不得有误导、欺诈、利益冲突或内幕交易的行为。 商业银行应披露理财产品的背景、投资去向、收益预期、支付方式、实时收益信息等，充分保障客户的金融信息知情权。 销售保险产品时，不得虚假宣传、误导消费者，要如实解释保险产品的风险，复核人员应认真检查客户填写的投保书。 不得允许保险公司人员派驻银行网点。 基金交易实行“金额申购，份额赎回”原则。 以客户提供的数据为依据办理代付业务，复核人员应对批量代收付交易的成功清单与企业提供的原始文本进行勾对。
		信贷业务类	信用卡发卡业务要落实亲签亲访制度。 要及时有效实施信用卡催收。 严格审查承兑申请人经营情况和贸易背景，严禁以贷款或贴现资金作为保证金。 贷款严格按照贷款支付要求，确保“专款专用”，不得发放无指定用途的个人贷款，并按照相关要求对借款人及其经营状况、抵押物状况进行贷前调查。 个人贷款业务人员应进行严格而详细的贷款调查；在借款人提款前需对提款先决条件和有关要件进行审查，贷款发放后通过对借款用途的有效监控，不定期对借款人、保证人及抵（质）押物开展现场检查，履行各项贷后管理职责。 个人住房按揭贷款要做好楼盘后续跟踪，并加强押品后续督办的流程控制。
		柜员管理类	理财经理不得为客户办理业务“一手清”或私自代客户保管密码（包括网上银行动态口令）、银行卡、存折和有价凭证等物品和资料。 理财经理不得进行前台业务交易的操作，不能代客办理存款、汇款、投资交易、不得拥有授权卡。 营业网点必须实行“三人当班，两人临柜”工作制度。员工应熟悉各类应急预案，会熟练使用防卫器具、报警设备和灭火器材。遇抢劫案件发生时，员工要在第一时间报警，并转移重要物品。 柜台人员发现库存现金出现长短款时，在当天业务结束未查明原因的，必须挂账。长短款超过规定限额的，必须上报上级管理部门，次日及时查明原因销账。

		系统及安全保卫类	严格遵守U盘的安全管理要求，确认办公用计算机按要求设定补丁自动更新(需定期检查)；定期检查计算机中的防病毒自动升级功能是否正常。 各级员工应严格遵守总、分行的互联网管理要求，上网机需专机专用，上网机上不应保存任何办公、涉密信息。不得利用上网机处理、传输涉密信息。 加强网点员工信息安全意识教育，规范营业网点用电。 新购设备上线后，应进行全面的测试。

第四章　流动性风险管理

案例导入

1984年春夏之际，作为当时美国十大银行之一的大陆伊利诺伊银行曾经历了一次严重的流动性危机，后来在金融监控当局的多方帮助下，该银行才得以渡过危机，避免了倒闭的结局。

早在20世纪70年代，大陆伊利诺伊银行的最高管理层就制订了一系列雄心勃勃的信贷计划。在该计划下，信贷员有权发放大额贷款。而为了赢得客户，贷款利息还往往低于其他竞争对手。因此，该银行的贷款总额迅速膨胀，从1977年到1981年的5年间，贷款以平均每年19.8%的速度增长，而同期美国其他16家最大银行的贷款额增长率仅为14.7%。与此同时，大陆伊利诺伊银行的利润也高于其他竞争银行的平均数。但是，急剧的资产扩张已经蕴藏着潜在的危机。与其他银行不同，大陆伊利诺伊银行并没有稳定的核心存款（即对利率的变化不敏感、受季节和经济环境影响较小、相对稳定的存款）来源。其存款主要由出售短期可转让定期存单、吸收欧洲美元和工商企业及金融机构的隔夜存款来支持。但在银行的资金来源不稳定的情况下，大陆伊利诺伊银行又向一些问题企业发放了大量贷款，使其问题贷款的份额越来越大。1982年，该银行没有按时付息的贷款额（超过期限90天还未付息的贷款）已经占总资产的4.6%，比其他大银行的该比率高1倍以上，问题的苗头已经开始呈现。到1983年，该银行的流动状况进一步恶化，易变负债（即受利率等外部经济环境因素影响较大，稍有变化就会有大量流失的负债）超过流动资产的数额，约占总资产的53%。在1984年的前3个月，问题贷款的总额已达到23亿美元，而净利息收入比上年同期减少了8 000万美元。第一季度的银行账务报表中出现了亏损。

1984年5月8日，市场上开始流传大陆伊利诺伊银行将要倒闭的消息，其他银行开始拒绝购买该银行发行的定期存单，原有的存款人也拒绝延展到期的定期存单和欧洲美元，公众对这家银行的未来已经失去信心。5月11日，该银行从美国联邦储备银行借入36亿美元来填补流失的存款，以维持必须的流动性。5月17日，联邦存款保险公司向公众保证，所有的存款户和债权人的利益将能得到完全的保护，并宣布将和其他几家大银行一起注入资金，而且联邦储备委员会也会继续借款给该银行。但这类措施并没有从根本上解决问题，大陆伊利诺伊的存款还在继续流失，在短短的两个月内，该银行共损失了150亿美元的存款。

1984 年 7 月，联邦存款保险公司不得已接管了该银行（拥有该银行股份的 80%），并采取了一系列的其他措施，终于帮助大陆伊利诺伊银行渡过了此次危机。由于大陆伊利诺伊银行是美国少有的大银行之一，该银行当时拥有 340 亿美元资产，其倒闭对整个金融体系都可能产生巨大的影响，于是金融监管当局全力挽救。但是，大量面临流动性危机的中小银行就没有这么幸运了。

那么，商业银行应当如何来识别和管理流动性风险呢？

学习目标

了解当前我国商业银行流动性风险的表现，了解流动性风险评估分析的流动性比例指标和现金流分析方法。

理解流动性风险的成因。

掌握流动性风险的特征和分类；掌握流动性风险发生前的预警信号；掌握防范和控制流动性风险的措施。

第一节 流动性风险识别

历次金融危机的教训表明，银行倒闭风险大多是以流动性枯竭的形式表现出来，尤其是 2007 年始于美国“次贷”市场进而蔓延波及全球的金融危机。这场金融危机对全球金融市场和宏观经济产生了重大影响，众多商业银行的倒闭触发了剧烈的市场波动和恐慌，进而引发了人们对流动性风险的忧虑。银行流动性风险再次成为全球关注的焦点，直接促使巴塞尔委员会于 2010 年 9 月对流动性监管原则进行重大修订。流动性是银行得以持续经营的生命线，而保证提供充足的流动性是商业银行资产负债管理的目标之一，为达到这一目标，商业银行必须进行全面、准确的流动性分析，根据流动性分析结果，制定有效的流动性管理策略。

一、流动性风险成因

流动性风险包括资产流动性风险和负债流动性风险。

资产流动性风险是指资产到期不能如期足额收回，进而无法满足到期负债的偿还和新的合理贷款及其他融资需要，从而给商业银行带来损失的风险。

负债流动性风险是指商业银行过去筹集的资金特别是存款资金，由于内外因素的变化而发生不规则波动，对其产生冲击并引发相关损失的风险。商业银行筹资能力的变化可能影响原有的筹融资安排，迫使商业银行被动地进行资产负债调整，造成流动性风险损失。这种情况可能迫使银行提前进入清算，使得账面上的潜在损失转化为实际损失，甚至导致银行破产。

流动性被视为商业银行的生命线，流动性不仅直接决定着单个商业银行的安危存亡，对整个国家乃至全球经济的稳定都至关重要。当银行的流动性面临不确定性时，便产生了流动性风险。

巴塞尔银行监管委员会对流动性风险的定义是：银行无力为负债的减少或资产的增加提供融资，无法以合理的成本迅速增加负债或变现资产获得足够的资金来弥补流动性缺口，最终影响其经营盈利水平。

2009年，我国银监会印发的《商业银行流动性风险管理指引》中，将流动性风险定义为：流动性风险是指商业银行虽然有清偿能力，但无法及时获得充足资金或无法以合理成本及时获得充足资金以应对资产增长或支付到期债务的风险。

知识链接

世界几大银行对流动性风险的界定

J. P. 摩根：流动性风险是指银行不能以合理的利率筹集到期限相同或相近的资金为其资产组合提供融资。

第一芝加哥银行：流动性风险是指银行不能及时地履行其现在和未来的金融义务。

大通曼哈顿银行：流动性风险是指银行不能满足其客户提款、申请新贷款或偿付到期债务的要求。

商业银行之所以存在流动性风险，归根到底是流动性供给与流动性需求不相匹配。当流动性需求远远超过流动性供给时，流动性不足的问题就会暴露出来，客户提取存款、申请贷款的需求就得不到满足，容易导致存款人恐慌性地提兑存款，从而使流动性风险诱发挤兑风波、流动性危机，最终将使得银行破产。但流动性风险与信用风险、市场风险和操作风险相比，形成的原因更加复杂和广泛，通常被视为一种综合性风险。流动性风险的产生除了因为商业银行的流动性计划可能不完善外，信用、市场、操作及国家等风险领域的管理也可能导致商业银行的流动性不足，并最终形成流动性风险。从具体情况来看，商业银行流动性风险的成因主要表现在以下两个方面。

（一）流动性风险的内部成因

（1）资产负债期限搭配失当导致流动性偏低。资产负债的期限搭配适当是加强比例管理的基本要求。一般来说，偿还期较短的负债适合作为期限较短资产的资金来源，期限较长的资产一般对应偿还期较长的负债。商业银行一般应遵循长存长贷、短存短贷的原则，如果该原则被严重破坏，大量短期负债被用作长期资产的来源，那么该行资产负债的流动性水平就偏低，容易引发支付危机。

（2）超负荷经营导致贷款比率过高。在我国现行的银行经营模式中，贷款是资产的最主要部分。少数商业银行由于历史上过度追求贷款规模，超负荷经营，超过实际资金能力发放贷款，其中相当一部分质量不佳，难以正常运转。贷款的资金来源主要是存款，存贷比越高，商业银行应对客户提存的能力就越低，流动性风险就越大。

案例

廖创兴银行挤兑事件

1948年，廖宝珊在港岛上环永乐街创办廖创兴储蓄银行。廖氏通过银行吸纳香港及海外潮汕籍人士的存款，在西环大举收购货仓物业。20世纪50年代，西环的面貌开始改观，地价、楼价上升，廖宝珊的财富激增，成为西环有名的大业主和金融巨子。

廖创兴银行的经营策略相当冒进，一方面大张旗鼓宣传以高息吸引存款，另一方面又将大量贷款投入风险较高的房地产业。1960年年底，廖创兴银行的各项存款（包括溢利税及呆账准备）共有1.09亿元，而同期贷出款项（包括透支及抵押贷款）有7 357万元，另投资于房地产及该行大厦合计852万元。换言之，该行贷放透支及投资于不动产的款项占存款总额的比重高达75%，银行经营的稳健性已经动摇。1961年6月15日，香港九龙巴士和怡和两家公司发行新股票上市，造成银行体系资金紧张。当时市面又流传着蓄意制造的关于该行董事长廖宝珊的谣言，指“有一位知名之本港银行家现成为警方侦查之对象，且已被通知离港”。廖创兴银行受到不利传闻和谣言的困扰，遭到大批存户的挤提，据报道，仅三天，被提走的存款接近3 000万元，廖创兴银行资金所剩无几。挤提发生后，廖创兴银行即向汇丰、渣打两家发钞银行求助，有人估计双方可能达成一项以廖创兴银行所持地产作担保的秘密协定。汇丰和渣打银行遂向该行贷出3 000万元的款项以应付挤兑，6月17日，挤提风潮才渐次平息。这次危机对廖宝珊及廖创兴银行打击甚大，一个月后廖宝珊因脑溢血病逝。

(3) 对客户的需求估计与准备不足加剧流动性问题。商业银行应以满足客户的金融需求为己任，在提供存、贷、汇等金融服务中获取利益及服务收入。虽然客户的需求是多种多样与分散的，但在看似孤立的、偶然的客户行为中，却有着一定的规律。商业银行经营管理人员必须细心寻找客户行为的内在规律，并做好应对准备。某些商业银行，或者是人员素质偏低，或者是经验不足，或者是重视不够，对客户行为的周期性、季节性缺乏应有的认识，加上未做好应有的流动性准备，导致客户的提款要求难以及时满足，客户的贷款申请难以迅速批准，客户利益受损最终将使商业银行在竞争中处于不利境地。

案例

明德银号流动性风险事件

明德银号创办于20世纪40年代初，早期专注美元汇兑，20世纪50年代以后积极投入房地产买卖。1964年房地产价格急跌时，明德虽拥有不少楼层或在建物业，但已无力偿还债务。据破产事务官的报告，这家银号的总负债 2 100 万元，其中包括存款 1 200 万元，而总资产为 2 000 万元。从理论上说，明德的亏损不算大，但总资产中约有 1 850 万元是按当时价格计算的房地产，这些房地产的价格在 1965 年年初已大幅下降。更为糟糕的是，这些房地产中的一大部分是尚未完工的工程。1965 年 1 月中旬农历春节前夕，按通常情况，市场对货币的季节性需求增加，银行的银根开始紧张。当时，市面已流传着关于明德银号发生资金困难的谣言。1 月 26 日，若干较大客户拿支票到中区明德银号总行兑现，该行没有足够现款支付。消息传出，大小客户纷纷涌至，当天下午，香港票据交换所宣布停止该银号的票据交换。第二天清早，明德银号总行门前挤满提款的人群，中午 12 时，香港政府银行监理专员宣布根据银行业条例第 13 条，接管明德银号，4 月 30 日，明德银号的独资老板宣布破产。

(4) 资产质量恶化破坏资金的正常周转。商业银行的贷款、投资等资金运用，虽然能使商业银行获取利差收入或利润，但运用不当也会出现贷款逾期、沉淀或投资不能实现预期收益的情形，甚至出现损失。尽管商业银行有义务计提各种风险准备金，但不良资产的出现仍然会影响商业银行资金的周转使用，削弱资产负债的流动性。20 世纪 90 年代中期，我国银行业在内外多种因素作用下出现大量不良信贷资产，个别基层行处情况较为严重，能够正常周转的资产甚至不足全部资产的一半，支付相当困难。

案 例

海南发展银行倒闭

1998 年 6 月 21 日，中国人民银行发表公告，关闭刚刚诞生两年 10 个月的海南发展银行。这是新中国金融史上第一次由于支付危机而关闭一家有省政府背景的商业银行。海南发展银行成立于 1995 年 8 月，是海南省唯一一家具有独立法人地位的股份制商业银行，其总行设在海南省海口市，并在其他省市设有少量分支机构。它是在先后合并原海南省 5 家信托投资公司和 28 家信用社的基础上建立和壮大的。成立时的总股本为 16.77 亿元，海南省政府以出资 3.2 亿元成为其最大股东。关闭前有员工 2 800 余人，资产规模达 160 多亿元。

海南发展银行从开业之日起就步履维艰，不良资产比例大，资本金不足，支付困难，信誉差。1997 年年底，海南发展银行按照海南省政府意图兼并 28 家有问题的信用社之后，公众逐渐意识到问题的严重性，开始出现挤兑行为。随后几个月的挤兑行为耗尽了海南发展银行的准备金，而其贷款又无法收回。为保护海南发展银行，国家曾紧急调了 34 亿元资金救助，但只是杯水车薪。为控制局面，防止风险蔓延，国务院和中国人民银行当机立断，宣布 1998 年 6 月 21 日关闭海南发展银行。同时宣布从关闭之日起至正式解散之日前，由中国工商银行托管海南发展银行的全部资产负债，其中包括接收并行使原海南发展银行的行政领导权、业务管理权及财务收支审批权；承接原海南发展银行的全部资产负债，停止海南发展银行新的经营活动；配合有关部门实施清理清偿计划。对于海南发展银行的存款，则采取自然人和法人分别对待的办法，自然人存款即居民储蓄一律由工行兑付，而法人债权进行登记，将海南发展银行全部资产负债清算完毕以后，按折扣率进行兑付。6月30日，在原海南发展银行各网点开始了原海南发展银行存款的兑付业务，由于公众对中国工商银行的信用，兑付业务开始后并没有造成大量挤兑，大部分储户只是把存款转存工商银行，现金提取量不多，没有造成过大的社会震动。

(5) 信誉不佳导致资金筹措难度加大。商业银行凭借自身良好的信誉赢得客户的信赖，从而不断扩大负债、资产业务。近些年来，我国有少数基层信用社、信托公司等非银行金融机构违规经营，资产质量差，支付困难，商业信誉丧失，客户取款多于存款，即使“以新还旧”也难以为继。为了应付一些突发性的支付，商业银行理论上可通过同业拆借获取短期流动性，能否拆入资金相当程度上取决于商业银行自身的信誉，信誉不佳的银行机构，即使以高息也难以筹集所需的资金，流动性将每况愈下。

(二) 流动性风险的外部成因

(1) 央行货币政策。央行的货币政策与商业银行的流动性风险之间有着密切联系。如央行采取紧缩的货币政策，商业银行向央行借款受到控制，由于整个社会货币数量和信用总量的减少，资金呈紧张趋势，存款数量减少，挤兑的可能性增加，贷款需求增大，同时商业银行无法筹集到足够资金满足客户需求，从而造成流动性风险。

(2) 金融市场发育程度。由于金融市场包括存款市场、贷款市场、票据贴现市场、证券市场等，其发育程度直接关系商业银行资产的变现能力和主动取得负债的能力，从而影响商业银行流动性风险的大小。

(3) 互联网金融分流银行存款。互联网金融是指以依托于支付、云计算、社交网络以及搜索引擎等互联网工具，实现资金融通、支付和信息中介等业务的一种新兴金融。与互联网金融挂钩的货币基金，其功能和体验已越来越接近于银行存款，且货币基金普遍实现了T+0功能，在流动性上基本与活期存款相当，未来银行活期存款将面临越来越大的分流压力。在企业活期存款增长放缓和互联网金融的影响下，银行的活期存款占比确实处于下降状态，而互联网金融等对活期存款的影响会越来越大。2013年银行年报数据显示，受互联网金融“宝宝军团”上演“吸存大法”影响，2013年上市银行存款和活期存款规模均大幅下降，银行“躺着赚钱的日子”已经终结。在已经公布2013年年报的11家上市银行中，除建行、浦发和农行的活期存款占比有所增加外，其余银行的活期存款占比有所下降，其中光大、平安、中信、招行和工行等的活期存款占比下降相对较多。预计我国银行企业及个人存款中活期存款占比可能在3～5年后加速下滑至30%以下。

(4) 客户信用风险。如客户经营不善或有意欺诈等事件的发生往往打乱商业银行资金的运用计划，引发流动性危机。

(5) 对利率变动的敏感性。当市场利率上升时，某些客户会将存款提现，转为其他报酬更高的产品，某些贷款客户可能推迟新贷款的申请或加速使用利率较低的信用额度，所以利率的变动对客户存款需求和贷款需求都会产生影响，以致严重影响到银行的流动性头寸。

我国国有商业银行的不良资产比率居高不下，之所以未发生流动性问题，很大程度上源于政府信用。

知识链接

互联网金融对商业银行业务带来巨大冲击

自2012年以来，互联网金融迅速发展势头让人惊叹，并且已硝烟四起，让人目不暇接。P2P网贷迅猛发展、阿里余额宝悄然上线、京东已宣布成立金融集团、民生电商在深圳前海注册。更让人看不懂的“耍宝”式互联网金融产品也密集上线，余额宝、全额宝、收益宝、活期宝、现金宝、易付宝、盈利宝等不一而足。

“宝宝”类产品对流动性的影响引来大量争议。“支付宝”、“现金宝”产品等实际上是通过互联网直销的货币基金，借助互联网，诞生了10多年的货币基金开始逐步为广大普通投资者所接受。来自中国基金业协会的数据显示，截至2014年1月31日，货币基金规模为9 532亿元，而到了2月28日，货币基金规模达到1.42万亿元，在短短一个月时间里，规模激增了约5 000亿元。以最具市场关注度的余额宝为例，与其对接的天弘增利宝货币市场基金自2013年5月成立以来，发展到2013年年底，总规模已达到1 853亿元。而根据最新数据，天弘基金公司管理的基金规模已接近2 000亿元，从一家排名靠后的基金公司一路成长为中国第二大基金公司，与华夏基金的规模日渐接近。

根据人民银行金融统计数据报告，截至2014年2月末，人民币存款余额105.44万亿元，同比增长12.5%，比上月末高1.2个百分点，却比去年同期低2.1个百分点，显出增速放缓趋势。从静态角度分析，“宝宝”们的蓬勃发展分流了银行存款。从动态角度分析，目前货币基金中相当大比例的资产通过协议存款流回银行体系，产生了两方面的效应：一是拉升了短期资金成本。协议存款利率由双边协商确定，通常在SHIBOR利率的基础上加点形成，灵活度较大；而住户存款及非金融企业存款利率则在监管部门制定的存款基准利率基础上，在固定的浮动空间内浮动形成的，灵活度较小，相比之下，协议货币市场基金的议价能力得到了更好的体现。二是缩小了银行信贷的总规模。由于商业银行贷款投放总额度受到存贷比控制，而同业存款不能作为存贷比的分母，因此银行负债端的存款结构变化影响了资产端的信贷总量，降低了货币在经济体中的派生能力，进而缩小了货币乘数。

二、流动性风险的特征

（一）我国商业银行流动性风险具有形成的多元性和承担的集中性

近几年来，经济环境发生了很大的变化，在我国进行市场化的改革过程中，经济决策权日益分散化，银行也不例外。这就形成了银行流动性风险成因多元性，既有银行自身因素，也有微观经济主体和宏观管理不当的原因。由于银行改革尚不彻底，银行一旦发生危机则可能引发经济危机，风险波及面之广，危害之大，银行往往不具有承担此类风险的能力，造成事实上只能由国家集中承担风险的后果。

（二）我国商业银行流动性风险具有形式的隐蔽性和量的叠加性

在市场经济活动中，若银行经营管理不善，风险过大，就面临着有可能被兼并、破产、倒闭的危机，到达一定程度，就要采取一定的措施加以解决。在我国，因体制转轨的特殊性，决策权下放，但风险承担主体却不明确，权责不挂钩，银行即使存在着风险因素，也不存在紧迫感问题。因为银行不能破产倒闭，经营管理再差都不会危及自身生存，而且风险还可以通过各种渠道转嫁出去，因此，现实的银行流动性风险就被隐蔽和累积叠加起来，到一定程度时由国家集中统一加以解决，其结果是风险越来越大，影响到经济运行。

（三）我国商业银行流动性风险具有主体的缺位性和化解的单一性

我国商业银行流动性风险之所以具有集中性、隐蔽性和叠加性，根本原因在于风险主体缺位，无人真正承担风险，企业可以不还债由银行承担，居民的金融资产风险必须由国家解决，而国家唯一的办法也只能是通过发行货币和冲销债务来消除。

三、当前我国商业银行流动性风险的表现

中国银行业的资金来源主要依靠存款，加之政府对大型银行的隐性担保，使大型银行的社会声誉较好，社会公众愿意将消费节余源源不断地存入银行，因而使中国银行业的流动性状况总体好于更多依赖市场批发性融资的西方银行业。

从图 4—1 可以看出，中国银行业的流动性比例连续多年保持在 40%以上的水平，远高于 25%的监管标准，反映出中国银行业较好的流动性管理能力。

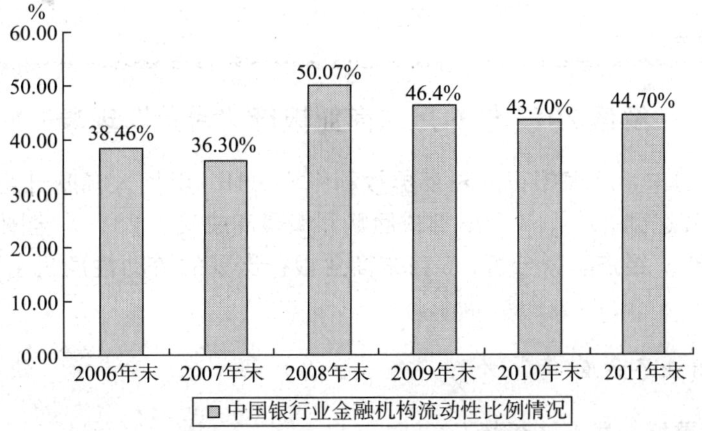

图 4—1　2006～2011 年中国银行业流动性比例变化情况

但是，随着经济环境、宏观政策及金融创新、客户行为的变化，我国商业银行经营中

仍然存在着较大的流动性隐患，主要表现在以下几个方面：

（1）流动性缺口客观存在。从商业银行近年来经营的实际情况看，流动性供给无法充分满足流动性需求，客观上已经存在一定程度的流动性缺口，尤其是互联网金融理财产品的飞速发展对商业银行存款带来极大的冲击，银行的流动性压力越来越大。

（2）资本杠杆化程度偏高。近年来，由于各商业银行资本金增长速度远远低于存款的增长速度，资本杠杆化程度越来越高，自有资金抵御流动性风险的能力逐年下降，而2008年爆发的全球金融危机中，杠杆化程度过高被认为是引发危机的重要原因之一。虽然我国商业银行核心资本充足率基本达到4%以上，但随着近年来金融机构所处的社会制度背景、经济金融环境及其影响的广度和深度等方面的变化，经营的安全性已不能用单一的资本充足率来衡量，在国内外金融市场日益发达、金融风险日益增加的情况下，即使资本充足率达到警戒线以上也不足以保证银行经营系统的安全和经济的稳定发展。

（3）资产形式单一，变现能力较差。按照现代商业银行资产负债管理的标准衡量，合理的资产形式及其结构应该是多元化的。但是，目前商业银行普遍存在着资产形式单一的问题，资产的大部分被贷款所占据。贷款受合同期限等因素的影响，流动性较差，属于固态资产，其在资产结构中的高占比，必然限制了整个资产的流动性。

（4）信贷资产质量低，资金沉淀现象严重。目前信贷资产质量低已成为影响我国商业银行，尤其是国有商业银行流动性的主要因素，不良贷款形成的风险成为流动性风险最重要的组成部分。不良贷款占比较高，使得占全部资产比重较大的信贷资产缺乏流动性，从而影响了资产的总体流动性。

（5）流动性负债比例上升，潜在风险加大。目前各商业银行流动性负债比例呈不断上升的趋势，加大了各商业银行流动性管理的难度和潜在的流动性风险。

银监会副主席阎庆民在2013年全国股份制银行行长联席会议上表示，随着金融创新逐渐加快，同业、理财业务快速增长，负债的稳定性明显下降，期限错配也更加突出，给流动性风险管理带来了更大的挑战。

知识链接

解读2013年6月末商业银行“钱荒”现象

2013年6月末，上海银行间隔夜拆放利率（SHIBOR）大幅飙升至13.44%，隔夜拆借利率最高达到30%，7天质押式回购利率最高成交于28%，全国商业银行普遍出现流动性危机。经济学家分析，6月末商业银行出现的流动性危机主要来源于三个方面的因素。

（一）负债业务方面

1. 居民储蓄增长呈下降趋势

由于中国长期实行经济增长优先策略，使得金融抑制非常严重，官方规定的存款利率长期低于CPI，造成居民的存款处于不断缩水状态，商业银行不能够吸收到足够多的存款，为吸引更多的存款，于是短期高息存款、送礼揽存、理财产品等变相增加存款利率的银行揽储层出不穷，例如，2013 年 5 月份全月增加存款 1.48 万亿元，主要发生在最后两天。

2. 外汇占款的增量迅速减少

长期以来，形成中国货币供应的重要来源就是外汇占款。2013 年前 4 个月新增外汇占款为 15 097 亿元人民币，月均增加 3 800 亿元人民币，而 5 月份外汇占款只有 6 668亿元人民币，比前 4 个月的增量减少了约 3 000 亿元人民币。外汇占款增量突然减少，而银行的经营计划没有及时得到相应的调整，致使流动性出现问题。

3. 为达到外币存贷比指标要求，用人民币买入美元，导致人民币资金紧张

2013 年以来，主要发达经济体为应对金融危机，都采取了极度宽松的货币政策，国外资金成本较低，一些银行利用美元人民币利差，通过外汇贷款间接揽存。2013 年 5 月 6 日，国家外汇管理局发布《加强外汇资金流入管理有关问题的通知》（汇发〔2013〕20 号），严格监管金融机构外汇头寸，中资商业银行的外汇存贷比上限定为 75%，监管起始日正是 2013 年 6 月底。而根据 Wind 数据，2013 年 5 月金融机构各项贷款余额为 7 737 亿美元，而存款只有 4 408 亿美元，离监管目标相去甚远。迫于外币纳入存贷比考核的压力，一些银行被迫买入美元补充外汇头寸，以求达到监管标准，导致市场对人民币资金需求的增加。重要的是，国家外汇管理局还加强了进出口企业货物贸易外汇收支管理，要求资金流与货物匹配，极大地减少了企业的购汇套利机会。商业银行的外汇贷款揽存模式不再高效，又面临新的监管压力，流动性紧张就成为必然。

（二）资产业务方面

1. 部分商业银行错估形势增加信贷投放

2013 年是政府换届后的第一年，根据以往的经验，新上任政府通常会采取多种措施刺激经济的增长，部分商业银行对本届政府锐意调整经济结构的决心估计不足，认为中央政府还会采取扩张型货币政策。2013 年前 5 个月，宏观经济数据呈现弱复苏态势，税收收入、用电量、货运情况等经济指标都不是太理想，部分银行认为新一轮信贷扩张的时机已经出现，纷纷扩张信贷投放。根据有关报道，6 月份前 10 天的新增贷款就超过了 1 万亿元。随着信贷的迅猛增加，人民币超额备付金在逐渐下降，2013 年年初为 3.3%，到了 3 月末下降为 2%，5 月末则进一步跌至 1.7%。银行体系流动性的边际承受力也因此大为下降，这是导致此次流动性危机不断升级的核心因素。

2. 季节性业绩考核和偶发因素

由于商业银行内部业绩考核的需要，每到月末、季末、年末等重要节点，商业银行都要冲存款规模、贷款规模，而 6 月份刚好既是月末、又是季末，因此历年的 6 月末都是银行资金比较紧张的时刻。此外，部分商业银行对宽松的流动性盲目乐观，对于 6 月份出现的一系列影响流动性的偶发因素，如存款准备金补缴、税款清缴、假日现金投放等估计不足。根据中金公司的测算，5 月底 6 月初，税费清缴的规模相当于提升存款准备金0.5个百分点。缴税意味着资金从企业在商业银行的存款转为国库在央行的存款，相当于银行间市场资金回笼。由于5月底存款明显增加，导致6月初补缴存款准备金。此外，6月份端午节放假三天，市场对资金需求增加。

3. 激进的表外资产业务

由于商业银行的放贷涉及金融风险，监管部门制定了严格的指标预防风险，其中，最重要的指标就是存贷比。为逃避监管层关于存贷比的监管，一些商业银行热衷于将受到监管的表内业务转化为不受监管的表外业务，银行发行理财产品快速扩张。对银行来说，理财产品的麻烦就在于其管理的资产一般期限较长，与其对应的债务短期特征不匹配。由于银行是在货币市场筹措的这些资金，这就加大了短期拆借利率的上行压力。另外，2013年银监会8号文对此进行了明确的规定，要求商业银行将过多的表外资产纳入表内。在短时间内进行巨额资产负债调整，资金紧张是必然的。

（三）监管层有意惩罚不审慎行事的商业银行

银行间市场的功能本来是调剂资金余缺：银行资金如果剩余就借出，如果短缺就借入。但是，现在资产业务最激进的银行总是借入，对银行间市场形成了依赖。在正常情况下，银行间市场上的短期利率总是低于表外业务的长期利率。由于“借短贷长”，这些银行能够享受比较大的利差，这个利差诱惑很大，使一些商业银行对监管机构的窗口指导阳奉阴违。根据以往的做法，央行作为最后贷款人的角色，在市场资金比较紧张时往往会及时出手，及时缓解。但是，这次监管层迟迟不出手，任凭短期利率飙升，说明监管机构有意对部分商业银行的激进行为进行惩戒。

第二节　流动性风险评估

商业银行在经营过程中，一方面为了追求利润最大化，希望将更多的资金投入到贷款和投资中，并倾向于期限长、收益大的资产；另一方面，负债经营的不稳定性和不确定性又要求商业银行必须持有足够的流动性资金来应对经营过程中的流动性需要，以避免发生现金流断裂的风险。

因此，选择恰当的流动性风险评估方法，有助于把握和控制商业银行的流动性风险。以下介绍比较流行的流动性风险评估方法。

一、流动性指标法

流动性指标法是各国监管当局和商业银行广泛使用的方法之一，其做法是首先确定流动性资产的种类并进行估值，然后确定合理的比率或指标并用于评估和监控。以下介绍指标法中常用的指标和比率。

（一）现金头寸指标

现金头寸指标=(现金头寸+应收账款)/总资产

该指标越高意味着商业银行满足即时现金需要的能力越强。

（二）流动性比例

流动性比例是财务分析中分析流动能力的重要指标，是流动性资产余额与流动性负债余额的比率，衡量的是商业银行流动性的总体水平。目前我国银监会要求商业银行的这一比率不应低于25%。

$$流动性比例=\frac{流动性资产余额}{流动性负债余额}\times 100\%$$

（三）核心负债依存度

核心负债依存度反映了商业银行存款业务中资金来源的稳定性，该比率越大，商业银行的经营越稳健。

核心负债比例=核心负债/总负债×100%

核心负债依存度是核心负债占总负债的比例。根据银监会在有关文件中的解释，核心负债是指那些相对来说比较稳定、对利率变化不敏感的负债，季节变化和经济环境对其影响较小；总负债是指按照金融企业会计制度编制的资产负债表中负债总计的余额。银监会要求商业银行的这一比率不应低于60%。

（四）流动性缺口率

流动性缺口率是衡量商业银行流动性状况及其波动性的核心指标之一，为90天内表内外流动性缺口与90天内到期表内外流动性资产的比例。流动性缺口为90天内到期的表内外资产减去90天内到期的表内外负债的差额。银监会要求商业银行的这一比率不应低于-10%。

流动性缺口率=未来各个时间段的流动性缺口/相应时间段到期的表内外资产×100%

（五）存贷款比例

存贷款比例是贷款总额与存款余额的比率，是一种传统的衡量商业银行流动性的指标。该比率越小则表明商业银行存储的流动性越高，银监会对这一指标的监管要求为不得超过75%。

$$存贷款比例=\frac{贷款余额}{存款余额}\times 100\%$$

（六）流动性覆盖率（*LCR*）

LCR＝优质流动性资产储备/未来30日的资金净流出量

这是巴塞尔银行监管委员会在《流动性风险计量标准和监测的国际框架（征求意见稿）》中引入的新的流动性风险监管指标，且将最低限设置为100%。这一指标的计算指定30天为期限，而引入这一监管比率的目的在于强化对短期流动性风险状况的监控，确保单个银行在监管当局设定的流动性严重压力情景下，能够将变现无障碍且优质的资产保持在一个合理的水平。

知识链接

银监会强化流动性管理 银行需每季进行压力测试

2009年9月28日，为加强商业银行的流动性风险管理，维护商业银行安全稳健运行，银监会发布了《商业银行流动性风险管理指引》，其中要求商业银行流动性管理应通过压力测试分析银行承受压力事件的能力，考虑并预防未来可能的流动性危机，以提高在流动性压力情况下履行其支付义务的能力。

商业银行实施压力测试的频度应与其规模、风险水平及在市场上的影响相适应，但至少每季度应进行一次常规压力测试。在出现市场剧烈波动等情况或在银监会要求下，应针对特定压力情景进行临时性、专门压力测试。商业银行压力测试应在并表基础上分币种实施，并应针对流动性转移受限等特殊情况对有关地区分行或子行单独实施压力测试。

什么是压力测试呢？简单来说，压力测试（Stress Testing）是指将整个银行置于某一特定的（主观想象的）极端市场情况下，如假设利率骤升100个基本点，某一货币突然贬值30%，股价暴跌20%等异常的市场变化，然后测试该银行在这些关键市场变量突变的情况下，是否能经受得住这种突变。

银监会要求银行设定的压力测试情景的假设条件包括但不限于：流动性资产价值的侵蚀；零售存款的大量流失；批发性融资来源的可获得性下降；融资期限缩短和融资成本提高；交易对手要求追加保证金或担保；交易对手的可交易额减少或总交易对手减少；主要交易对手违约或破产；表外业务、复杂产品和交易、超出合约义务的隐性支持对流动性的损耗；信用评级下调或声誉风险上升；母行或子行、分行出现流动性危机的影响；多个市场突然出现流动性枯竭；外汇可兑换性以及进入外汇市场融资的限制；中央银行融资渠道的变化；银行支付结算系统突然崩溃。

（七）净稳资金比率（*NSFR*）

NSFR＝可用的稳定资金/业务所需的稳定资金

这是巴塞尔银行监管委员会在《流动性风险计量标准和监测的国际框架（征求意见

稿)》中引入的又一新的流动性风险监管指标，最低限也为100%。这一比率的计算以一年为期限。引入这一比率的目的是促进银行业机构的资产和业务融资更趋中长期化，根据银行在一个年度内资产和业务的流动性特征设定可接受的最低稳定资金量。

除以上介绍的比率之外，还有一些常用的比率，如超额备付金率、现金头寸指标、核心存款与总资产的比例、贷款总额与总资产的比例、流动资产与总资产的比例、易变负债占总资产的比例以及大额负债依赖度等。

使用流动性指标法的优点在于简单实用，可以直观地理解当前和历史的流动性状况。其缺点在于属于静态分析，无法描述商业银行未来面临的流动性风险状况。由于不同规模的商业银行的业务特质及获取流动性的途径和能力各不相同，必须综合多种比率、指标以及相关的内外因素，才可能对商业银行的流动性状况和变化趋势做出评估和判断。

二、现金流分析

通过商业银行对短期内现金流入和现金流出的预测和分析，可以评估商业银行短期内的流动性状况，商业银行现金流入和现金流出的差异可以用“剩余”或“赤字”来表示。

银行的净流动性头寸（数量）＝存款＋非存款服务收入＋客户偿还的贷款
＋银行出售资产＋从货币市场借款＋发行新股
－存款提取－已承诺的贷款要求－银行偿还借款
－其他经营费用－向银行股东支付的红利

当资金来源大于资金使用时，出现资金“剩余”，表明商业银行拥有一个“流动性缓冲器”，即流动性相对充足。此时商业银行应当考虑到这种流动性剩余头寸的机会成本，因为过量的剩余资金完全可以转变为其他盈利资产赚取更高收益。

当资金来源小于资金使用时，出现流动性“赤字”，此时必须考虑这种资金匮乏可能造成的支付困难以及由此产生的流动性风险。根据历史经验分析得知，当资金剩余额与总资产之比小于3%～5%，甚至为负数时，商业银行应当对其流动性状况引起高度重视。

实践证明，为合理预测商业银行在未来不同时段内的流动性需求，商业银行应当尽可能准确预测未来特定时段内（如未来7天、15天、30天）的新贷款净增值（新贷款额－到期贷款－贷款出售）、存款净流量（流入量－流出量），以及其他资产和负债的净流量，将上述各项资金净流量加总，再与期初的“剩余”或“赤字”相加，即可获得未来特定时段内的流动性头寸。银行流动性供给与流动性需求因素见表4—1。

表4—1　　银行流动性供给与流动性需求因素

流动性供给因素（头寸↑）	流动性需求因素（头寸↓）
客户存款	客户提取存款
客户偿还的贷款	品质客户的信贷要求（发放贷款）
银行出售资产	偿还存款之外的借款
提供非存款服务收入	交纳营业费用和税收
货币市场借款	派发现金股利
发行新股	

现金流分析有助于真实、准确地反映商业银行在未来短期内的流动性状况。但是随着商业银行经营规模的扩大和业务的日渐复杂，现金流量的可能性和准确性随之降低。在实际操作中，现金流分析法和缺口分析法通常一起使用、互为补充。

三、其他评估方法

除采用上述的流动性比率法和现金流分析法以外，商业银行还广泛利用缺口分析法和久期分析法来深入分析和评估商业银行的流动性状况。

（一）缺口分析法

缺口分析法被巴塞尔银行监管委员会认为是评估商业银行流动性较好的方法。它针对特定时段，计算到期资产和到期负债之间的差额，来判断商业银行特定时间内流动性是否充足。

商业银行的贷款平均额和核心存款平均额之间的差异构成了所谓的融资缺口，如果缺口为正，商业银行必须动用现金和流动性资产，或者介入货币市场进行融资。为了实现盈利目的，商业银行的短期资产与负债的差额通常为负数，但商业银行必须确保此项差额得到了有效控制，并有足够能力在需要时迅速补充资金。

积极的流动性缺口分析的期限很短，通常为一个月左右的时间。对于活跃在同业拆借市场和易于在短期内筹资的商业银行来说，可以具有较短的流动性管理时间期限；而活跃在长期资本和负债市场的商业银行则需要采用较长的期限。

（二）久期分析法

由于利率变化直接影响到商业银行的资产和负债价值，造成流动性状况发生变化，因此久期分析经常被用来分析利率变化对商业银行流动性状况的影响。

用 DA 表示总资产的加权平均久期，DL 表示总负债的加权平均久期，VA 表示总资产的初始值，VL 表示总负债的初始值，R 为市场利率，当市场利率变动时，资产和负债的变化可以表示为：

$$\Delta VA=-[DA\times VA\times\Delta R/(1+R)]\Delta VL=-[DL\times VL\times\Delta R/(1+R)]$$

久期缺口可以用来衡量利率变化对商业银行的资产和负债价值的影响程度，以及对其流动性的作用效果。

久期缺口＝资产加权平均久期－（总负债/总资产）×负债加权平均久期

当久期缺口为正值时，如果市场利率下降，则资产价值增加的幅度比负债价值增加的幅度大，流动性也随之加强；反之则相反。

当久期缺口为负值时，如果市场利率下降，则流动性也随之减弱；反之则相反。

当久期缺口为零时，利率变动对商业银行的流动性没有影响。总之，久期缺口的绝对值越大，利率变化对商业银行的资产和负债价值影响越大，对其流动性的影响也就越显著。

目前最值得推荐的做法是，商业银行同时采用多种流动性风险评估方法，来综合评价商业银行的流动性状况。

第三节 流动性风险控制

流动性风险是商业银行经常面对的风险，一旦商业银行流动性风险由可能性变为现实，公众将失去对银行的信任，纷纷到银行提取存款，最终使商业银行面临破产倒闭的危险。更为严重的是，一家商业银行流动性风险的爆发还具有传染性，各银行是以信用链相互依存的，如果一家银行发生困难或破产，就会影响到其他商业银行的流动性，少数银行的破产会像滚雪球一样越滚越大，直至酿成整个金融体系的危机，因此做好商业银行流动性风险的防范和控制尤为重要。下面介绍一些防范和控制商业银行流动性风险的具体措施。

一、全面实施资产负债管理

流动性风险不是单纯的资金管理问题，而是多种问题的综合反映，因此，应当从资产负债综合管理的角度来探讨流动性风险的防范。

（1）加强各级商业银行法人体制，强化经营系统调控功能。可以将银行系统内资金逐级、逐步集中，充分发挥资金管理行对于全系统内资金的调控功能，建立健全一级法人体制下的内部控制体系，规范各级银行的经营行为。建立应对流动性风险的内部决策控制、实施控制、事后监控和预警机制。

（2）建立高效、科学的系统内资金调控反馈机制。管理行及时根据各分支机构资金头寸情况，进行有效的资金调剂，建立起系统内资金预测、统计和分析的管理体制。

（3）实现各商业银行资金的优化配置。通过强化资金在各行全系统调拨，充分利用好有限的资金资源，实现资金在全系统的优化配置，以增强系统内资金的效益性和流动性。

二、对资产负债进行结构性调整

（一）建立多层次的准备金资产

建立多层次的准备金资产，就是在资金配置中通过适当地安排一些第一准备金资产和第二准备金资产，来满足和维持商业银行的流动性供给，这是从总量的角度来满足和维持商业银行的流动性，减少流动性风险的冲击。

第一准备金资产也称为现金资产或是现金性资产，是商业银行资产中流动性最强的资产，这些资产不需变现，或者比较容易变现并且一般不受损失。这些准备金是银行防范存款人提款和客户需要贷款的第一道防线，具体包括库存现金、在中央银行的存款、在同业的存款和托收中的现金等。

第二准备金资产是满足和维持资产的流动性供给能力的第二道防线，其主要功能是补充第一道防线的不足。它包括短期贷款、短期的投资和短期的票据。与第一准备金资产相比较，它提供流动性的能力较弱，但是具有前者所缺乏的盈利功效，所以它往往是作为第一准备金资产的替补梯队而出现的。

（二）控制和调节资产的结构

所谓控制和调节资产的结构，主要是两个方面。一方面是在进行资金分配时，以结构对称、偿还期对称和分散化原理为指导，尽可能地使资产结构在期限上多元化，注意短、中、长期的资产在数量上的合理搭配，从而在资产内部建立一种资产能源，源源不断地偿还到期负债的自动偿还机制；另一方面是资金配置给资产后，要随时根据银行所面临的内外环境的变化，对资产的结构，主要是期限结构，进行控制和调节。比如，在经济周期的繁荣阶段，可以适当减少第一准备金资产和第二准备金资产的数量，相应增加贷款和投资的规模；而在经济不景气时，则要进行与繁荣阶段相反的调控。

（三）增加贷款种类，提高贷款的变现能力

要逐步提高票据贴现、质押贷款的比重，增强信贷资产的变现能力。由于资产结构固态化严重，因此各商业银行必须着力盘活存量，压缩不良贷款，建立有效的约束机制，健全科学的放贷机制，确立贷款的保障和补偿机制。

（四）实施负债的多元化

所谓负债的多元化，是指商业银行要尽可能地从多种渠道筹集资金，而不能局限于既有的少数渠道，即便是现有的渠道完全能够满足商业银行的资金来源和流动性需求也不能例外。这里的多元化不仅指存款负债多元化，也指借入负债的多元化。存款类负债也叫被动负债，来源主要有：活期储蓄、整存整取、零存整取、存本取息、通知存款、定活两便、教育储蓄等品种。借入类负债也称主动负债，其来源主要有：同业拆借、向中央银行借款、回购协议交易、发行金融债券和大额可转让定期存单、从国际金融市场借款、售后回租等。由于公开市场业务为银行提供了方便、迅捷的融资渠道，从长远来看，公开市场业务的发展、成熟必将带动银行间债券市场的发展，给商业银行流动性管理带来更多的便利。

三、通过金融创新降低流动性风险

负债业务的创新，重点是通过主动型负债增强负债的流动性。

资产业务的创新，包括资产证券化和贷款出售等。资产证券化是指将具有共同特征，流动性较差的贷款、租赁、应收账款等资产集中起来，转变为具有投资特征的可销售证券的过程。对银行来说，就是把大体类似的贷款资产出售给专门设置的信托机构或部门，由信托机构以所购贷款资产为标的发行证券向投资者销售的活动。通过资产的证券化，商业银行可以在贷款发放之后，根据需要中途收回资金来供给和满足流动性，而不必将贷款一直持有至到期。除了实施贷款资产证券化外，商业银行还可以进行贷款出售等金融创新。所谓贷款出售，就是商业银行将自己持有的贷款资产出售给新的债权人。它具有同资产证券化大致类似的作用，其典型的做法是：贷款出售行通过出售收回资金，同时保留服务权，代表购买者向借款人收取利息，监督借款人偿还贷款本息，并收取一定比例的手续费。

中间业务的创新，通过提高商业银行的电子化水平，完善其服务功能，大力开办各种委托代理和中间服务业务，提高资产负债的总体流动性水平。

四、建立健全流动性风险预警机制

(1) 做好对资产负债流动性的预测和分析，通过对流动性供给和需求的变化情况的预测和分析，完成对潜在流动性的衡量。

(2) 建立流动性风险的预警系统，包括预测风险警情、确定风险警况、探寻风险警源，即通过对风险警情指标的预测，银行可以大体评估未来经营时期流动性风险的具体状况，确定风险警况。流动性风险预警系统运行的最终目的是提供线索，排除警情，使流动性风险减至最低程度。因此，探寻警源是预警系统的重要程序。

(3) 建立定期的流动性分析制度，包括流动性需求分析、流动性来源分析和流动性储备设计，同时还应当建立流动性风险处置预案，提高防范流动性风险的能力。

知识链接

商业银行发生挤兑事件的应急预案

当商业银行发生挤兑事件时，应在一小时内向风险管理委员会办公室报告，并立即启动应急预案，积极支持、配合政府和金融监管机构做好风险的处置工作，采取自救、救助、原因查究和清理整顿等方式来缓解支付困难，避免风险的扩散和蔓延。

(1) 营业网点发生挤兑事件，营业网点应急处理团队迅速疏导客户，防范客户过激行为，维持营业秩序。

(2) 营业网点负责人迅速到达现场，并按程序第一时间向系统内上级服务突发事件应急处理工作办事机构报告。

(3) 营业网点应急处理团队及时安抚客户，全力做好解释和宣传，控制事态发展。

(4) 系统内上级服务突发事件应急处理工作领导机构迅速研究分析事件情况，视情况及时启动应急预案，同时根据实际情况向当地监管机构、政府职能部门、银行业协会报告。

(5) 系统内上级机构接到营业网点发生挤兑事件的报告后，立即调动安全保卫人员赶赴现场，并请求协调当地公安部门维持秩序，防止事态扩大。

(6) 系统内上级机构根据应急预案，迅速调运内部资金，确保头寸充足，必要时，向当地人民银行汇报，紧急调拨充足现金，保证正常兑付。

(7) 根据事态进展情况，系统内上级服务突发事件应急处理工作领导机构应当及时进行相关信息披露，消除社会影响。

(8) 如果事态范围进一步扩大，系统内上级服务突发事件应急处理领导机构应当请求当地监管机构、政府职能部门共同采取联动措施，统一协调应急处理工作。

当商业银行出现流动性危机时，可通过以下渠道筹措资金：

(1) 减缓或者停止办理信贷业务，包括贷款业务、贴现业务等。

(2) 加强流动性较强的资金回笼工作。通过银行间债券市场收回到期投资资金，通过转贴现回笼资金，收回到期拆出资金，收回到期贷款和贴现等。

(3) 从其他金融机构借入资金。通过货币市场借入资金，向央行申请再贷款，向央行申请动用法定存款准备金等。

(4) 申请政府财政支援。通过行领导协调地方政府关系，争取财政资金支持。

(5) 股东注资。召开股东大会，说明流动性风险情况，要求老股东归还不到期贷款或追加投资，也可吸收新股东注资。

第四节　流动性风险报告与监控

一、流动性风险报告

商业银行应当建立有效的流动性风险管理治理结构，包括董事会、董事会风险管理委员会、高级管理层及其风险管理委员会、资产负债管理委员会和风险管理部、计划财务部。明确董事会及其专门委员会、监事会（监事）、高级管理层以及相关部门在流动性风险管理中的职责和报告路线，以确保决策者随时掌握银行的流动性状况，尤其是当机构流动性头寸发生显著变化时，必须确保管理者能够迅速了解情况。此外，定期或不定期提供商业银行整体的流动性报告也是监管当局的要求。

在正常条件下，所有涉及流动性头寸的部门都需要每日报告，然后在机构整体的层面进行汇总，形成最终报告递交给管理层。部门的报告可以采取书面形式，也可以通过内部信息系统直接传递，后一种方式越来越受到欢迎。

业务层面提供的流动性报告的主要内容包括本部门流动性缺口的变动情况、影响因素分析、未来趋势预测等内容。在商业银行整体层面形成的流动性报告不仅包括上述内容，还应就本机构的资产负债表信息、收入信息、资产质量、某些流动性风险度量指标及监测指标等内容进行披露，并对这些内容进行必要的分析。

(1) 计划财务部门按日对各项风险指标进行监控，及时向资产负债管理委员会和风险管理委员会汇报出现的重大流动性风险情况。

(2) 风险管理部按月汇总分析流动性风险的变化并形成综合风险报告，向高级管理层和风险管理委员会报告，按季度向董事会风险管理委员会提交本行流动性风险管理书面监测报告，详细说明风险管理情况和下一步完善措施。

(3) 对本行发生的重大流动性风险事件，高级管理层应及时启动应急计划，并在第一时间向董事会风险管理委员会和监管部门报告。

（4）稽核审计部每年一次对流动性风险进行内部审计，审计结果直接向董事会风险管理委员会报告；对监管部门现场检查和内外部审计机构审计中发现的问题，在高级管理层落实整改措施后，及时向董事会风险管理委员会报告。

二、流动性风险监控

（一）流动性风险的预警信号

在绝大多数情况下，商业银行流动性风险并不是一触即发的，它是一个逐渐生成的过程。在这一过程中，与商业银行有关的许多信号都能反映流动性状况，商业银行应做好对这些信号的监测。由于流动性风险形成的原因是多方面的，因此，需要有效识别流动性风险的预警信号并做出正确判断。

1. 内部信号

内部信号主要包括银行内部的有关风险、盈利和资产质量，及其他将对流动性产生中长期潜在影响的信号。如：银行的某项或多项业务或产品的风险增加，资产或负债过于集中，资产质量下降，盈利水平下降，快速增长的资产的主要资金来源为市场大宗融资等。

2. 外部信号

外部信号主要包括第三方评价，银行发行的股票、债券等的市场表现等信号。如：市场上出现关于银行的负面传言；银行的外部评级下降；客户大量向银行求证不利于银行的传言；银行的股票下跌；银行发行的可流通债券（包括次级债）的交易量上升，且债券的买卖价差加大，甚至出现交易/经纪商不愿买卖银行债券，银行被迫寻求熟悉的交易/经纪商支持等。

3. 融资信号

融资信号主要包括银行的负债稳定性和融资能力等信号。如：银行存款大量流失，债权人（包括存款人）提前要求兑付，支付能力出现不足；融资的利率成本上升；融资交易对手开始要求抵押，且不愿提供中长期融资；无法从银行同业融资，愿意提供融资的对手数量减少，单笔融资的金额显著上升；银行被迫从市场上购回已发行的债券等。

（二）流动性风险的监测指标

流动性风险的监测是一个动态的过程，它不仅包括对流动性风险的变化情况进行及时的跟踪和监测，也包括对已采取的流动性风险管理措施的监测和反馈。设置监测指标是通行的做法，例如，银监会针对商业银行流动性风险的监管设置了六类指标，并给出了监测预警值。以流动性比率为例，如果某银行的流动性比率小于25%，则意味着其面临着较大的流动性风险，会受到监管当局的制裁。商业银行流动性风险监测指标参考值见表4—2。

表 4—2　　商业银行流动性风险监测指标参考值

指标名称	公式	监管标准
流动性比例	流动性资产/流动性负债×100%	≥25%
存贷比	各项贷款/一般性存款	≤75%
流动性缺口率	（90 天内到期表内外资产－90 天内到期表内外负债）/90 天内到期表内外资产	≥－10%
核心负债依存度	核心负债/总负债	≥60%
人民币超额备付金率	人民币超额备付金/一般性存款	≥5%
拆入资金比例	拆入资金期末余额/各项存款期末余额	≤4%
拆出资金比例	拆出资金期末余额/各项存款期末余额	≤8%

随着流动性风险度量技术的发展，金融机构将流动性风险的度量与监测有效地结合起来，运用相关的流动性风险度量指标，可以随时监测流动性风险的变化。金融机构还可以根据流动性风险的历史数据和自身经验，选择若干监测指标，确定各指标的预警阈值和权重系数，建立一个流动性风险综合指标。

知识链接

《巴塞尔协议Ⅲ》对银行资本的新要求

《巴塞尔协议Ⅲ》由 27 个国家银行业监管部门和中央银行高级代表组成的巴塞尔银行监管委员会 2010 年 10 月 12 日宣布，各方代表就《巴塞尔协议Ⅲ》的内容达成一致。协议规定，全球各商业银行 5 年内必须将一级资本充足率的下限从现行要求的 4%上调至 6%，过渡期限为 2013 年升至 4.5%，2014 年为 5.5%，2015 年达 6%。同时，协议将普通股最低要求从 2%提升至 4.5%，过渡期限为 2013 年升至 3.5%，2014 年升至 4%，2015 年升至 4.5%。截至 2019 年 1 月 1 日，全球各商业银行必须将资本留存缓冲提高到 2.5%。另外，协议维持目前资本充足率 8%不变；但是对资本充足率加资本缓冲要求在 2019 年以前从现在的 8%逐步升至 10.5%。最低普通股比例加资本留存缓冲比例在 2019 年以前由目前的 3.5%逐步升至 7%。此次协议对一级资本提出了新的限制性定义，只包括普通股和永久优先股。会议还决定各家银行最迟在 2017 年年底完全接受最新的针对一级资本的定义。上述内容见表 4—3。

表 4—3　　《巴塞尔协议Ⅲ》对银行资本要求

<table>
<tr><th>时间阶段</th><th>现行</th><th>新协议</th><th>变化</th><th>最终目标</th></tr>
<tr><td>2013 年 1 月至 2015 年 1 月</td><td></td><td></td><td></td><td rowspan="8">“核心”一级资本充足率：7.0%；
一级资本充足率：8.5%；
总资本充足率：10.5%；</td></tr>
<tr><td>一级资本充足率下限</td><td>4%</td><td>6%</td><td>提高</td></tr>
<tr><td>“核心”一级资本充足率下限</td><td>2%</td><td>4.5%</td><td>提高</td></tr>
<tr><td colspan="4">总资本充足率要求在 2016 年以前仍为 8%</td></tr>
<tr><td>2016 年 1 月至 2019 年 1 月</td><td></td><td></td><td></td></tr>
<tr><td>资本防护缓冲资金</td><td></td><td>2.5%</td><td>新增</td></tr>
<tr><td colspan="4">由各国根据情况自行安排，未明确具体实施安排</td></tr>
<tr><td>逆周期资本缓冲区间</td><td></td><td>0～2.5%</td><td>新增</td></tr>
</table>

本章小结

<table>
<tr><td rowspan="4">商业银行流动风险管理</td><td>流动性风险识别</td><td>流动性被视为商业银行的生命线，商业银行之所以存在流动性风险，归根到底是流动性供给与流动性需求不相匹配。
从具体情况来看，商业银行流动性风险主要来源于两方面：一是内部原因：资产负债期限搭配失当、超负荷经营、对客户的需求估计与准备不足、资产质量恶化、信誉不佳导致资金筹措难；二是外部影响：央行货币政策、金融市场发育程度、互联网金融分流银行存款、客户信用风险、对利率变动的敏感性等。</td></tr>
<tr><td>流动性风险评估</td><td>流动性指标法：确定流动性资产的种类并进行估值，然后确定合理的比率或指标并用于评估和监控，包括：现金头寸指标、流动性比例、核心负债依存度、流动性缺口率、存贷款比例、流动性覆盖率、净稳资金比率。
现金流分析法：通过商业银行对短期内现金流入和现金流出的预测和分析，可以评估商业银行短期内的流动性状况。
其他评估方法包括：缺口分析法、久期分析法。</td></tr>
<tr><td>流动性风险控制</td><td>做好商业银行流动性风险的防范和控制尤为重要，而流动性风险不是单纯的资金管理问题，而是多种问题的综合反映，因此，应当从资产负债综合管理的角度来控制和防范流动性风险的发生：(1) 全面实施资产负债管理；(2) 对资产负债进行结构性调整；(3) 通过金融创新降低流动性风险；(4) 建立健全流动性风险预警机制。</td></tr>
<tr><td>流动性风险报告和监测</td><td>商业银行应建立有效的流动性风险管理治理结构，明确董事会及其专门委员会、监事会、高级管理层以及相关部门在流动性风险管理中的职责和报告路线，以确保决策者随时掌握银行的流动性状况。
在绝大多数情况下，商业银行流动性风险并不是一触即发的，它是一个逐渐生成的过程。在这一过程中，与商业银行有关的许多信号都能反映流动性状况，这些信号包括：内部信号、外部信号、融资信号等，商业银行应做好对这些信号的监测。</td></tr>
</table>

第五章　市场风险管理

案例导入

2008年10月20日，中信泰富首告因澳元贬值跌破锁定汇价——澳元累计认购期权合约公允价值损失约147亿港元，至12月时，巨额亏损已扩大到186亿港元。在短短30多个交易日内，中信泰富以每天1.1亿港元的惊人亏损快步冲刺。

尽管实力雄厚的中信集团紧急出手救援，计划以认购可转债形式向中信泰富注资约116亿港元并重组外汇衍生品合同，中信泰富因此迎来生还转机。但中信泰富外汇累计期权（Accumulator）高达186亿港元巨亏的沉重现实，让人无法释怀究竟是什么原因，导致一家拥有优质资产和丰富经验管理团队的优秀企业，遭受如此致命的一击。

事件发生后，集团财务董事和财务总监辞去董事职务。2008年10月22日，香港证监会确认，已经对中信泰富的业务展开调查，中信泰富的股价在两天内已经跌了近80%。公司主席荣智健之女、前财务主管被迫降职。2009年1月17日，香港证监会开始调查中信泰富17位董事，其中包括荣智健和中信泰富董事总经理等高管。2009年3月25日，中信泰富公布2008年全年业绩亏损127亿港元，外汇损失159亿港元。2009年4月18日，中信泰富召开董事会，接受荣智健辞去中信泰富主席及董事职务，同时也接受范鸿龄辞任董事总经理职务。

既然汇率风险造成的损失是如此巨大，应如何识别和控制汇率风险呢？

学习目标

了解商业银行利率风险和汇率风险评估的主要技术。

理解商业银行市场风险的概念及市场风险管理体系；理解商业银行利率和汇率风险的特征。

掌握商业银行利率风险和汇率风险的主要类别；掌握利率风险控制的直接和间接方法；掌握汇率风险控制的基础性和具体控制措施。

第一节 商业银行市场风险管理概述

一、商业银行市场风险管理的概念

我国商业银行风险管理的重点，长久以来都是以信用风险为核心的，对市场风险则因为利率、汇率等市场波动因素的长期管制而被相对忽视。随着国际金融市场在经历一系列危机后对市场风险监管和控制逐渐加强，以及我国金融体制市场化及开放程度加大，借鉴《巴塞尔协议》、重视市场风险的控制、提升商业银行全面风险管理水平已经成为监管部门及银行自身关注的焦点。

商业银行市场风险管理是指通过实施一系列政策和措施来控制市场风险以消除或减少其对银行不利影响的行为过程。具体地说，商业银行市场风险管理是指商业银行用于管理、监测、控制市场风险的一整套政策和程序，其目的是通过识别、分析、计量、监测和控制银行所面临的市场风险，实现银行承担的市场风险规模与结构的优化以及风险与回报的平衡。市场风险管理是使商业银行在风险最低的前提下，追求收益最大化；或在收益一定的前提下，追求风险最小化。它也是一种机制，通过这种机制可以发现、评估主要的市场风险，然后制订、实施相应的对策，使市场风险被控制在银行所能接受的范围之内。

根据商业银行市场风险管理主体的不同，可以分为内部管理和外部管理。商业银行市场风险内部管理是直接承担者，商业银行自身对面临的各种市场风险进行管理。商业银行是市场风险内部管理的主体。商业银行在开展各项业务的过程中，必然面临各种各样的市场风险，为了保证在安全运营的前提下使盈利目标得以顺利实现，银行必须对其在经营活动中面临的市场风险进行全面控制和管理，并且需要营造一个良好的企业内部风险管理文化。商业银行市场风险外部管理是指包括行业自律管理和政府监管，其管理主体不参与市场交易，而是对金融市场的参与者的风险行为进行约束和限制。商业银行风险管理的行业自律是指银行业组织对其成员的风险进行管理；而政府监管是指官方监管机构站在国家的角度，以维护金融稳定为目的，对商业银行进行监控和管理，具有全面性、强制性和权威性。

商业银行市场风险与商业银行面临的其他种类的风险有着非常密切的联系，比如，交易市场中交易对手发生信用风险，就会引起市场的波动。在我国，政策风险直接会影响到市场的变化等，所以商业银行实施市场风险管理，应适当考虑市场与其他风险种类，如信用风险、流动性风险、操作风险、法律风险、声誉风险等风险的相关性，并协调市场风险管理与其他种类风险管理的政策和程序。

二、商业银行市场风险管理体系

商业银行应建立与银行的业务性质、规模和复杂程度相适应的、完善的、可靠的市场风险管理体系。市场风险管理体系包括董事会和高级管理层的有效监控，完善的市场风险管理政策和程序，完善的市场风险识别、计量、监测和控制程序，完善的内部控制和独立的外部审计，适当的市场风险资本分配机制。

商业银行的董事会承担对市场风险管理实施监控的最终责任，确保商业银行有效地识别、计量、监测和控制各项业务所承担的各类市场风险。董事会负责审批市场风险管理的战略、政策和程序，确定银行可以承受的市场风险水平，督促高级管理层采取必要的措施识别、计量、监测和控制市场风险，并定期获得关于市场风险性质和水平的报告，监控和评价市场风险管理的全面性、有效性以及高级管理层在市场风险管理方面的履职情况。董事会可以授权其下设的专门委员会履行以上部分职能，获得授权的委员会应当定期向董事会提交有关报告。商业银行的高级管理层负责制定、定期审查和监督执行市场风险管理的政策、程序以及具体的操作规程，及时了解市场风险水平及其管理状况，并确保银行具备足够的人力、物力以及恰当的组织结构、管理信息系统和技术水平，以便有效地识别、计量、监测和控制各项业务所承担的各类市场风险。商业银行的董事会和高级管理层应当对银行与市场风险有关的业务、所承担的各类市场风险以及相应的风险识别、计量和控制方法有足够的了解。商业银行的监事会应当监督董事会和高级管理层在市场风险管理方面的履职情况。

商业银行应当指定专门的部门负责市场风险管理工作。负责市场风险管理的部门应当职责明确，与承担风险的业务经营部门保持相对独立，向董事会和高级管理层提供独立的市场风险报告，并且具备履行市场风险管理职责所需要的人力、物力资源。负责市场风险管理部门的工作人员应当具备相关的专业知识和技能，并充分了解银行与市场风险有关的业务、所承担的各类市场风险以及相应的风险识别、计量、控制方法和技术。商业银行负责市场风险管理的部门应当拟定市场风险管理政策和程序，提交高级管理层和董事会审查批准；识别、计量和监测市场风险；监测相关业务经营部门和分支机构对市场风险限额的遵守情况，报告超限额情况；设计、实施事后检验和压力测试；识别、评估新产品、新业务中所包含的市场风险，审核相应的操作和风险管理程序；及时向董事会和高级管理层提供独立的市场风险报告等。

业务复杂程度和市场风险水平较高的商业银行应当建立专门的市场风险管理部门负责市场风险管理工作。商业银行承担市场风险的业务经营部门应当充分了解并在业务决策中充分考虑所从事业务中包含的各类市场风险，以实现经风险调整的收益率的最大化。业务经营部门应当为市场风险所带来的损失承担责任。

三、商业银行市场风险管理流程

（一）市场风险识别

商业银行应当对每项业务和产品中的市场风险因素进行分解和分析，及时、准确地识别所有交易和非交易业务中市场风险的类别和性质。

（二）市场风险计量

商业银行应当根据银行的业务性质、规模和复杂程度，对银行账户和交易账户中不同类别的市场风险选择适当的、普遍接受的计量方法，基于合理的假设前提和参数，计量承担的所有市场风险。商业银行应当尽可能地准确计算可以量化的市场风险和评估难以量化的市场风险。

商业银行可以采取不同的方法或模型计量银行账户和交易账户中不同类别的市场风险。市场风险的计量方式包括缺口分析、久期分析、外汇敞口分析、敏感性分析、情景分析和运用内部模型计算风险价值等。商业银行应当充分认识到市场风险不同计量方法的优势和局限性，并采用压力测试等其他分析手段进行补充。

（三）市场风险控制

商业银行应当对市场风险实行限额管理，制定对各类和各级限额的内部审批程序和操作规程，根据业务性质、规模、复杂程度和风险承受能力设定、定期审查和更新限额。市场风险限额包括交易限额、风险限额及止损限额等，并可按地区、业务经营部门、资产组合、金融工具和风险类别进行分解。

交易限额是指对总交易头寸或净交易头寸设定的限额。总头寸限额对特定交易工具的多头头寸或空头头寸给予限制，净头寸限额对多头头寸和空头头寸相抵后的净额加以限制。在实践中，银行通常将这两种交易限额结合使用。

风险限额是指对按照一定的计量方法所计量的市场风险设定的限额，如对内部模型计量的风险价值设定的限额和对期权性头寸设定的期权性头寸限额等，期权性头寸限额是指对反映期权价值的敏感性参数设定的限额。

止损限额即允许的最大损失额。通常情况下，当某项头寸的累计损失达到或接近止损限额时，就必须对该头寸进行对冲交易或将其变现。典型的止损限额具有追溯力，即止损限额适用于一日、一周或一个月内等一段时间内的累计损失。

商业银行应当根据不同限额控制风险，建立不同类型和不同层次的、限额相互补充的合理限额体系，有效控制市场风险。商业银行应当确保不同市场风险限额之间的一致性，并协调市场风险限额管理与流动性风险限额等其他风险类别的限额管理。商业银行应当为市场风险的计量、监测和控制建立完备、可靠的管理信息系统，并采取相应措施确保数据的准确、可靠、及时和安全。管理信息系统应当能够支持市场风险的计量及其所实施的事后检验和压力测试，并能监测市场风险限额的遵守情况和提供市场风险报告的有关内容。商业银行应当建立相应的对账程序确保不同部门和产品业务数据的一致性和完整性，并确保向市场风险计量系统输入准确的价格和业务数据。商业银行应当根据需要对管理信息系统及时改进和更新。

商业银行应当对市场风险有重大影响的情形制定应急处理方案，包括采取对冲、减少风险暴露等措施降低市场风险水平，以及建立针对自然灾害、银行系统故障和其他突发事件的应急处理或者备用系统、程序和措施，以减少银行可能发生的损失和银行声誉可能受到的损害。商业银行应当将压力测试的结果作为制定市场风险应急处理方案的重要依据，并定期对应急处理方案进行审查和测试，不断更新和完善应急处理方案。

（四）市场风险报告

有关市场风险情况的报告应当定期、及时向董事会、高级管理层和其他管理人员提供。不同层次和种类的报告应当遵循规定的发送范围、程序和频率。报告应当包括如下全部或部分内容：按业务、部门、地区和风险类别分别统计的市场风险头寸；按业务、部门、地区和风险类别分别计量的市场风险水平；对市场风险头寸和市场风险水平的结构分析；盈亏情况；市场风险识别、计量、监测和控制方法及程序的变更情况；市场风险管理政策和程序的遵守情况；市场风险限额的遵守情况，包括对超限额情况的处理；事后检验和压力测试情况；内部和外部审计情况；市场风险资本分配情况；对改进市场风险管理政策、程序以及市场风险应急方案的建议；市场风险管理的其他情况。

向董事会提交的市场风险报告通常包括银行的总体市场风险头寸、风险水平、盈亏状况和对市场风险限额及市场风险管理的其他政策和程序的遵守情况等内容。向高级管理层和其他管理人员提交的市场风险报告通常包括按地区、业务经营部门、资产组合、金融工具和风险类别分解后的详细信息，并具有更高的报告频率。

针对我国商业银行开展业务的实际情况，商业银行不允许经营与股票、商品期货等相关的业务，所以我国的商业银行目前主要面临的市场风险，基本上是利率和汇率风险。因此，对于我国大多数商业银行来说，只需要完成利率风险、汇率风险的识别、评估与控制就可以了。

知识链接

中国工商银行市场风险管理

2011 年，中国工商银行进一步加强了市场风险管理体系建设，提升集团层面市场风险管理水平。加快推进市场风险内部模型法实施准备工作，构建了基于内部模型法的市场风险管理制度体系。建立自主研发的定价估值模型和市场风险计量方法论，全面投产全球市场风险管理系统（GMRM），建成集中统一的数据管理平台和风险计量管理平台，实现内部模型法下交易账户利率风险、汇率风险和商品风险的计量与监控，积极推进境外机构延伸的实施工作，逐步开展金融产品估值模型验证工作，为申请实施新资本协议市场风险内部模型法奠定基础。

第二节　利率风险管理

一、利率风险识别

利率又称利息率，表示一定时期内利息量与本金的比率，通常用百分比表示，其计算公式是：

利息率＝利息量/本金×100％

利率是资金的价格，利率水平的变化主要由货币市场资金的供求状况决定的。

利率风险通常是指利率变化使商业银行的实际收益与预期收益或实际成本与预期成本发生背离，使其实际收益低于预期收益，或实际成本高于预期成本，从而使商业银行遭受损失的可能性。利率变动的影响体现在：利率的波动会给商业银行的经营管理带来巨大的风险；利率发生波动时，不可避免地影响到商业银行的利润水平；市场利率变动后，银行的资产和负债的市场价值也必然发生变动，从而影响商业银行的资产净值的市场价值；利率变动会严重影响商业银行的盈利水平、管理方式及创新发展能力。

（一）利率风险类型

按照中国银监会颁布的《商业银行市场风险管理指引》，利率风险按照来源的不同，可以分为重新定价风险、收益率曲线风险、基准风险和期权性风险。

1. 重新定价风险

重新定价风险也称为期限错配风险，是最主要和最常见的利率风险形式，来源于银行资产、负债和表外业务到期期限（就固定利率而言）或重新定价期限（就浮动利率而言）所存在的差异。这种重新定价的不对称性使银行的收益或内在经济价值会随着利率的变动而变化。对于我国商业银行来说，所面临的主要利率变化有两种表现形式：一是存贷款基准利率的调整变化给银行带来的风险，二是金融交易市场上利率变化给银行带来的风险。这里必须注意，存贷款基准利率的变动并不一定会导致银行的利率风险，因为如果一家银行的存款和贷款的类型、数量和期限完全一致，则基准利率的变动对银行存款和贷款的影响也将完全相同，银行存贷利差收益就不会受影响，此时，基准利率风险是不存在的。从这里可以看出，银行资产负债结构的不一致是产生基准利率风险的重要因素。一般情况下，银行资产负债结构很难做到完全匹配，所以基准利率的变动一般都会给银行带来潜在的利率风险。例如，银行以短期存款作为长期固定利率贷款的融资来源，当利率上升时，贷款的利息收益是固定的，但存款的利息支出却会随着利率的上升而增加，从而使银行的未来收益减少和经济价值降低。

若一家银行从某客户那里吸收存期 1 年、年利率 5%的存款，用以贷给另一家客户期限 2 年、年利率 6%的贷款。根据正常的收益率曲线可知，该借短贷长的银行在第一年可获得 1%（6%－5%）的利息率，而第二年的利息收益，则随 1 年期存款到期后的再融资利率高低而呈不确定的情况：如果新的存款成本仍维持 5%，则第二年将依旧有 1 个百分点的利润率；但是，当新的存款成本上升至 7%时，银行第二年将会有 1 个百分点的利息损失。因此，当银行的重新举债成本高于资产报酬率时，就会面临再融资风险。

另外，还有一种情况，一些银行往往用固定利率负债业务来支持浮动利率资产业务，这种业务处理方式可能使银行承担再贷款的利率风险。假如这家商业银行吸收年利率为 5%的 2 年期存款，用于支持年利率为 6%的 1 年期贷款，当该贷款于 1 年后到期时，贷款基准利率已经调整至 4%，则该银行将面临 1 年后的再贷款风险。

2. 收益率曲线风险

收益率曲线是指由不同期限但具有相同风险、流动性和税收的收益率连接而形成的曲线，用于描述收益率和到期期限之间的关系。例如，市场上10年期国债的收益率曲线基本反映了该市场中金融产品的到期期限和到期无风险收益率之间的关系。正常情况下，金融产品的到期期限越长，到期收益率越高。但因重新定价的不对称性，也会使收益率曲线的斜率、形态发生变化，即收益率曲线的非平行移动，对银行的收益或内在经济价值产生不利影响，从而形成收益率曲线风险，也称利率期限结构变化风险。按照欧美等国家成熟市场的经验，一般在加息周期到来前和加息周期初期收益率曲线会变得陡峭，而在加息周期中后期收益率曲线会变得扁平。当收益率曲线发生变化时，价格由内在收益率曲线决定的债券价格将会变化。如果收益率曲线变平，长期债券和短期债券之间的利率价差会变窄，债券价格会因此改变。如果债券是一个3年期短期债券，在3年期收益降率低时，债券价格会上涨。如果收益率曲线变陡，长期债券和短期债券之间的利率价差会增长。因此，长期债券的价格相对于短期债券会降低。收益率曲线的变化是基于债券风险溢价和未来利率的预期而变化的。

3. 基准风险

基准风险也称为利率定价基础风险，是另一种重要的利率风险来源。在利息收入和利息支出所依据的基准利率变动不一致的情况下，虽然资产、负债和表外业务的重新定价特征相似，但因其现金流和收益的利差发生了变化，也会对银行的收益或内在经济价值产生不利影响。例如，一家银行可能用1年期存款作为1年期贷款的融资来源，贷款按照美国国库券利率每月重新定价一次，而存款则按照伦敦同业拆借市场利率每月重新定价一次。虽然用1年期的存款为来源发放1年期的贷款，由于利率敏感性负债与利率敏感性资产的重新定价期限完全相同而不存在重新定价风险，但因为其基准利率的变化可能不完全相关，变化不同步，仍然会使该银行面临着因基准利率的利差发生变化而带来的基准风险。

4. 期权性风险

期权性风险是一种越来越重要的利率风险，它来源于银行资产、负债和表外业务中所隐含的期权。一般来说，期权赋予其持有者买入、卖出或以某种方式改变某一金融工具或金融合同的现金流量的权利，而非义务。期权可以是单独的金融工具，例如场内（交易所）交易期权和场外期权合同，也可以隐含于其他的标准化金融工具之中，例如债券或存款的提前兑付、贷款的提前偿还等选择性条款。期权和期权性条款都是在对买方有利而对卖方不利时执行，因此，此类期权性工具因具有不对称的支付特征而会给卖方带来风险。比如，若利率变动对存款人或借款人有利，存款人就可能选择重新安排存款，借款人可能选择重新安排贷款，从而对银行产生不利影响。如今，越来越多的期权品种因具有较高的杠杆效应，还会进一步增大期权头寸可能会对银行财务状况产生的不利影响。

根据我国有关的利率政策，客户可以根据意愿决定是否提前提取定期储蓄存款，而商业银行对此只能被动应付；对于贷款，虽然有规范性协议不能随意提前还款或收回，但在实际中，一些优势客户往往在利率下调时，要求提前还款，再以新的、较低的利率贷款，否则，这些优质客户可能会到其他银行开立账户。这实际上造成了利率选择权的非一致性。

（二）利率风险特征

1. 不确定性

由于各商业银行经营自由度的扩大，利率在各行之间实际上不可能达到时间上、空间上和数值上的完全一致，尤其是银行与银行间业务竞争的存在，利率将被视为行业内特有的商业秘密，在确保自身经营效益的前提下，银行与银行间的资金价格战会不可避免地持续下去。在此态势下，社会资金必然会随着利率的大小和波动而流动，这其中所隐藏的变化无常的参数，相应地给利率风险带来了不确定性，而这种不确定的利率风险很难及时地进行有效把握和控制。

2. 频繁性

在利率市场化条件下，市场利率伴随市场上资金供求状况而随时变动。存贷款结构利率水平在不同时空上同幅协调变化是偶然的，而不同幅变化却是经常性的。

3. 隐蔽性

在利率市场化条件下，利率风险在一个较短时间内不易被经营者觉察。这是因为，每一类或每一种风险的释放，都有一个积聚的过程。在初始阶段，由于风险所具有的能量还不足以给一个银行的业务经营造成明显影响时，往往被经营者忽略，当能量积聚到了一定程度，被经营者感觉和发现后，实际上已经给一个银行的正常业务运作造成了危害。

4. 转嫁性

商业银行各项业务之间是一个相互联系、相互贯通的统一体。利率风险在发挥作用的时候，不是以简单的一对一的形式来表现，而是通过作用于某一类业务，把冲击波传递到其他业务中，形成一个十分可怕的传导链条，最终影响到银行整体业务的运作。

二、利率风险评估

在分析了各种形式的利率风险的基础上，商业银行还必须对利率风险进行度量，即对商业银行可能因利率风险而遭受的经济损失进行量化，以便采取相应的措施来控制利率风险。利率风险管理已经成为西方商业银行资产负债管理的一项主要内容，商业银行利率风险的管理措施在不断完善，管理水平不断提高。随着计算机技术的不断进步，在测量方法上相继出现了资产负债缺口管理、持续期缺口管理、动态模拟分析技术，同时，风险价值测度技术也逐渐成为精确预测利率风险的有力手段。

（一）利率敏感性缺口管理

1. 利率敏感性缺口分析

利率敏感性缺口分析用于衡量银行净利息收入对市场利率的敏感程度。由于大多数商业银行的利润主要来自于利差，即利息总收入与利息总支出之间的差额，而利息收入与利息支出都会受到利率变动的影响，所以利率的变动就会影响到商业银行的净利差收入。

在商业银行的利率风险管理实践中，利率风险主要来自于商业银行资产和负债对利率的敏感性的不同。一般将在较短时限内到期或需要重新确定利率的资产和负债称为利率敏感性资产（Rate-Sensitive Asset，RSA）和利率敏感性负债（Rate-Sensitive Liability，RSL）。如果利率敏感性资产和利率敏感性负债总额相等，那么利率变动不会影响到商业银行的净利差收入。但在实际商业银行经营中，利率敏感性资产和利率敏感性负债通常在数量上是有差异的，这个数量差异被称为缺口（GAP），即利率敏感性缺口。

利率敏感性缺口(GAP)＝利率敏感性资产(RSA)－利率敏感性负债(RSL)

利率敏感性缺口可以用来度量商业银行净利息收入对市场利率的敏感性。如果一家商业银行在某个时期利率敏感性资产大于利率敏感性负债，则这家商业银行的利率敏感性缺口被称为正缺口；如果一家商业银行在某个时期利率敏感性负债大于利率敏感性资产，则这家商业银行的利率敏感性缺口被称为负缺口。

2. 利率敏感性缺口模型

利率敏感性缺口也称为利率风险敞口，其大小与商业银行净利息收入的变动直接相关。若市场利率变动为 ΔR 时，商业银行净利息收入的变动额为 ΔNII，则公式可以表述为：

$$\Delta NII = GAP \times \Delta R = (RSA - RSL) \times \Delta R$$

上述缺口是假定银行资产负债的期限是单一的，但实际上商业银行资产负债的期限结构并非单一，所以，为了更准确地度量利率风险，应当对各种期限的资产负债缺口进行分别计算，然后加总得出资产负债的累积缺口。

$$\Delta NII = \sum_{i=1}^{n} (RSA_i - RSL_i) \times \Delta R$$

其中，RSA_i 为在 i 时间段里的利率敏感性资产的数额，RSL_i 为在 i 时间段里的利率敏感性负债的数额，ΔR 为在 i 时间段里的影响资产和负债的利率水平的变动。

假设A银行在未来6个月内的利率敏感性资产为1 000万元，而利率敏感性负债为900万元，那么它的利率敏感性缺口为正的100万元。如果在未来6个月内，市场利率上升1个百分点（假设借款与贷款的利率变动完全一致），则A银行的净利息收入将会增加1万元（100万元×1%）；但如果市场利率在未来6个月内下降了1个百分点，那么A银行的净利息收入将会减少1万元。

再假设B银行在未来6个月内利率敏感性资产为1 000万元，利率敏感性负债为1 100万元，那么它的利率敏感性缺口为负的100万元。如果在未来6个月内，市场利率上升了1个百分点，此时B银行的净利息收入变化将会出现与A银行相反的情况，将会减少1万元。当未来6个月内，市场利率下降1个百分点时，B银行的净利息收入将会增加1万元。

一家C银行，假设它在未来6个月内的利率敏感性资产为1 000万元，而利率敏感性负债也为1 000万元，那么它的利率敏感性缺口为零，此时无论市场利率是上升还是下降，它的净利息收入都将不会受任何影响。这里必须注意，只有当借款与贷款的利率变动完全一致时，零缺口才不会对净利息收入产生影响。一般情况下，借款与贷款的利率变动是不会完全一致的，因此，即使银行处于零缺口状态，市场利率的变动也会影响银行的净利息收入。

由以上几个例子可以看出，如果商业银行的利率敏感性缺口为正值（$GAP>0$），即$RSA>RSL$，则当市场利率上升时，利息收入的上升会大于利息支出的上升，商业银行净利息收入就会增加；当市场利率下降时，利息收入的下降会大于利息支出的下降，商业银行的净利息收入就会减少。如果商业银行的利率敏感性缺口为负值（$GAP<0$），即$RSA<RSL$，则当市场利率上升时，利息收入的增长会小于利息支出的增长，商业银行净利息收入就会减少；当市场利率下降时，利息收入的减少会小于利息支出的减少，商业银行净利息收入就会增加。如果商业银行的利率敏感性缺口为零（$GAP=0$），即$RSA=RSL$，则不论市场利率如何变化，利息收入和支出的变动会相互抵消，商业银行的净利息收入不会受到利率变动的影响。表5—1综合反映了利率变动对商业银行净利息、收入的影响。

表5—1　　利率变动对商业银行净利息、收入的影响表

利率敏感性缺口	利率变动	利息收入的变动	利息收入的变动一利息支出的变动	利息支出的变动	净利息收入的变动
正缺口	上升	增加	>0	增加	增加
正缺口	下降	减少	>0	减少	减少
负缺口	上升	增加	<0	增加	减少
负缺口	下降	减少	<0	减少	增加
零缺口	上升	增加	=0	增加	不变
零缺口	下降	减少	=0	减少	不变

3. 对利率敏感性缺口分析方法的评价

利率敏感性缺口分析是商业银行进行日常性的、粗放性的度量利率风险的重要方法，通过缺口分析，商业银行可以判断其资产负债配置状况是资产敏感性风险缺口还是负债敏感性风险缺口、缺口大小以及缺口发生在何时何处，从而可以据此确定在不同的利率走势时期采取不同的资产负债管理策略。缺口分析方法的优点是简单、计算简易，其缺点有如下几点。

（1）缺口分析是一种静态的分析方法。利率的变动不仅会影响银行资产收入和负债支出，而且会影响到这些资产和负债的市场价值。缺口分析法以保证净利差稳定为目标，实际上忽略了对后一种影响的衡量。因为它采取的是账面价值核算方法。按照这种方法，银行所购买的投资证券、提供的贷款和吸收的存款都是按照历史价值入账的，因而无法显示利率变动对资产负债市场价值的影响，从这个意义上说，利率敏感性缺口分析报告的只是商业银行承受的利率风险的一部分。

利率敏感性缺口分析忽略了货币的时间价值。敏感性缺口分段期间的划分没有区分期初现金流量和期末现金流量的差别。它假定一个时间段的所有头寸是同时到期或者同时重新定价。当利率升降时，银行是否获得收益取决于每一时间间隔内资产负债定价的实际时机。所以，即使在某一个时间段内的利率敏感性资产和利率敏感性负债在价值上可能正好相等，但它仍有可能会因利率变动而蒙受损失，这是因为利率敏感性缺口分析作为一种静态分析方法，它没有考虑存款和贷款现金流在时间上的匹配。

(2) 利率敏感性缺口分析的缺口值不固定，取决于分析时间段的选定。在许多情况下，银行的资金缺口的正负值会随着时间段的长短而变化。

(3) 不能反映基差风险。根据利率敏感性缺口分析理论，缺口公式隐含着假定利率敏感性资产和利率敏感性负债对市场利率变动的反应程度是一样的。但是在现实中，银行借款利率和贷款利率变化往往不一致。例如，浮动利率资产或负债的参考利率可能不同，假设资产以优惠放款利率为基础利率，而负债以 3 个月或 6 个月期的 LIBOR 为参考利率。此时，即使优惠放款利率和 LIBOR 的变化幅度也未必相同。所以，只有在资产和负债的参考利率相同，或者不同参考利率变化幅度相同时，零缺口才能保证利率变动对商业银行净利息收入没有影响。

(4) 不能反映隐含期权性风险。利率敏感性缺口分析是假定在各分段期间内考察的资产与负债均遵守既定的合同协议来分析，但事实上，利率隐含期权风险的存在否定了这一假定，因而商业银行的真实缺口就有可能会改变，如客户可能提前提取存款，也可能提前归还贷款或者逾期未还贷款，这样一来，利率敏感性资金缺口就会发生变化。

（二）持续期缺口管理

持续期（Duration）也称久期，这个概念是由美国经济学家弗里德里克·麦考莱于 1938 年提出的。该理论提出后，主要应用于债券投资分析。持续期是以现金流量的相对现值为权数，计算出资产或负债中每次现金流量距到期日的加权平均时间。同时持续期也是单项资产负债或资产负债组合的利率敏感度，即利率弹性。持续期是衡量利率风险的直接办法，资产负债的持续期越长，其价格对利率的敏感性就越大，利率风险就越大。直到 20 世纪 70 年代以后，商业银行面对严重的利率风险，人们才开始在理论和实践上对持续期进行更大范围的探讨。持续期可用来分析当市场利率发生变化时，银行财务状况受到的影响。持续期分析被广泛地应用于商业银行的资产负债管理中，分析银行净值对利率变动的敏感性，成为度量和管理利率风险的重要度量工具。

1. 麦考莱持续期计量利率风险的原理

麦考莱持续期是用时间表示的可用于弥补证券初始成本的货币加权平均时间价值，是衡量利率风险的最直接的方法。

麦考莱持续期作为利率风险衡量的指标，需要的假定条件是衡量利率期限结构的零息票债券收益率曲线是平坦的。麦考莱持续期计算公式如下：

$$D=\frac{\sum_{t=1}^{n} CF_t \times DF_t \times t}{\sum_{t=1}^{n} CF_t \times DF_t}=\frac{\sum_{t=1}^{n}\frac{CF_t}{(1+y)}\times t}{\sum_{t=1}^{n}\frac{CF_t}{(1+y)^t}}=\frac{\sum_{t=1}^{n} PV_t \times t}{\sum_{t=1}^{n} PV_t}$$

$$=\frac{\sum_{t=1}^{n} PV_t \times t}{P}=\sum_{t=1}^{n} t \times \omega_t$$

其中，D 表示持续期；CF_t表示时期 t 末的现金流支付；DF_t表示时期 t 末的现金流支付的折现率，通过它将该现金流折现为现值PV_t，$DF_t=\frac{1}{(1+y)^t}$，式中 y 表示债券的到期收益率；PV_t表示时期t 末的现金流的现值；P 为债券的现值，即价格；t 表示现金流的到期日；ω_t表示时期t 末的现金流现值占债券价格的比重。

某两年期债券，每年付息一次，到期还本，面值为 100 元，票面利率为 10%，市场利率为 10%，则该债券的麦考莱久期为多少年?

$$\text{麦考莱久期}=(10\times1/(1+10\%)+10\times2/(1+10\%)^2+100\times2/(1+10\%)^2)\div100=1.909(\text{年})$$

如果知道固定收益债券的麦考莱久期，那么在市场利率有稍小改变时，债券价格的变化为：

$$\frac{\mathrm{d}p}{p}=\frac{D}{(1+y)\mathrm{d}y}$$

如果 y 的变动很小，分母（$1+y$）近似等于 1，则通过持续期可以直接反映出债券回报与收益率变化之间的线性关系。如果 y 的变动远大于 0，则可以通过修正后的持续期来继续反映这种线性关系。

修正后的持续期为：

$$D^*=-(1/P)\frac{\mathrm{d}P}{\mathrm{d}y}=\frac{D}{(1+y)}$$

假设某 10 年期债券当前的市场价格为 102 元，债券久期为 9.5 年，当前市场利率为 3%。如果市场利率提高 0.25%，则该债券的价格变化为：

$$P=-102\times9.5\times0.0025/(1+0.03)=-2.352(\text{元})$$

即债券价格下跌 2.352 元。

利用麦考莱持续期可以得到现金流量的加权到期时间。持续期越长，债券暴露的利率风险也就越大。

2. 银行资产负债表的持续期缺口模型

通过计量资产负债表的持续期缺口来估计整个资产负债表的利率风险敞口，通过估计银行资产、负债净值相对于利率风险的敏感性，就能大致得出银行净值相对于利率变化的敏感性。具体的估计过程可以概括为以下几个步骤。

首先，分别构造出利率敏感性资产组合和利率敏感性负债组合，并求出两个组合的加权持续期。假设用D_i^A表示第i项资产的持续期（$i=1$，…，N），ω_i^A表示第i项资产的净现金流的现值占全部资产组合净现金流现值的比重，其中$\sum_{i=1}^{n}\omega_i^A=1$。则该资产组合的持续期为：

$$D_A=\omega_1^A D_1^A+\omega_2^A D_2^A+\cdots+\omega_N^A D_N^A$$

相似地，可以将负债组合的持续期表示为：

$$D_L=\omega_1^L D_1^L+\omega_2^L D_2^A+\cdots+\omega_N^L D_N^L$$

其中角标L表示负债，其余各项含义同资产一致。

其次，通过持续期模型，分别求出资产、负债的净市值的变化相对于利率变化的敏感性。持续期的基本模型为$\frac{\mathrm{d}P}{P}=-\frac{D}{(1+y)}\mathrm{d}y$，相应的，资产、负债组合的持续期关系为：

$$\frac{\mathrm{d}A}{A}=-\frac{D_A}{(1+y)}\mathrm{d}y \qquad \frac{\mathrm{d}L}{L}=-\frac{D_L}{(1+y)}\mathrm{d}y$$

最后，银行净市值的变化等于资产净市值的变化减负债净市值的变化，即：

$$\mathrm{d}E=\mathrm{d}A-\mathrm{d}L=\left(-D_A\times A\times\frac{\mathrm{d}y}{1+y}\right)-\left(-D_L\times L\times\frac{\mathrm{d}y}{1+y}\right)$$

假设利率冲击对资产、负债项目是一样的，则：

$$\mathrm{d}E=(-D_A A+D_L L)\frac{\mathrm{d}y}{1+y}=-\left(D_A\frac{A}{A}-D_L\frac{L}{A}\right)\times A\times\frac{\mathrm{d}y}{1+y}$$

$\frac{L}{A}$是资产负债比率，用k来表示，则上式可以进一步写为：

$$\mathrm{d}E=-(D_A-D_L k)\times A\times\frac{\mathrm{d}y}{1+y}$$

上式就是持续期缺口模型的基本表示，银行资产负债表内经济价值的利率风险敞口可以表现为三个变量的乘积：调整后的持续期缺口（$D_A-D_L k$）、银行的资产规模 A 以及利率冲击$\frac{dy}{1+y}$，这三个变量中除了利率冲击是外生变量，其余两个变量都是可以管理的。

由于具有上述特点，资产负债表的持续期缺口模型是银行计量和管理资产负债表经济价值利率风险的简便方法。

假设一家银行的资产为 1 000 亿元，负债为 800 亿元，所有者权益为 200 亿元。根据计算，该银行的资产组合的持续期为 5 年，负债组合的持续期为 3 年。设想市场利率由 5%上升至 5.5%，则利率变化带给该银行净值的潜在损失为：

$$dE = -(D_A - D_L k) \times A \times \frac{dy}{1+y} = -(5-0.8\times3)\times1\,000\times\frac{0.005}{1.005}$$
$$= -12.935\,3 \text{亿元}$$

这就是说，如果利率上升0.5%，有可能使银行遭受12.935 3亿元的损失，大约相当于原股东价值的6.5%。为了避免这一损失，银行可以采取相应的措施来缩小持续期缺口，比如降低资产的持续期，提高负债的持续期，或者改变负债比率等。

3. 对持续期模型的评价

持续期缺口分析的主要优点是它为资产负债的利率风险提供了一个综合性的指标。持续期缺口的绝对值越小，银行资产净值对利率的敏感性就越低。与敏感性缺口不同的是，持续期缺口考虑了每笔现金流量的时间价值，避免了时间间隔划分的问题。持续期是一个综合性的指标，银行可按持续期目标值对总资产和负债进行匹配，而无须对每一账户进行匹配。持续期的准确计算是较为困难的。首先，这一方法对数据要求很高。例如，商业银行要知道每一个账户的利率以及预测其可能发生的变动情祝。其次，对利率变动预测的困难。对未来利率变动的预测是计算有效持续期的未来现金流量以及贴现率的基础，但能够准确预测未来利率的变动是极其困难的，即使是经验丰富的金融专家也很难保证预测的准确性。

（三）风险价值

1. 风险价值基本原理

风险价值（Value at Risk，VaR）方法（以下简称VaR方法）目前已被西方商业银行、企业和金融监管机构广泛应用于金融风险管理之中。这一方法以概率论为基础，运用现代统计方法，摒除了主观判断的任意性，不仅能衡量由于利率变动而给银行资产组合价值带来的损失，而且可以同时测量由于汇率、股票价格和商品价格波动而造成的投资组合损失，并将银行全部资产组合风险概括为一个数值（VaR），简单明了地表示出市场风险的大小。

VaR方法的含义为：在正常的市场环境下，在给定的持有期间和置信水平内，测度某一投资组合可能发生的最大损失的方法，是用一种日常应用于其他领域的标准统计技术来估计金融风险的方法。

知识链接

知识链接：VaR的风险解释

假设商业银行某外汇交易头寸在持有期10天、置信水平99%的情况下，其VaR值经过计算为10万美元，则意味着该外汇头寸在10天后的交易中，有99%的可能性其损失不会超过10万美元。

要确定一个金融机构资产组合的 VaR 值，应遵循以下的步骤：

（1）选定系数，包括置信水平、投资组合的持有期间和观察期间。

置信水平也称为置信度、可靠度，是表明样本估计值与总体参数值的误差不超过一定范围的概率有多大，这个相应的概率就是置信水平。置信度越低，损失超过 VaR 的极端事件发生的可能性就越大；置信度越高，测定的 VaR 越准确，但统计样本中反映极端事件的数据也越少。一般将置信水平选在 95%～99%之间，银行可以根据不同的风险偏好自行确定。巴塞尔委员会规定的置信水平是 99%。

投资组合的持有期限（Holding Period）是衡量回报波动性和关联性的时间单位，也是取得观察数据的频率，它的长短取决于资产组合调整的频度和相应头寸清算的可能速度。调整频度越高或清算速度越快，选定的持有期越短，反之则越长。此外，持有期限的选定通常还会受观察期间长短的影响。在既定的观察期间内选定的持有期限越短，在观察期间所得的数据越多，VaR 模型对投资组合风险的反映就越准确。巴塞尔委员会出于风险审慎监管的需要，选择了两个星期（即 10 个交易日）的持有期限。

观察期间（Observation Period）是对给定持有期限的回报的波动性和关联性进行考察的整体时间长度，是整个数据选取的时间范围，有时又称数据窗口（Data Window）。观察期间的选择要在历史数据的可能性和市场发生结构性变化的危险之间进行权衡。为克服商业循环等周期性变化的影响，历史数据越长越好；但是，时间越长，发生收购兼并等市场结构性变化的可能性也越大，历史数据也就越难以反映现实和未来的情况。目前，巴塞尔委员会要求的观察期间为一年。

（2）确定资产组合在既定的持有期限内回报的概率分布，即概率密度函数（Probability Density Function，PDF）。

由于要保存和拥有所有金融工具的充分历史数据几乎是不可能的，这使得投资组合收益分布的推算成为整个 VaR 方法中最重要，也是最难解决的一个问题。目前解决的办法是将投资组合中单个金融工具的收益转化为一个或多个风险因子（Risk Factor）的收益，然后将整个投资组合的收益转化为这些风险因子的函数，再通过统计分析得到这些风险因子收益的概率分布，在此基础上得到整个组合收益的概率分布。现有推算组合风险因子收益分布的方法主要是历史模拟法、方差—协方差法和蒙特卡罗模拟法。

（3）建立 VaR 模型，计算 VaR 值。

目前，商业银行普遍采用三种模型技术来计算 VaR 值：方差－协方差法、历史模拟法和蒙特卡罗法。本书对三种模型的计量原理和过程不做深入展开。

2. 对 VaR 分析法的评价

VaR 方法以概率论和数理统计为基础，能够为不同金融工具构成的复杂证券组合和不同业务部门的总体市场风险提供一个简单直观的测量结果，VaR 值的准确性和模型的有效性还可以通过返回测试（Back Testing）来检验，从而便于银行对包括利率风险、汇率风险等在内的市场风险进行控制管理。正是由于 VaR 方法对市场风险衡量的科学、实用、准确等特点，使它受到监管部门和金融机构的欢迎和肯定，并发展成为市场风险管理的一种标准，但它也存在着一些缺陷：

(1) 假设条件与现实不完全相符。VaR 方法是基于历史数据计算资产组合可能遭受的损失，它假定变量间过去的关系在未来保持不变，并假定数据服从正态分布，在很多情况下可能并不符合实际。

(2) 不能反映极端事件发生给经营者带来的损失。从技术角度讲，VaR 方法表明的是正常市场环境下，一定置信度内资产组合价值的最大损失，它不能绝对排除高于 VaR 值的损失发生的可能性，也不能处理金融市场处于极端价格变动的情形，如股市崩盘、金融崩溃等。虽然极端事件发生的可能性很小，但只要发生就可能使经营者遭受大大超过 VaR 的损失。例如在 99%的置信水平下得到的 VaR 为 1 000 万美元，但仍有 1%的可能性使风险损失远远大于 1 000 万美元，这种情况一旦发生，给经营单位带来的后果将是灾难性的。

三、利率风险控制

利率风险的控制有两个层面：一个是综合利率风险控制，一个是单一业务活动利率风险控制。

（一）综合利率风险控制

所谓综合利率风险控制，是指通过对资产与负债的共同控制和调节，来实现对商业银行整体的利率风险进行控制的管理活动。它主要采取的就是缺口管理。

商业银行的各项资产与负债，依据其期限和利率特点可分为三类：

(1) 相匹配的资产与负债。这类资产与负债期限相同，利差事先确定。

(2) 利率敏感性资产和负债，其利率随市场利率的变化而变化，因而其价值也相应改变，如浮动利率的存贷款、商业银行持有的投资资产等。

(3) 利率非敏感性资产与负债，它们在相对较长的时间之内利率都维持不变，如固定利率的存贷款、长期投资、次级债券等。

缺口管理就是在对利率的变动趋势进行把握的基础上，通过有意识地保持某种缺口状态，使商业银行的利差最大化，或者是保持净利差的基本稳定。其基本的做法是根据利率变动趋势来改变缺口的状态及其大小。如果预测到未来的利率将上升，就决定保持正缺口，即一方面通过增加利率敏感性资产，或者减少利率敏感性负债，抑或是两者相结合共同使用。另一方面，尽可能地减少固定利率资产，增加固定利率负债，同时，注意延长盈利性资产的期限，相应缩短负债的期限，以图重新进行利率定价。采取这样两种办法来扩大缺口，最终将使银行的净利息收入最大。如果预测到利率将下降，则决定在未来维持负缺口状态，并采取与利率上升时相反的资产负债结构调节措施，最终将会使商业银行的资金成本下降，净利息收入增加。如果对未来利率的预测难以把握，或者未来的利率变动频繁，起伏不定，则决定固守零缺口状态，使利率敏感性资产与敏感性负债、利率非敏感性资产和负债在数量和期限上尽可能保持一致，作了这样的一些调整，则无论市场利率如何变动，商业银行最终都将获得基本稳定不变的净利息收入。

（二）单一业务活动利率风险控制

单一业务活动利率风险控制有两种基本控制类型，一种是直接控制，另一种是间接控制。

1. 单一业务活动利率风险直接控制

单一业务活动利率风险直接控制，就是商业银行在对利率的变化趋势比较有把握的情况下，通过直接的利率定价措施来控制利率风险。实际上就是通过恰当的利率确定来规避利率风险，并试图获取利率变动的好处。其基本的原则是：当预测未来的利率上升时，在贷款业务中，尽可能地以浮动利率方式来对贷款进行定价，在投资业务中也尽可能选取浮动收益的证券作为购买对象，这样的定价，将使银行在利率上升中资产收益随之增加，而负债成本支出则保持基本不变；而在负债业务中，则注意扩大固定利率存款的增长，缩小或控制浮动利率存款的规模。当预测未来的利率下降时，就采取相反的定价策略。

2. 单一业务活动利率风险间接控制

单一业务活动利率风险间接控制，就是在某一方面或某一笔业务活动之中或者之后，采取一定的附加性措施控制利率风险对银行损益的影响。其本质是利用衍生金融工具对银行的利率风险头寸进行套期保值交易。常用的这类金融工具有：远期利率协议、利率期货、利率期权、利率互换等。

（1）远期利率协议。

远期利率协议是一种在场外交易的利率远期合同，规定在将来某一特定时期，由交易的一方按照规定的货币、金额、期限、利率等条件向另一方支付利息。远期利率协议通过预先固定远期利率水平的方式来防范利率波动，在利率风险管理中有着广泛的应用。通过买进远期利率协议，借款人可以规避因利率上升而导致成本增加的风险；通过卖出远期利率协议，投资人可以规避因利率下降而导致收益减少的风险。举例如下：

2013 年 4 月 1 日，某投资机构预计 3 个月后将有一笔金额为 500 万元的资金流入，可使用期限为 6 个月，准备存入银行。为了避免在接下来的 3 个月中利率下跌，该机构向 A 银行卖出一份期限为 3 个月、金额为 500 万元，协定利率为 7.5%的远期利率协议。

7 月 1 日，如果市场利率真的出现下降，如降至 6.8%，则该机构将从 A 银行那里获取市场利率与协议利率之间的差额，可算出本例中的差额为 16 924.56 元，假如该机构又将此差额与收到的 500 万元资金一起按 6.8%的利率存入银行。那么，由于本金的增加会带来利息收入的增加，等到存款到期时，该机构的实际收益仍可达 7.5%。

当然，如果市场利率上升，该机构则需要向 A 银行支付相应的差额。这说明，通过卖出远期利率协议，投资者可以将其投资的实际收益率锁定在协议利率这一水平，无论利率如何变动，都能保持获取协议利率水平所规定的收益。

（2）利率期货交易。

利率期货是金融期货的一种。金融期货交易是一种合约行为，根据合约，合约的一方同意在将来的某一天以事先确定的价格，将一定数量的基础金融工具出售给缔结合约的另一方或者从另一方将其买进。实际上就是以合约的方式锁定金融交易价格，以期避免价格变动对合约方造成损失。金融期货交易具有如下明显特征：一是期货合约均在交易所进行，交易双方不直接接触，而是各自与交易所的清算部或专门的清算公司进行结算。二是期货合约的买方或卖方可在交割期之前采取对冲交易来结束其期货头寸，而无须进行最后的实际交易。这相当于买方可把原来买进的期货卖掉，卖方可以把原来卖出的期货买回，这就克服了远期交易流动性差的问题。三是期货交易是每天进行结算的，而不是到期一次性进行的，买卖双方在交易之前都必须在经纪公司开立专门的保证金账户。利率期货就是以利率作为期货合约标的的金融期货合约。

利率期货之所以用来控制利率风险，是因为金融期货的价格走向和利率变动的方向相反，通过在期货市场上买卖金融期货合约，银行能够避免利率变动的损失。比如，当市场利率上升时，原有贷款和债券的价格就会下跌，这使得基于这些金融工具的价格也发生下跌。因此，如果银行要避免利率上升的风险，可以卖出金融期货；同样，如果银行要避免利率下跌的风险，可以考虑买入金融期货。银行在利用金融期货控制风险时，一般要有相应的现货头寸，才能在应该买入或卖出时应对自如。

（3）利率期权交易。

期权是一种能够在未来时间内以特定价格买进或卖出一定数量的某种特定商品的权利，利率期权则是以各种利率相关性商品或利率期货合约为标的物的期权交易形式。利率期权为银行提供了另一种控制利率风险的工具。其主要优点是，如果期权所有人认为执行该项交易对他自己有利，可以履行，否则可放弃。当然，由于购买期权需要付费，只有存在相当大的有利的价格波动，银行才能获得利益。

期权有两种。一种是买入期权，即期权买方可以按确定的价格在一定时期内从卖方购进一定数额的某种资产。另一种是卖出期权，即卖出期权的买方有权按确定的价格在一定时期内向期权卖方出售一定数额的资产。具体又有美式期权和欧式期权之分。美式期权的买方可以在期权期限内的任何一天要求行使权利，而欧式期权的买方则必须等到期权到期日的当天才能要求卖方实施，所以美式期权的买方有可能在价格最有利的时候要求实施期权赋予的买卖金融资产或其他资产的权利。相对于欧式期权，美式期权的买方有更大的灵活性。

由于利率期权是在未来一定时间内以确定价格买卖某种证券的权利，当利率上升，证券的价格下降时，卖出期权的拥有者变得有利可图，而买入期权的拥有者将会放弃此权利；如果利率下降、证券的市场价格上升，则买入期权的拥有者或以确定的价格买入期权规定的金融资产，或者卖掉买入期权获利了结，而卖出期权将不会被执行。所以银行既可以购买买入期权或卖出期权来控制利率风险，也可以用出售买入期权或卖出期权来获取期权费用，以此来弥补可能发生的利率风险损失。举例如下：

假设某银行有一笔 100 万元的债券将在 3 个月后到期，资金收回后拟发放期限为 6 个月的贷款，目前市场利率为 5%。这样，该银行就面临着 3 个月后贷款利率可能下降的风险。经过分析，该行认为目前利率走势很不确定，既存在下降的可能，也存在着上升的可能，据此，决定利用利率期权来规避利率下降的风险。

该行可以买入100万元、有效期限为3个月的欧式期权，执行价格为5%，期权费为0.3%。3个月后，如果市场利率跌至5%以下，银行执行期权，获得差额补偿；如果市场利率升值5%以上，银行就放弃执行该期权，直接获得利率上升的收益。获取该收益的成本仅限于期权费的支出。

（4）利率互换交易。

利率互换是一种合约，合约双方承诺在一定期限内进行款项支付的交换。利率互换可以通过将浮动利率转换为固定利率，或者将固定利率转换为浮动利率，来改变金融工具的利率风险可能的承担者，或者实现不同利率风险与收益的对冲。利率互换一般只涉及利息的支付，而对本金或名义支付额不产生影响。实质上，合约双方一般进行净额支付，即只支付两种利率的差额。利率互换一般需要中介人的参与。中介人可以是商业银行、投资银行或其他金融机构。为此，互换的双方要支付一定比例的佣金给中介人。

利率互换对利率风险的控制，实际上是通过互换来改变资金缺口或持续期缺口而实现的。比如，如果A银行有浮动利率的短期资产和固定利率的长期负债，而B银行则有固定利率的长期资产和浮动利率的短期负债，那么，A银行将面临利率下跌可能产生的风险损失，B银行则可能将遇到利率上升带来的风险威胁，而这两家银行对于未来利率的走势均没有把握。于是，通过订立合约，双方进行对等金额和期限的固定利率和浮动利率互换交易，则各自就会出现利率敏感性缺口基本匹配的格局，可能出现的利率风险也就被控制住了。当然，这种互换交易也可以在银行和企业之间进行。

案 例

奎克国民银行利率风险管理

20世纪80年代中期，美国明尼阿波利斯第一系统银行预测未来的利率水平将会下跌，于是购买了大量政府债券。1986年，利率水平如期下跌，从而带来不少的账面收益。但不幸的是，1987年和1988年利率水平却不断上扬，债券价格下跌，导致该行的损失高达5亿美元，最终不得不卖掉其总部大楼。

在残酷的事实面前，西方商业银行开始越来越重视对利率风险的研究与管理。而奎克国民银行在利率风险管理方面树立了一个成功的榜样。1983年，奎克国民银行的总资产为1.8亿美元。它在所服务的市场区域内有11家营业处，专职的管理人员和雇员有295名。1984年年初，马休·基尔宁被聘任为该行的执行副总裁。基尔宁设计了一种报表，是管理人员在进行资产负债管理决策时所使用的主要的财务报表，它是一个利率敏感性分析报表。基尔宁感觉到这种报表有助于监控和理解奎克银行风险头寸的能力。报表形式如下。

在资产方，银行有2 000万美元是对利率敏感的浮动利率型资产，其利率变动频繁，每年至少要变动一次；而8 000万美元的资产是固定利率型，其利率长期（至少1年以上）

保持不变。

在负债方，银行有5 000万美元的利率敏感型负债和5 000万美元的固定利率负债。

基尔宁分析后认为：如果利率提高了3个百分点，即利率水平从10%提高到13%，该银行的资产收益将增加60万美元（3%×2 000万美元浮动利率型资产=60万美元），而其对负债的支付则增加了150万美元（3%×5 000万美元浮动利率型负债=150万美元）。这样国民银行的利润减少了90万美元（60万美元－150万美元＝－90万美元）。反之，如果利率水平降低3个百分点，即从10%降为7%，则国民银行利润将增加90万美元。

基尔宁接下来分析了1984年当地和全国的经济前景，认为利率在未来12个月将会上升，且升幅将会超过3%。为了消除利率风险，基尔宁向国民银行资产负债管理委员会做报告，建议将其3 000万美元的固定利率型资产转换为3 000万美元的浮动利率型资产。奎克国民银行资产负债管理委员会同意了基尔宁的建议。

这时，有家社区银行拥有3 000万美元固定利率负债和3 000万美元浮动利率资产，愿意将其3 000万美元的浮动利率资产转换成3 000万美元的固定利率资产。于是两家银行经过磋商，很快达成协议，进行资产互换。

正如基尔宁预测的，1984年美国利率持续上升，升幅达到4%，国民银行因此项资产互换减少了120万美元的损失，基尔宁也成为奎克国民银行的明星经理。

第三节 汇率风险管理

一、汇率风险识别

汇率亦称外汇行市或汇价，是一国货币兑换另一国货币的比率，是以一种货币表示另一种货币的价格。汇率风险产生的根本原因是汇率的波动，没有汇率的波动，就不会有汇率风险。影响汇率波动的最基本因素包括国际收支及外汇储备、利率、通货膨胀、政治局势等因素。

（一）汇率风险类型

商业银行汇率风险主要是由于汇率波动的时间差、地区差以及币种和期限结构不匹配等因素造成的。汇率波动带来的风险分为交易风险、折算风险和经济风险三种类型。

1. 交易风险

交易风险是指银行在对客户外汇买卖业务或在以外币进行贷款、投资以及随之进行的外汇兑换活动中，因汇率变动可能遭受的损失。比如，银行开展代客购汇业务，如果在得到客户订单与交割期间汇率发生异常变动，就可能给银行造成损失；银行的外汇存款和外汇贷款的币种头寸不匹配时，银行的汇率风险就会增加；外币存款期限与外币资金运用的期限不匹配时，也会导致汇率风险上升；银行在日常经营管理中需要保留一定量的未平盘头寸，也承担了汇率风险。交易风险主要发生在以下几种场合：商品劳务进口和出口交易中的风险；资本输入和输出的风险；外汇银行所持有的外汇头寸的风险。

由于外汇交易形式的不同，导致的交易风险也不同，主要有以下三种情形。

(1) 外币资金借贷风险。商业银行与客户之间需要进行外币资金的借贷，外币资金的借入或贷出致使银行外币资金的清偿存在一定的时滞，因此，商业银行作为债务人而言，当外币汇率在清偿日内上涨，债务人要蒙受多付本币或其他外币的经济损失；商业银行作为债权人而言，当外币汇率在清偿日内下跌，债权人要蒙受少收本币或其他外币的经济损失。举例如下：

某商业银行于2014年1月向一家客户提供了一笔金额为100万美元的贷款，年利率为10%，期限为1年，到期还本付息总额为110万美元。美元兑人民币的即期汇率在贷出日为1∶6.06，到清偿日下跌到1∶6.00。该商业银行根据具体需要若要兑出110万美元，根据贷出日的即期汇率测算，可以兑换666.6万元人民币，而根据清偿日的即期汇率进行实际兑换，则只能兑换660万元人民币，从而该商业银行蒙受了6.6万元人民币的经济损失。

(2) 外汇买卖交易风险。商业银行在外汇买卖过程中会存在外汇的空头头寸或多头头寸，对于空头外汇头寸，汇率在外汇头寸轧平日内如果上涨，就会使银行在轧平空头时蒙受多付本币的损失；对于多头外汇头寸，其汇率在外汇头寸轧平日内如果下跌，就会使银行在轧平多头时蒙受少收本币的损失。举例如下：

某商业银行某年的6月1日，在某外汇市场上，按美元兑欧元的6个月远期汇率1∶0.9，买入500万美元的远期外汇，并同时卖出300万美元的6个月远期外汇，从而出现200万美元的6个月远期外汇头寸多头。按照该多头计算，该商业银行要抛出多头的200万美元的6个月远期外汇，到期交割时可以收入180万欧元。不料，当该商业银行要实际抛出多头的200万美元的6个月远期外汇时，美元兑欧元的6个月远期汇率下跌到1∶0.85，则该商业银行按此汇率将多头的200万美元的6个月远期外汇抛出，到期交割时实际仅能收到170万欧元，从而蒙受少收10万欧元的经济损失。

(3) 外汇衍生品买卖的交易风险。商业银行在从事外币期货或外币期权买卖时，需要进行本币与外币之间的相互兑换，若外币汇率在外币期货或外币期权的建仓日至平仓日内有上涨或下跌，商业银行将蒙受多付本币或少收本币的经济损失。

2. 折算风险

折算风险是指由于汇率变动而引起商业银行资产负债表某些外汇项目金额变动的风险，这是一种存量风险。一般来说，各个国家都要求商业银行以本国货币为单位编制汇总财务会计报表，而不能在报表中使用几种不同的货币单位。对于商业银行来说，当一笔外汇资金入账时和会计核算时的汇率有变化，银行就有可能产生账面损失。入账时的汇率与会计折算时的汇率不同，就会改变商业银行资产和负债价值以及净资产、净收益与现金流量，使商业银行产生会计折算风险。

例如，由于受到人民币汇率波动的影响，银行的外汇资本金折算成人民币资本数额也会发生变动。如果人民币出现较大幅度升值，则商业银行的总资本金数额可能会发生较大缩水，这对商业银行的资本充足率水平和经营绩效无疑会产生不利影响。

3. 经济风险

经济风险又称经营风险，是指由于汇率非预期变动引起商业银行未来现金流量变化的可能性，它将直接影响商业银行整体价值的变动。汇率变动可能引起利率、价格、进出口、市场总需求等经济情况的变化，这些又将直接或间接地对银行的资产负债规模、结构、结售汇、国际结算业务量等产生影响。例如：本币汇率上升时，国内出口下降，收汇减少；进口增长，对外付汇增加；外资外债流入减少，对外投资则可能扩大。从本质上说，经济风险代表了企业未来竞争力的可能变化。具体地，汇率的变动通过对生产成本、销售价格以及产销数量的影响，使企业最终收益发生变化。因此，经济风险对企业经营业绩的影响要比交易风险及会计风险大得多，这种影响是长期的，而另外两种对企业的影响只是一次性的。

意料之内的汇率变动不包括在经济风险的界定中。因为企业在经营决策时，已经把意料到的汇率变动对未来收益的影响考虑了进去，这种意料到的影响并不构成风险。所以，经济风险很大程度上取决于企业的预测能力，预测的准确程度将直接影响该企业在融资、销售与生产方面的战略决策，从而影响企业承担的经济风险程度。

对从事国际业务的商业银行来讲，如果保有外汇储备头寸，那么，除上述的三种风险之外，则可能还会存在外汇储备风险。外汇储备风险是指外汇储备所有者或投资人在持有、经营储备资产过程中，因偶发性、不完全确定性以及其他各种因素所引起的收益的不确定性和储备资产损失的可能性。作为一国持有的特殊金融资产，外汇储备即面临金融资产普遍面临的一般金融风险。而国家外汇储备风险是指一国所有的外汇储备因储备货币贬值而带来的风险，主要包括国家外汇库存风险和国家外汇储备投资风险。

（二）汇率风险特征

1. 汇率风险结果的不确定性

汇率风险的额度可以确定，属于比较容易量化的风险，它对某一单一经济活动的影响可以直观地表现出来，但其结果在本质上具有不确定性。汇率风险的发生，既可能给经济主体带来风险损失，也可能带来风险收益。作为风险损失来讲，相对于外汇持有者或关系人，有的是实际损失，是以某种货币计量的一定价值量的损失；有的是评价损失，并非有一定量的价值量丧失，而只是以一种货币计量的账面资产换成另一种货币计量发生的短缺。

2. 汇率风险既具有必然性，又具有偶然性

汇率风险具有必然性，是指风险是不可避免的，因为汇率风险起因于汇率的变动，而汇率的变动是经常发生的。汇率风险具有偶然性，则是指汇率风险既可能发生，又可能不发生；既可能在此时发生，又可能在彼时发生。当然，偶然性是相对的、有条件的，并不居于支配地位。

二、汇率风险评估

（一）交易风险的评估

银行承担的外汇风险主要是外汇交易买卖风险。银行在外汇市场上进行外汇买卖，一种是代客进行外汇买卖，充当中介，赚取买卖价差和手续费收入；另一种是银行的自行外汇买卖。无论是出于何种目的进行买卖，银行在某种货币上的买进和卖出很可能出现金额和期限的不匹配，持有该种货币的多头或空头头寸。这种敞口头寸，就是受险部分，会受到汇率波动的影响。

原则上，银行应当每天轧平所有的缺口头寸，避免不必要的外汇风险，保证赚取无风险的买卖价差收入。但是银行每日的外汇交易非常频繁，买卖的货币种类和期限非常多，轧平所有头寸不但要承担大量的交易成本，在现实中也难以实现。因此，在银行的经营管理实务中，通常的做法是限定风险的大小，把风险控制在可承担的范围之内。常用的限额管理包括缺口头寸限额、盈亏限额等。这些管理方法都是建立在相应的风险评估方式基础之上的。缺口限额管理是其中最简单的一种方法。为了管理外汇缺口头寸，银行建立了外汇交易记录表，按照每种货币合约到期日记录每笔交易的外汇流量，这些头寸按币种和期限列示。如果在每一个到期日，所有货币的外汇交易记录表上，买卖金额正好相等，不管汇率发生什么变化，银行没有任何资金损失，不存在汇率风险。如果某一种货币的交易记录表中存在着金额或者期限的不匹配，银行就承担了外汇风险。为了控制缺口头寸的汇率风险，银行要制定对应每种货币各个时期的缺口限额，当缺口超过限额时，交易员必须在外汇市场上将多余的头寸对冲掉。

（二）经济风险的评估

经济风险是指意料之外的汇率变动可能引起企业未来一定期间盈利能力与现金流量变化的一种潜在风险。经济风险对企业的影响是长期的，而且是复杂而多层面的。因此，对经济风险的评估与管理需要采用整体和系统的方法。此外，企业还需要正确预测汇率变动的时间、方向和幅度，在这样的基础之上，企业才能正确估计这种变动对生产成本、产品价格以及销售数量的影响，进而评估企业可能遭受的损失。对汇率变动引起的收益和成本的敏感性分析和回归分析是评价经济风险的常用方法。

（三）会计风险的评估

由于企业的外币资产、负债、收益和支出等，都需要按照一定的会计准则将其折算为本国货币来表示，在折算过程中必然会暴露出货币汇率变动带来的风险。从另一个角度来看，并不是会计折算给企业带来了外汇风险，而是各国通过制定有关外币折算的会计准则，要求企业将潜在的外汇风险反映在其会计报表中，使会计报表的使用者能够更全面、准确地了解企业的经营绩效和财务状况。所以，外币折算的会计方法本身就是评估企业会计风险的方法。各国的外币折算制度和管理有所不同，从而计算出的会计风险也会有所差异。

三、汇率风险控制

商业银行在从事国际业务活动过程中，产生和存在外汇风险暴露在所难免。外汇和外汇风险暴露并不可怕，它也不等于一定会给商业银行带来损失。只要商业银行利用有效的措施进行控制，就可以避免或淡化风险损失。这项工作无疑是商业银行外汇风险管理的核心，也是风险管理的最终落脚点。总体来讲，要有效地进行外汇风险控制，必须从两个层面着手：一是加强制度性建设，实施基础性的控制措施；二是在此基础上，针对具体的业务活动、采取具体的控制措施。

（一）控制汇率风险的基础性措施

这一控制措施就是通过有关规章、制度的制定，来规范商业银行的国际业务活动及其风险管理行为，控制外汇和外汇风险暴露程度，使可能发生和存在的外汇风险及风险损失掌握在银行自身可以承受的限度内。

（二）控制汇率风险的具体做法

在不同类型的业务中应采用不同的措施来控制汇率风险，即便是在同一种业务中，不同的时期、不同的情况之下采用和适用的措施也不同。比如：选择有利的计价结算货币、在订立交易合同时在合同条款中加列保值条款、进行现汇交易、借款与投资、远期外汇交易、货币期货交易、货币期权交易、货币和利率互换交易等措施。举例如下：

假设某商业银行以美元为单位进行外币资产管理。当日该银行向其客户发放 1 000 万英镑的短期贷款，预计 3 个月收回，贷款发放当日汇率为 1 英镑＝2.0 美元。商业银行研究部门预测，3 个月后美元可能会升值到 1 英镑＝1.8 美元。基于此分析预测，商业银行可以采取最简单、最直接的风险对冲交易是，在贷款发放的当日，在外汇期货市场卖出价值 1 000 万英镑的期货合约，汇率为 1 英镑＝1.9 美元。

当商业银行到期收回贷款时，如果美元汇率确如预测升值到 1 英镑＝1.9 美元甚至更高，则通过期货交易可以减少汇率风险造成的损失；如果到期美元汇率不升反降，则可以利用英镑升值而获取的美元账面收益抵补卖出英镑期货合约造成的损失，将汇率风险控制在一定范围之内。

对于汇率风险，商业银行应该充分发挥其中介作用，利用衍生工具为自己和其他经济主体提供规避风险的产品和服务。开办衍生产品交易业务对我国商业银行意义重大，它不仅为商业银行的外汇资产和负债提供了规避风险的管理工具和手段，更重要的是为中资银行转变增长方式、扩大中间业务收入提供了新的业务增长点。目前，我国银行对此项业务的认识水平和运用能力较弱，因此，要加强培养金融衍生产品交易业务的经营管理能力，提高防范和控制金融衍生产品风险的水平和能力，应对人民币汇率改革进程中的汇率风险。面对汇率风险，商业银行应该切实转变传统的思维定式，积极打造新的盈利空间，针对不同的客户需求，适时推出新的外汇理财产品，有效规避和控制汇率风险。在浮动汇率时代，我国商业银行必须改变传统体制下的思路，以市场化的方式来应对汇率的变化。商业银行要积极创造外汇理财新市场，如充分发挥人民币外汇交易做市商的优势，利用海外机构网络，加速银行的国际化进程。在积极引导客户增强对人民币汇率机制认识的基础上，加快业务创新，为客户提供相应的避险、保值、高附加值的产品和服务。积极开发风险管理的产品、风险对冲的产品以及投资产品，综合运用利率、汇率等价值互动的机理，分别对进出口企业采取不同的定价政策。加强对汇率风险管理的研究和实践，密切关注汇率走势，有效控制汇率风险敞口，尽量规避汇率价格波动造成的汇率风险。

本章小结

商业银行市场风险管理	商业银行市场风险管理概述	商业银行市场风险管理	商业银行市场风险管理是指商业银行用于管理、监测、控制市场风险的一整套政策和程序，其目的是通过识别、分析、计量、监测和控制银行所面临的市场风险，实现银行承担的市场风险规模与结构的优化以及风险与回报的平衡。
		商业银行市场风险管理体系	市场风险管理体系包括董事会和高级管理层的有效监控；完善的市场风险管理政策和程序；完善的市场风险识别、计量、监测和控制程序；完善的内部控制和独立的外部审计；适当的市场风险资本分配机制。
		商业银行市场风险管理流程	市场风险识别、市场风险计量、市场风险控制、市场风险报告。
	利率风险管理	利率风险识别	利率风险按照来源的不同，可以分为重新定价风险、收益率曲线风险、基准风险和期权性风险。 商业银行利率风险运动的特点主要有：不确定性、频繁性、隐蔽性、转嫁性、差异性。
		利率风险评估	随着计算机技术的不断进步，在商业银行利率风险的测量方法上相继出现了资产负债缺口管理、持续期缺口管理、动态模拟分析技术，同时，风险价值测度技术也逐渐成为精确预测利率风险的有力手段。
		利率风险控制	利率风险的控制有两个层面：综合利率风险控制和单一业务活动利率风险控制。
	汇率风险管理	汇率风险识别	汇率波动带来的风险分为交易风险、折算风险和经济风险三种类型。
		汇率风险评估	对汇率风险的评估可以分为对交易风险的评估、对会计风险的评估和对经济风险的评估。
		汇率风险控制	要有效地进行外汇风险控制，必须从两个层面着手：一是加强制度性建设，实施基础性的控制措施；二是针对具体的业务活动、采取具体的控制措施。

第六章　法律风险管理

案例导入

因涉嫌操纵伦敦银行间同业拆借利率（LIBOR），英国巴克莱银行面临美英两国监管机构多份罚单，总额超过 4.5 亿美元。

美国商品期货交易委员会 27 日发布声明，认定巴克莱银行人员 2005～2009 年试图操纵伦敦银行间同业拆借利率，向市场掩盖银行经营困境。声明说：巴克莱银行高级管理人员和一些交易员人为抬高或降低利率估值，试图利用利率定价机制，增加衍生品交易的利润或降低损失。

伦敦银行间同业拆借利率以各银行每天提交的估值为基础设定，能够显示银行间互相放贷的意愿，是检验全球金融体系健康状况的关键指标。全球大约 360 万亿美元的金融产品参照这一利率。

商品期货交易委员会公开巴克莱银行一些交易员和报价员的电子邮件。路透社援引这些电子邮件的内容报道，一些状况下，巴克莱银行的报价员设定日期提醒，一早打算在特定日期提交偏低的估价；一些状况下，报价员受交易员“拜托”动手脚。巴克莱银行一名美国纽约交易员 2007 年 5 月发给英国伦敦报价员的邮件显示：“请你明天继续把利率维持在 5.36……”

商品期货交易委员会决定对巴克莱银行罚款两亿美元，是这一金融监管机构成立至今开具的最大罚单。美国司法部和英国金融管理局分别对这家英国银行罚款 1.6 亿美元和 9 280 万美元。商品期货交易委员会主席盖里·根斯勒说，银行不得出于维持声誉或谋取利润的考虑，试图影响伦敦银行间同业拆借利率或其他基准利率。

巴克莱银行同意采取严格监管措施，杜绝交易员干预利率报价。首席执行官鲍勃·戴蒙德致歉，说他与首席财务官克里斯·卢卡斯、首席运营官杰里·德尔米西耶和分管集团投资银行业务的里什·里奇放弃本年度奖金。巴克莱银行同意交罚金并不意味着事情了结。美国司法部着手刑事调查，而加拿大监管机构也启动了调查。

美国、英国、瑞士和日本等国监管机构早已“盯上”一些大型银行涉嫌操纵伦敦银行间同业拆借利率的行为。美国司法部今年 3 月披露，执法人员过去一年多一直留意一些银行，包括花旗银行、汇丰银行、苏格兰皇家银行和瑞士银行。

那么，银行在业务经营过程中如何管理法律风险呢？

学习目标

了解商业银行法律风险的含义。

理解法律风险的产生原因。

掌握法律风险识别的方法，掌握法律风险组织和管理程序，掌握加强我国商业银行法律风险防控的措施。

第一节　法律风险识别

一、法律风险特征

商业银行的法律风险是指商业银行经营过程中由于法律因素导致损失的可能性，包括法律的内在缺陷、商业银行基于错误的法律理解或法律适用而实施的商业行为、监管机构的不当法律执行等因素导致商业银行遭受诉讼、制裁或其他不利后果的可能性。熟悉并准确剖析法律风险的特征，才能针对风险管理的不足，有针对性地采取措施，实现法律风险的影响管理和控制。法律风险是商业银行面临的一种特殊的风险，其特殊性主要表现在以下几个方面：

（1）相对于商业银行面临的其他风险来说，法律风险不是一线风险，其发生具有隐蔽性。法律所规定的行为模式包括三种，即可为模式、勿为模式和应为模式。商业银行法律风险的发生，大都集中在违反了勿为模式的禁止性规定和应为模式的强制性规定方面。在日常经营管理中，具体的业务处理或管理行为违反法律的相关规定并不都是即时产生法律风险，大都是在交易行为的后续管理阶段或对方当事人主张自己的权利的时候才发生，所以，发生的时候往往已错过弥补问题的最佳时间。

（2）法律风险的产生具有或然性。商业银行在经营管理活动中，违反了勿为模式的禁止性规定和应为模式的强制性规定会造成很大的法律隐患，但并非所有的法律隐患都会转化成法律风险。如贷款担保手续虽不完善，但借款人按时偿还了本金和利息，则法律隐患就归于消灭，不会成为法律风险；又如劳动关系中，商业银行解除和员工的劳动关系，但没有按照法律规定保障劳动者应享有的权利，但劳动者不进行主张，也就不会产生法律风险。

（3）法律风险涉及范围广，几乎覆盖了商业银行所有的经营管理活动。商业银行开展各种业务、进行各类交易、采购物品、建设基础设施、劳动用工等都要受相关的民商法、经济法、国际经济法等法律部门的调整，这一点是由商业银行作为民事活动的主体和法律的特性所决定的。

（4）法律风险的防范和化解具有专业性。法律是一门专业性非常强的社会科学，只有接受过系统专业的法律学习、有丰富法律实务经验并且熟悉商业银行业务的人，才能较好地揭示、防范和化解商业银行的法律风险。

（5）法律风险发生后的效果是商业银行承担相应的法律责任，这些责任包括民事责任、行政责任和刑事责任。

案例

银行卡密码被破译

一天早上，刘女士在去公司上班的途中，随身携带的钱包不慎丢失，钱包内装有银行信用卡，还有自己的身份证。刘女士急忙赶到银行的客户服务部申请挂失，9 时 14 分开始挂失，9 时 30 分 06 秒挂失成功。然而就在这个时间，非法持卡人已经在商场消费了 2 万 9 千余元。

刘女士认为钱是在挂失成功后被划走的，自己的损失完全是因为银行的过错造成的，故起诉到法院要求银行赔偿自己的存款损失，以及误工费、差旅费共计 3 万余元。一审法院判决银行赔偿刘女士经济损失 2 万余元，刘女士自己也需要承担部分损失。判决后，银行不服，提起上诉。

二审法院经过审理查明，刘女士成功挂失时间为该日上午 9 时 30 分 06 秒，而非法持卡人消费时间为 9 时 28 分 56 秒。由此看来，非法持卡人消费发生在刘女士挂失成功前，这笔将近 3 万元的损失要由刘女士自己来承担。

刘女士将自己的银行卡和身份证一同放在钱包里丢失了，而刘女士银行卡的密码正是其身份证上自己的生日号码。由于刘女士使用了易被破译的密码，且没妥善保管密码，导致自己遭受了损失。凡是使用密码进行交易的，银行均视为刘女士本人所为，所发生的刷卡费用，也应由刘女士自己承担。但银行在储蓄卡领用合约中，未对挂失时间给予充分说明，没有尽到对合约相对方必要的提示义务，也应该对刘女士的损失承担一定的赔偿责任。

最终，二审法院终审判决，银行赔偿刘女士损失 2 000 元，驳回刘女士的其他诉讼请求。

该案例告诉我们，银行一定要保护好相关证据，一定要进行专业化处理，否则可能会承担败诉的后果。

二、商业银行法律风险产生的原因

引发商业银行法律风险产生的因素是多元的，根本在于法律、金融与风险之间的互动关系，具体源于法律的内在缺陷、商业银行基于错误的法律理解或适用而实施的商业行为、监管机构的不当法律执行等因素。

（一）法律、金融与风险之间的互动

金融作为一种超越血缘的非人格化的风险管理形式，向市场中不特定的参与者提供信贷、保险、证券、基金等金融产品，在更广泛的群体间转移和分散风险，其风险管理更加大众化、更加有效。风险管理已经成为现代金融的核心功能。法律、金融与风险之间的互

动关系主要体现在"风险的制度化"和"制度化的风险"上，一方面，法律和金融是规制、管理风险的制度选择和安排，制度化的方式可以有效弥补个人管理风险的不足；另一方面，法律和金融在管理风险的过程中，可能制造出新的风险，衍生由制度伴生的"制度化的风险"。在全球风险社会的大背景下，一个经济社会能否最有效地配置资源，在很大程度上取决于其金融制度的风险管理能力。但是，由于这种市场化的风险管理形式脱离了"熟人社会"的网络，以声誉等为基础的非正式契约执行机制难以起作用，而法律作为外部的、正式的、非人格化的契约执行机制对金融市场的运行至关重要，因此现代金融与现代法律制度相伴随行。围绕法律与金融的关系，1998 年，来自美国哈佛大学和芝加哥大学的拉波塔、洛佩兹·西拉内斯、安德烈·施莱弗和罗伯特·维什尼四位学者发表了《法和金融》一文，开创了法和金融学。根据他们的观点，不同的法系渊源由于对投资者保护程度的不同，导致不同法系国家在金融发展程度上的差异。虽然法律作为社会控制的工具可以保护投资者、规制金融市场中的风险，对金融发展起到推动作用，但法律风险也是金融市场中重要的风险类型。这不仅源于法律规制风险过程中产生的"制度化的风险"，还因应了金融对"去管制化"的内在驱动——当外在市场力量和市场机制与金融机构内在要求相结合，寻求规避各种金融控制和规章制度时就会产生金融创新。但是，当金融创新危及金融稳定和货币政策不能按预定目标实施时，政府又会加强管制。这样，金融市场再为规避管制而不断创新。管制与规避之间不断因应而动，导致市场风险与法律风险相互转化和升级。可见，风险既是法律和金融的出发点，也是法律和金融的目的地。法律风险正是这一因果链中的重要环节，是法律、金融与风险之间互动的产物。

（二）法律的内在缺陷

法律的内在缺陷是指法律的不确定性和不完备性。法律的确定性是相对的，而法律的不确定性是绝对的。模糊性以及因模糊性而产生的不确定性是法律的基本特征。法律的确定性之所以受到置疑，是因为法律的确定性是建立在普遍性、抽象性基础之上的，往往缺乏对具体的、特殊的或偶然发生的事件的关注。随着美国现实主义法学的兴起，法律的确定性被认为是"基本的法律神话"。法律的不确定性表现为法律渊源、法律规范、法律解释、法律推理等方面的不确定性。不同的法系、同一法系内不同的法律部门会有不同的法律渊源，不同法律渊源的选择又会产生不同的立法；法律规范由于存在大量的"空缺结构"或"不完全法条"，从而呈现出不确定性，作为弥补其空缺结构的法律原则本身就是概括的、模糊的；法律解释可以对法律规范中不明确的内容进行阐释，但不同的法律解释主体（立法者、法官、学者等）在不同的环境下会对法律规范作出截然不同的解释；同样，不同的法官采用不同的推理方式（演绎推理或归纳推理）也会得出不同结论；另外，法律还可能会受到政策等因素的影响而发生不可预见的变化。法律的内在缺陷还包括法律的不完备性。受美国学者哈特的不完备合同理论启发，法律的不完备性理论认为，如果法律不能对所有可能的损害行为作出准确无误的规定，不能让每一个公众和法官对法律有着相同的认识和预期，就是不完备的。法律的不完备性源于其所面对的社会环境的动态变化，金融市场也是如此。随着金融自由化、金融创新和金融全球化的发展，金融市场日新月异，而规范金融市场的法律往往难以对所有可能的现实问题作出密而不漏的规定，这就不免产生法律空白、模糊或滞后，导致法律预期与金融市场现实之间的不匹配。这也是金融法相对于民法、刑法、行政法等传统法律部门更加不确定和不完备的重要原因。总之，法律的不确定性和不完备性的内在缺陷，以及由此导致的法律难以准确理解和执行，构成了商业银行经营过程中重要的法律风险来源。

（三）商业银行基于错误的法律理解或适用而实施的商业行为

一旦缺乏必要的法律风险意识和控制机制，商业银行往往直到法律风险真正发生时才能意识到它的存在。更为普遍的是，商业银行在追逐利润和规模扩张的过程中“理性”地选择了漠视法律风险。这导致了法律风险管理一直是各国商业银行风险管理中的薄弱环节。

1. 商业银行的过度金融创新

金融创新是商业银行获得持续、快速发展的动力源泉。在金融自由化和混业经营的背景下，商业银行已不再满足于传统的吸收存款、发放贷款、办理结算等业务，而是更多地参与金融衍生品的交易。借助证券化的手段，商业银行在金融市场中交易抵押贷款支持证券（ABS）、担保债务凭证（CDO）和信用违约互换（CDS）等金融衍生品，从而将手中持有的贷款迅速转化为新的流动性，以支撑其业务增长的需要。在这一过程中，商业银行为了规避监管，创造性地采用业务表外化的方式，将非核心的业务“外包”给第三方机构经营。金融创新在为商业银行提供更大的风险分散平台的同时，也增加了商业银行风险特别是法律风险的复杂性。这些风险的复杂性表现在：

第一，金融衍生品的交易运作方式、法律关系和交易主体的复杂性，使金融衍生品交易的市场风险极易转化为法律风险。“中航油”和“中信泰富”事件就是例子。

第二，金融衍生品的复杂性，使商业银行与金融消费者之间形成巨大的信息不对称。作为金融创新的产物，金融衍生品不同于一般商品，在很大程度上是法律的创造物，其存在和价值依赖于法律的支撑。当商业银行违反信息披露义务，对金融消费者疏于提供必要的风险信息、刻意隐瞒信息或提供虚假信息时，就会侵犯金融消费者权益，由此可能引发金融消费者对商业银行提起集团诉讼的法律风险。“当法律风险威胁到银行所拥有的无形财产的有效性，或者使银行面临巨额索赔时，法律风险对银行来说就类似于机械风险之于飞机制造者，维修风险之于铁路运营商，或者火灾和地震风险之于价值巨大的不动产所有人。”

第三，商业银行的表外业务存在法律风险。商业银行试图通过“外包”转移、隔离风险，但这并不能完全消除其责任。

2. 商业银行的业务全球化

金融全球化促进了商业银行的业务全球化，尤其是大型商业银行通过跨境交易或者在国外设立分支机构开展跨境业务，以借助交易对手的多元、业务范围的扩张以及全球市场的资源配置和空间套利以赚取利润。风险全球化和金融全球化如影随形。商业银行可以运行于一体化的全球金融市场，却不可能运行于一体化的全球法律体系。这种法律的地域性差异潜藏了商业银行跨境经营的法律风险。东道国和母国的法律规定、司法体系和法律执行力度上的差异可能会导致交易无效或无法得到执行，商业银行的财产得不到有效保护，或者使商业银行陷入不可预知的诉讼和制裁中。拉波塔等四位学者在对全球 49 个国家投资者保护的法律规定及其执行质量进行评估后，认为普通法系国家相对于大陆法系国家更倾向于保护投资者。这也意味着商业银行在不同法律渊源的国家可能会面临不同程度的法律风险。

3. 商业银行的董事、高管等雇员的不当行为

由于利益冲突的存在，商业银行的董事、高管等雇员可能会追逐自身利益而置银行风险于不顾，其因疏忽或者故意违反银行业监管、公司治理以及其他法律规定将给银行招致风险。由于董事、高管等雇员执行银行事务的后果因代理关系而归属于银行，他们的不当行为将使银行遭受民事诉讼、行政处罚甚至刑事制裁的法律风险。

（四）监管机构的不当法律执行

监管风险是商业银行法律风险的重要表现形式，它是由于金融机构违反监管规定，或监管规则过于复杂，或监管规则不明确而导致被限制正常经营、处以罚金或者刑事制裁的风险。监管机构的过度监管或监管不力都可能是商业银行产生法律风险的诱因。前者会直接导致商业银行在经营过程中面临监管处罚的法律风险，后者则是由于监管机构法律执行不力或者错误执行法律引起商业银行的法律风险。

（五）诉讼经济分析的失误

诉讼的经济分析涉及多方面的理论知识，分析的方法也有很多种，比较典型的是运用古典经济学的成本效益分析法，即在每一起诉讼前对其进行成本和效益进行衡量，然后决定是否进行诉讼。理论虽然简单，但实际操作起来很难把握尺度，因为在诉讼中的成本和效益并不是简单的数字，还涉及诉讼当事人的感情、价值判断等。因此局外人的分析与局内人的分析有可能不同。但是我们可以认为，所有的诉讼当事人都企图在诉讼中捞取实惠，否则他不会选择诉讼而会选择和解。由于我国司法制度的不完善和某些法官素质的低下，纠纷的当事人总是想获取合法利益之外的利益，这样就由法律之战演变成了人际关系之战。但是，人与人的关系不像人与法的关系那样容易掌握，因此，这里面也存在极大的风险。如果败诉，不仅仅要承担法律责任，比如支付赔偿或者受到罚款，还要支付诉讼费、律师费以及其他的鉴定费、差旅费等，更为重要的是要浪费大量的精力，还有可能在舆论上处于不利的地位，从而影响自身的信誉。目前，我国并没有建立完善的惩罚性赔偿制度，因此，即便受到侵权，所得的赔偿额也只是相当于自己的损失，并不会因此而增加利润。根据《中华人民共和国合同法》的规定：当事人一方不履行合同义务或者履行合同义务不符合约定，给对方造成损失的，损失赔偿额应当相当于因违约所造成的损失，包括合同履行后可以获得的利益，但不得超过违反合同一方订立合同时预见到或者应当预见到的因违反合同可能造成的损失。这是除《中华人民共和国消费者权益保护法》外，我国法律第一次规定因对方违约可以获得应得的利益，但应注意这一规定适用的前提是单方违约，并且该规定中的但书条款也限制了其适用范围。现实中经常是双方违约，因而能利用这一条的机会并不多。

案　例

福建男子骗南昌一银行600万承兑汇票案

福建男子骗取南昌一银行600万元承兑汇票，南昌警方跨省追捕将其抓获。

随着经济的发展，票据交易日渐频繁且交易金额越来越大，福建一名男子伪造公司虚假购销合同，在南昌一家银行骗取高达600万元的承兑汇票后进行兑付，造成银行损失约300余万元。记者从东湖公安分局经侦大队了解到，警方接到报案后短短10日便发现了嫌疑人藏匿之地，并成功将其抓获。

2012年10月22日，东湖分局经侦大队接到南昌一银行报案称遭人诈骗，损失达300余万元。据银行工作人员裴某介绍，2012年4月，一名叫缪某某的福建男子来到银行办理业务，对方持有江苏省无锡市升宇钢铁贸易有限公司及江苏省无锡市某钢铁贸易有限公司的购销合同，表示已经与这两家公司签订了合约，希望银行方面提供承兑汇票。在提供了多份证明材料后，缪某某终于博取了银行方面的信任，随后银行开具了600万元的承兑汇票。

谁知600万元的银行承兑汇票这边刚开出，缪某某就立即兑付了，拿着钱消失得不见踪影。当这笔600万元的银行承兑汇票到期后，银行方面遍寻缪某某无果，经过查证竟然发现对方所提供的所有贸易购销合同都是假的，而且证明材料也都是伪造的。尽管银行方面尽全力挽回局面，但经最后估算还是造成了高达300余万元的损失。

因涉案金额较大，东湖经侦大队立案后迅速展开侦查工作，安排民警进行调查后发现嫌疑人缪某某居无定所，案发后已经潜逃至外省，当即于10月26日将其列为网上逃犯进行追缉。经过连续5日的信息研判，民警掌握到缪某某藏匿于福建的线索，当即循迹追缉，并在福建警方的协助下，确认缪某某近期经常出现在闽东医院大楼。

办案民警假扮患者在医院附近守候，并于10月31日上午将缪某某抓获归案，11月1日押解回南昌。经审讯，缪某某对自己骗取银行票据承兑的行为供认不讳。

据民警介绍，近年来银行承兑汇票已成不法分子实施金融犯罪的新选择，一些不法分子以伪造购销合同等方式骗取银行承兑汇票，此类案件涉案金额大，给金融管理秩序带来了严重冲击。

本案例告诉我们：银行要注意各项法律审核义务，否则可能会产生损失。

三、法律风险管理的组织与管理程序

明确风险管理的部门及其业务职责，才能有针对性地对法律风险作出及时到位的反应，进行有效的监管。

（一）法律风险管理的组织

1. 董事会和高级管理层

商业银行的董事会和高级管理层负有对法律风险管理体系实施有效监控的职责。其首要任务是为银行业进行法律风险监管营造一种适宜的法律环境。

2. 法律风险管理部门

商业银行应当建立专门的监管部门，从事法律风险监管工作，并与商业银行的其他风险监管工作达到协调互助的理想状态，确保各项工作环节的有效衔接，避免脱节现象的发生。

3. 内部审计部门

对法律风险工作进行定期检查和综合评价是必不可少的工作环节。因此，银行业的内部审计部门应当充分履行自身职能，确保法律风险监管的可靠性、可行性和及时性。这也是确保商业银行健康持续发展的重要保障。

（二）法律风险的管理程序

1. 法律风险的识别

法律风险识别应以熟悉法律风险特征为前提条件，这样，才能对风险性质进行有效的甄别和筛选，作出科学准确的评价和判断。

2. 法律风险的评估

法律风险的评估是以法律风险识别为基础，并对风险进行量化考量的过程，是对已经识别出的法律风险进行量化的过程。根据量化结果，银行能够确定法律风险的可接受度和不可接受度。继而对不可接受的法律风险采取及时有效的措施，加以风险缓释管理。

3. 法律风险的监测

法律风险的监测是及时地对已经识别出的法律风险进行重要性方面的判断和评价，并向董事会和高级管理层报告重要的法律风险信息的过程。定期监测行为有助于迅速发现并纠正法律风险管理政策、程序中的缺陷，从而大大降低法律风险事件发生的频率和重要性水平。

4. 法律风险的控制和缓释

法律风险的控制和缓释是通过有效的措施和监督机制来防止法律风险可能遭遇的不当扩大和蔓延，从而降低法律风险的程度的过程。巴塞尔委员会强调，商业银行应当立足现实，结合各种因素，综合考虑后制定控制或者缓释重大法律风险的政策、程序和步骤，确保法律风险缓释的可行性和有效性。

第二节　商业银行法律风险评估

商业银行法律风险评估是商业银行法律风险管理的基础工作，其目的是在对商业银行的整体或局部的风险信息进行专业调查收集基础上，对商业银行潜在的法律风险进行定性、定量、定级的分析和评价，为商业银行减少、降低和有效控制法律风险，制定风险管理策略提供决策依据。法律风险评估中，对商业银行法律风险可能造成的损失，以货币价值来体现是比较直观的。在估计损失的严重程度时，除应全面分析可能出现的所有潜在损失额及其对商业银行财务的严重影响等直接后果外，还应考虑潜在的间接损失，如对商业银行品牌和美誉度的损害。

一、法律风险评估要素

（一）决策者在决策时是否会作法律分析

决策者在决策时肯定会考虑许多风险，这些风险应该包括法律风险。在分析风险时，除了市场、政策等因素外，也要从法律环境、法律趋势和法律条款等方面进行论证。如果在法律方面的分析做得不够的话，相对来说风险会大一些。原来许多投资都是凭经验，而在法律网越来越密布的现代社会，法律知识已经成为经验的一部分，否则“触礁”是不可避免的。

（二）与司法部门是否保持必要的联系

法律是呆板的，但操作法律的人是灵活的，因此与司法部门保持通畅的交流渠道有利于及时获得司法资讯，在纠纷发生后也有利于快速而准确地反馈自己的意思。

（三）是否有法务部门及专门的法律人才

对于一个业务比较多的现代商业银行来说，有无法务部门及专业的法律人才是判断其是否存在法律风险的一个重要因素。法律的专业化和从业人员的资格认证表明法律工作已经具有垄断性，普通人不适合也不能从事这项工作。但许多商业银行为了节约成本，不愿意成立这样一个部门，或者只是聘请一名顾问律师。事实上，商业银行拥有自己的法律人才可以保证商业银行法律制度的连贯性和完整性，相对而言，他们比顾问律师更忠诚可信。

（四）是否置备相关的法律文本以及是否及时更新

由于法律条文浩如烟海，加之现代法律变更的速度相当快，因此头脑中的法律是永远跟不上现实的法律的，因而必须要置备相关的法律工具书，要根据现实法律的变化及时更新工具书中的相关内容。

二、法律风险评估方法

（一）选择定性分析方法

法律特有的“以事实为根据，以法律为准绳”的思维模式，决定了对法律风险的评估，更多地要使用定性的方法。在合规性方面选择定性技术的另一个解释是，法律属于人文科学领域，在进行相关评估时，缺乏充分的可信赖的用于定量分析的数据，无法进行精确的定量分析。以风险的经济后果而言，在法律领域，拥有司法或行政权力者在处理案件时往往有权行使一定的量裁权，即在法律规定的幅度内，独立地决定赔偿或处罚的数额，这使得估计定量分析的准确数据非常困难。定性法律风险评估的提出可以使用一些主观术语或客观术语，而评估质量的优劣主要取决于参与者的知识和判断能力、参与者对潜在法律风险事项的了解程度及其相关背景和动态变化情况。这样的术语主词包括“罕见”、“可能”、“紧要”、“关键”等，以引起决策者不同程度地关注。

（二）固有损失和剩余风险评估

固有风险是指商业银行没有采取任何措施来改变风险的可能性或影响的风险，即商业银行经营过程中必然存在的风险。剩余风险则是商业银行在运用了所有的控制和风险管理技术以后而留下来，未被管理的风险，即商业银行在选择并实施了应对措施后所残留的风险。例如，商业银行在进行交易中，客户违约的可能性和无法实现销售目标是固有风险；而商业银行在专业人员通过合同法律管理行为后，客户依然有可能违约并给商业银行造成损失的风险，即使诉诸法律救济途径后仍然有风险，这就是剩余风险。对于固有风险，商业银行一般会考虑到，而对剩余风险的考虑往往可能性较小，但是剩余风险对商业银行影响比较大，需要单独给予重视。因此，商业银行应当首先从固有风险着手，然后采用一般评估技术或特殊的法律方法，对剩余法律风险进行评估。

（三）风险衡量

风险衡量即对商业银行风险发生的可能性以及风险损失的程度进行估计和度量。损失程度估计是风险衡量的主要内容，损失程度估计一般有两种方法：一是估计一个商业银行在每一次法律风险事件中的最大可能损失额，即包括可能的最大实际损失额和潜在间接损失额的总和。二是估计一年内由单一风险事件造成的损失额和多种风险事件的损失额的总和。这种损失的衡量定性成分居多，在法律规范的幅度内进行，在判断其是否符合风险容量和风险偏好时有意义。

（四）法律风险的排序技术

这是一种使用顺序计量尺度进行定性评估的方法，有利于商业银行确定应对法律风险的优先次序。排序通常按影响某法律风险事项的可能性和风险的影响程度排序，也可以对一系列事项使用分类和不同颜色排序。

（五）标杆法

标杆法即“标杆管理法”。美国生产力与品质中心对该方法的正式定义为：标杆法是一项有系统、持续性的评估过程，透过不断地将商业银行流程与世界上居领导地位的商业银行相比较，以获得协助改善营运绩效的资讯。通过标杆法，可以使商业银行对事项是机会还是风险及其后果进行评估，并制定应对措施。法律风险往往是由人为因素造成的，所以，通过对流程和商业银行员工进行考核、评估，可以发现隐患并采取措施。

知识链接

解读《商业银行合规风险管理指引》

为加强商业银行合规风险管理，维护商业银行安全稳健运行，2006 年 10 月 25 日，中国银监会发布《商业银行合规风险管理指引》（以下简称《指引》）。该《指引》共 5 章 31 条，分为总则、董事会、监事会和高级管理层的合规管理职责、合规管理部门职责、合规风险监管和附则五个部分。

《指引》明确，合规风险是指商业银行因没有遵循适用于银行业经营活动的法律、行政法规、部门规章及其他规范性文件、经营规则、自律性组织的行业准则、行为守则和职业操守可能遭受法律制裁、监管处罚、重大财务损失和声誉损失的风险。合规管理是商业银行一项核心的风险管理活动，合规是商业银行所有员工的共同责任，并应从商业银行高层做起。

《指引》同时明确，商业银行要加强合规文化建设，董事会和高级管理层应确定合规的基调，确立全员主动合规、合规创造价值等合规理念，在全行推行诚信与正直的职业操守和价值观念，提高全体员工的合规意识，促进商业银行自身合规与外部监管的有效互动。

《指引》要求商业银行建立起与其经营范围、组织结构和业务规模相适应的合规风险管理体系，并建立合规绩效考核制度、合规问责制度和诚信举报制度等三项基本制度。

《指引》规定的商业银行董事会、监事会、高级管理层的合规管理职责有：董事会负责审议批准合规政策和合规风险管理报告，评价合规风险管理的有效性，并授权董事会下设的风险管理委员会、内部审计委员会或专门设立的合规管理委员会对商业银行合规风险管理进行日常监督。监事会应监督董事会和高级管理层合规管理职责的履行情况。高级管理层应制定和贯彻合规政策，任命合规负责人，明确合规管理部门及其组织结构，识别商业银行所面临的主要合规风险，审核批准合规风险管理计划，每年向董事会提交合规风险管理报告，及时向董事会或其下设委员会、监事会报告任何重大违规事件。

《指引》还规定，合规管理部门在合规负责人的管理下协助高级管理层有效识别和管理商业银行所面临的合规风险，规定了合规管理部门的九项基本职责，包括向高级管理层提供合规建议，制订并执行风险为本的合规管理计划，审核评价各项政策、程序和操作指南的合规性，开展员工合规培训和教育，识别和评估新产品和新业务的开发以及新业务方式的拓展等产生的合规风险，开展合规风险的监测和测试，保持与监管机构的日常联系等。

《指引》还要求，商业银行的合规管理职能应与内部审计职能分离，合规管理职能的履行情况应受到内部审计部门定期的独立评价，并要求内部审计部门负责商业银行各项经营活动的合规性审计。

《指引》突出了商业银行合规政策、合规管理程序和合规指南等内部制度的报备要求、合规风险管理计划和合规风险评估报告的报送要求、重大违规事件的报告要求，明确了监管部门对商业银行合规风险管理进行非现场监管和现场检查的重点。

《商业银行合规风险管理指引》的颁布有助于引导银行业金融机构加强公司治理、培育合规文化、完善流程管理，提高银行业合规风险管理的有效性，更好地应对银行业对外开放的挑战，促进监管者与被监管者的和谐，维护银行业金融机构安全稳健运行。

第三节　法律风险控制

目前，各商业银行的法律风险控制体系的建设相对还比较滞后，主要表现在：一是法律事务部门和业务部门的信息交流、反馈平台不对称，法律审查程序上滞后，造成事前防范法律风险常常力不从心；二是被诉案件多，损失巨大；三是在商业银行作为原告的案件中，案件败诉也时有发生；四是案件执行效果不甚理想，不少时候出现“赢了官司输了钱”的情况。

一、商业银行法律风险的控制系统

法律风险控制系统就是针对商业银行经营管理活动中面临的各种法律风险，进行揭示、防范和化解，最大限度地防范法律风险的发生或尽量减少法律风险造成的损失，以保证商业银行的经营管理安全和稳健发展的科学的组织构架。那么，法律风险控制系统作为商业银行风险控制系统的一个有机组成部分，可以分成两个支系统：一个是法律风险预防支系统，一个是法律风险化解支系统。

（一）法律风险预防系统的组成

在商业银行法律风险预防系统中，主要是由授权管理制度、法律咨询审查制度和普法教育制度等组成。

1. 授权管理制度

授权管理制度作为一项维护商业银行一级法人体制的重要管理手段，越来越发挥着事前防范法律风险的重要作用。每一级行能够经营什么业务，能够经营多大的业务都是来源于上级行的授权，超过授权范围的经营活动不仅是违规操作，还可能会导致商业银行对外的经营活动成为无效的民事行为。上级行采取对各下级行区别授权、特别授权，或者对某项经营业务不授权等措施，将各种经营权限向资产质量好、经营管理水平高的下级行倾斜，不但可以有效地规避法律风险的发生，而且能够起到资源配置的杠杆作用。

2. 法律咨询审查制度

法律咨询审查制度是商业银行法律风险预防系统中的核心部分，也是法律风险控制系统中的关键节点。法律咨询就是将法律风险管理关口前移，凡是重要的经营活动和业务事项，包括重要的信贷融资、担保抵押、资产买卖、股权转让、业务合作与创新以及制定实施重要的规章制度和策略等，有关业务部门应当在酝酿阶段和工作前期即主动提出法律咨询需求，提供相关的信息，由法律部门进行研究分析，提出法律建议，参与和配合开展有关工作。法律审查就是在前期参与项目的基础上，对实施阶段涉及的法律条件、法律安排、风险隐患和漏洞以及相关的规避措施和防范手段等客观独立地进行法律审查，提出法律审查意见，协助业务部门完善有关工作方案，在进入审批程序之前，事先消除各种法律风险，保障经营活动和业务事项的合法性、合规性和安全性。

3. 普法教育制度

普法教育制度的一个重要目的是建立商业银行学法、知法和懂法全方位框架，提高全体员工，特别是行级领导、部门负责人和重要岗位人员的法律意识和法律知识，预防法律风险的发生。

（二）法律风险化解系统的组成

法律风险化解系统是在法律风险发生以后，还未形成真正损失的时候以维护商业银行的合法债权和最大经济利益为出发点，尽力化解、减少和挽回损失。法律风险化解系统主要由案件预警报告制度、诉前论证制度、外聘律师管理制度、诉讼费用垫款审批制度、案件日常监测管理制度和诉后总结反馈制度等组成。

1. 案件预警报告制度

案件预警报告制度主要是针对商业银行法律风险最多的资产类案件，即在借款人的偿债能力出现明显问题，开始不能按时足额偿还本金或利息的时候，信贷管理部门和资产风险管理部门即把情况向法律事务部门进行通报，由法律事务部门进行研究，做好依法清收的准备，最大限度地避免“冰棍效应”的发生。

2. 诉前论证制度

诉前论证制度是在案件进入司法程序之前，由法律事务部门对案件处理的方式、技巧、策略等进行研究论证，在全面掌握案件情况的基础上，决定诉或不诉、诉多少、怎样诉等问题。

3. 外聘律师管理制度

外聘律师管理制度是商业银行法律风险化解系统的一个新兴的但又重要的组成部分。

它是充分利用社会中介机构的优势来化解商业银行重要风险的有效途径。目前各商业银行都有自己管理外聘律师的办法和制度，大多是采取风险代理的办法。但外聘律师最突出的问题就是费用成本高，如果管理不规范还可能导致道德风险。现在我国较大规模的商业银行大都采取以自己的专职法律事务人员为主、外聘律师为辅的模式处理案件。

4. 诉讼费用垫款审批制度

诉讼费用垫款审批制度，主要是上级行为了管理的需要，控制各下级行诉讼费垫款支出，避免盲目起诉和消极起诉而造成财务费用增加的一项管理制度。

5. 案件日常监测管理制度

案件日常监测管理制度是商业银行就本行的起诉案件情况、被诉案件情况、执行进展情况等案件综合信息进行动态监测和管理的一项制度，它是商业银行法律风险化解情况的动态和基础的数据来源，为商业银行管理者了解本行法律风险的变化提供全面的分析和评价。

6. 诉后总结反馈制度

诉后总结反馈制度的目的在于总结经验教训，为法律风险防范工作提供参考。

案 例

签合同公证处失职被判赔偿银行损失

南方日报讯（记者　刘冠南　通讯员　荔法宣）商铺、业主、银行三方签订了《住房抵押贷款合同》，约定了银行贷款100万元给业主，购买价值371万元的商铺。然而，几年过去了，银行发现业主根本就没有还贷款的意思。仔细一查发现，当初签合同的人竟然和买房的业主不是同一人。由于签合同时，公证处曾公证认可签名无误，银行一怒之下，连公证处一起告上法庭，广州荔湾区法院判决公证处承担3成赔偿责任。

没有核对身份证，公证处被判失职

经荔湾法院审理查明，2003年1月2日，女子卢某与广州市华丰房产发展有限公司签订《商品房买卖合同》，约定购买金门大厦3层007商铺，总价款为371.62万元，分期付款，王某作为华丰公司的委托代理人在合同上签名。

当月，中国银行广州白云支行与“卢某”、华丰公司签订《住房抵押贷款合同》，约定银行向“卢某”提供100万元的贷款用于购买商铺；期限5年，华丰公司对贷款承担连带保证责任等内容，王某同样作为华丰公司的委托代理人在合同上签名。很快，房屋管理机关出具了《抵押登记证明书》，记载抵押人为卢某、抵押权人为银行。

当时，合同经南方公证处（原名广东省公证处）公证。银行如约向“卢某”提供了百万贷款，并将该款划入华丰公司账户，然而两年后银行发现卢某没有如期还款，遂将华丰公司和卢某作为共同被告告上法庭，然而庭审的结果让银行大吃一惊。经广州白云区法院和广州中院两级法院认定，经笔迹鉴定，《住房抵押贷款合同》上“卢某”的签名并非卢某本人的签名。这意味着，百万元贷款，可能就此被打了水漂。

这是怎么回事呢？当时南方公证处出具公证书，证明银行的代理人与卢某及华丰公司的代理人自愿签订《住房抵押贷款合同》，三方当事人的签约符合有关法律规定，“合同上的签名、印章均属实”。

在银行起诉公证处之后，法院在取证时发现，按照当时施行的《司法部公证程序规则》，公证人员应有义务核实当事人与相关的身份证明文件是否符合，而被告南方公证处在诉讼中没有提交证据证明在办理相关公证业务过程中有要求“卢某”出具身份证原件并履行了相应的审查义务。显然，被告南方公证处主观上存在过失，应当承担由此产生的民事责任。

法院认为三方均有过错

本案系中国银行广州白云支行起诉被告华丰公司、广州市南方公证处、第三人卢某返还不当得利纠纷。

广州市荔湾区法院审理认为，由于王某一直作为被告华丰公司的委托代理人签订《商品房买卖合同》、《住房抵押贷款合同》，被告华丰公司根本无法对为何两份合同不是同一个卢某所签的原因作出合理、令人信服的解释，故被告华丰公司对《住房抵押贷款合同》无效负有主要过错。

《中华人民共和国商业银行法》规定，商业银行开展信贷业务，应当严格审查借款人的资信，实行担保，保障按期收回贷款，则贷前审查、调查的职责、义务属于银行，故原告没有尽谨慎义务，造成《住房抵押贷款合同》的借款人并非真实的卢某而导致合同无效同样负有过错。

因此，鉴于原、被告对《住房抵押贷款合同》无效均有过错，根据公平、合理原则，被告南方公证处应当对被告华丰公司不能清偿部分承担30％的赔偿责任。

综上所述，法院一审判决：华丰房产公司向原告银行返还584 510.30元及利息；广州市南方公证处对被告华丰公司上述债务不能清偿部分承担30％的赔偿责任。案件受理费12 247元和财产保全费4 720元由被告广州市华丰房产发展有限公司负担，南方公证处对被告不能清偿部分承担30％的赔偿责任。

本案中银行采取各项法律措施，聘请了专业团队，减少了损失。

二、商业银行法律风险的防控

银行法律风险防控首要的工作内容是在决策层、管理层及操作层都强调依法合规经营问题，即在银行内部树立“合法性效益”的观念，不鼓励“唯效益论”和“唯业绩论”，重视法律风险可能给银行带来损失的巨大程度和广泛影响。银行法律风险的防控还需要在决策中、经营中及观念上建立有效的防控体系，在内部机制上及经营过程中贯彻具体、可操作的防控措施，建立良好的银行法律文化。

法律风险的具体防控措施有：在决策法律风险防控中引入首席法律顾问负责制、法律顾问委员会制、法律风险管理体系及危机管理合法性措施；在经营中采取机制性和过程性的法律风险防控措施，包括在制度上建立授权制度、合规制度，对业务中的法律风险采取事前、事中、事后的全程管理，包括法律风险评估、法律尽职调查、法律合规咨询、合同全程管理、外部法律资源整合、诉讼仲裁管理、审核信息披露等；注重银行法律文化建设，包括编制《依法合规责任手册》、开展法律风险防控培训、引入依法合规性绩效考核指标、提高法律合规人员素质及建立法律信息收集公布渠道等。

（一）决策中法律风险的防控

决策是企业生存发展的核心元素，但决策程序中法律意见的缺失恰恰构成了中国银行业最大的法律风险。如何避免银行决策者作出毫无法律常识的可笑批示，如何避免决策者经全体讨论作出的决策竟然缺乏必要的法律分析和基础，没有对起码的法律界限作出考虑，如何避免参与决策的个别领导由于个人的倾向或个人情绪随意就法律问题发表意见，在决策过程中，银行法律顾问提供法律意见时如何保持相对的独立性，法律顾问应处于咨询地位还是决策参与地位，法律意见是否还能因行政领导主观的拍板得以推翻，进而银行的决策是否能保证在合理的法律框架中展开，这些都是值得银行在设计未来的决策机制时必须认真思考的问题。

1. 建立首席法律顾问负责制，参与银行重大战略决策

为解决如上问题，必须在决策体系中引入法律风险防控机制，首先是实行首席法律顾问负责制。首席法律顾问对法律风险评估、防控方案的设计实施负总责，在决策机制中的地位应相对独立，直接向董事会负责，参加董事会议。作为董事会会议的参加者，首席法律顾问对董事会的决策程序进行监督，并对董事会决议的合法合规性进行把关；在对外签发任何重要的法律文件之前，都应该取得首席法律顾问的肯定性意见或者副署；另外，首席法律顾问还可以就集团重大战略和决策中的法律风险作出评估报告，并在董事会上提出防控法律风险的建议、意见和方案。

2. 建立法律顾问委员会制，规范专业委员会评审决策

我国银行通常都设有风险管理委员会、资产负债管理委员会、业务发展委员会以及人事薪酬委员会等专业委员会，其中一些委员会吸收了个别法律人员参与，但由于往往采取“多数”表决制，这些法律人员未能利用专业判断发挥把关作用，更没有影响委员会决策及防控法律风险的地位，往往是跟着业务部门跑。为此，有必要在董事会下设立由资深法律顾问组成的法律顾问委员会，该委员会派员参加各专业委员会的评审决策，实行法律意见单独记录、法律风险一票否决制。另外，各专业委员会的评审程序也需要进一步完善，并由法律顾问监督其实施。需要完善的内容包括：确立法律顾问在专业委员会的地位，明确法律意见在评审考量中的权重，规范法律意见书的内容，建立各专业委员会对法律意见的反馈机制；统一规范专业委员会会议程序和议事规则；慎选委员会成员，明确专业委员会委员的权责；进一步规范会议文件，特别要重视对反对意见和通过情况的记录；要求专业委员会对一些非常规性决议作出具体说明并进行法律风险评估。

3. 综合平衡发展，加强整体法律风险防控能力

为适应我国银行跨国经营的需要，有必要针对不同情况，针对一级法人、全资子公司、控股公司和参股公司制定不同的法律风险防控模式，在合理框架下对法律风险防控区分为直接管理和间接管理，采取不同方式有效控制整个银行集团的法律风险，适应混业经营、跨国监管的法律风险特征。另外，由于法律人员相对较少，大部分银行的二级分行和县支行的法律风险防控能力较弱，有必要根据实际情况，尽快研究明确对省级行以下分支行法律风险防范的具体指导原则及工作要求，从法律风险防控的最薄弱环节抓起。需要强调的是，我国银行对监管环境比较严苛的海外分支机构的法律合规管理尚显薄弱，有鞭长莫及之感。因此，有必要整合海外法律资源，利用当地律师及合规官的专业知识，结合银行整体法律风险防控战略，制定和实施适合当地法律和监管要求、方式有差异但目标统一的海外法律风险防控机制。从组织机构上看，全行法律人员应当在首席法律顾问领导及法律顾问委员会指导下，对全辖区法律风险实施防控，实现对法律风险的统一管理、差别处理；在法律人员分布上，应采取派驻制与流动制结合的方式，针对弱点环节、重点地区集中制定实施防控方案。

4. 完善危机管理制度，保证应急措施合法合规

任何一家银行都无法远离危机，全球金融业的大环境要求银行要时刻保持危机意识。在国际政治、经济风云变幻中，如何最大限度地保证集团利益和信誉，这就需要一整套危机管理程序。在各种危机的处理当中，如何保持应急措施的合法合规性，如何处置法律风险带来的危机，这都要求在危机处理中预先考虑法律风险的防控。什么样的事件以及行为可以构成“危机状态”？最终决定由谁做出？上述程序一旦启动，业务部门、分支机构应如何与法律顾问协调配合？如果双方发生冲突，应如何解决？这些问题都应写入集团的《危机处理办法》并予以明确，非常事件需要以非常效率应对，但这种非常效率必须合法合规地产生，至少不应存在引发更大危机的潜在因素。此外，建立危机预警程序、报告程序也十分必要，对于可能引起危机的政治、经济和法律因素，应当有长期跟踪、长期研究的制度，以保证起到预警作用并及时向有关决策层报告。首席法律顾问及法律顾问委员会应在危机处理中起到法律危机管理的重要作用。

（二）经营中法律风险的防控

经营中法律风险的防控，主要依靠整个经营中的机制性防控以及具体经营中的过程性防控，前者主要指授权制度与合规制度，后者包括事前防范、事中控制和事后化解。

1. 完善机制性防控，实现长期发展与当期效益双增长

（1）授权制度。

随着银行业务的拓展，金融创新产品日益增多，在从分业经营到混业发展以及本地经营到跨国经营的转变中，银行不得不在内部实行业务及管理权力的下放，这就在客观上暴露出许多法律的灰色地带，给居心叵测者以可乘之机，而商业银行自身又对此缺乏足够的

重视，更多的是着重信贷方面的防控。没有制衡的权力必然产生腐败，信息不对称必然产生寻租，有授权就必须有制约，银行要切实防范和控制法律风险。一项基础而极其重要的工作就是建立有效的授权制度，包括岗位法律风险评估及防控、岗位法律风险报告、规范内部授权办法等。

银行的法律防控体系首先应做到对内部的每一个岗位特别是对领导岗位、敏感岗位及重要业务、管理岗位进行法律风险评估，制定相应的授权与控制办法，并将其以内部规定的方式确定下来，逐步改变授权多、控权少，监督机制薄弱、权责制约失衡的局面。其次，应当建立通畅的内部违规报告制度，作为防控类似风险再次出现的依据，并对经常出现风险的岗位、人员考虑道德风险的防控。最后，对于各个部门制定的内部操作规范、业务规程尤其是授权性规范，应当由法律顾问予以审查，并就各种内部规章的制定程序制定“立法法”，避免任意立法造成的风险，以保障其责权统一、制衡有力，保持与外部法律法规、监管要求的一致性。

（2）合规制度。

为适应跨业经营、国际化的金融集团的发展需要，银行应积极探索和实践具有中国银行业特色的集团化法律与合规工作模式，密切跟踪国内外监管立法动态，熟悉和了解国内外监管环境，按照现代金融企业制度的要求，不断调整工作管理范围和运行机制，积极拓展集团化法律与合规工作的新领域。集团化工作范围应包括国内分行。通过做好集团公司自营业务的法律与合规工作、对集团公司成员间业务往来所涉法律与合规工作的管理、对集团子公司法律与合规工作的指导三个方面的工作，全面反映银行法律与合规工作跨行业、国际化、高度统一的工作特色和工作职能。

这项工作主要包括：合规官制度的建立，法律法规、外部监管要求的分解及内化实施，与国内监管机构、外国监管机构及国际监管机构的合作等。

2. 加强过程性防控，保证资产规模与资产质量双提高

（1）事前防范。

事前防范是指法律专职人员应当以事前防范为主要职责。包括：立足银行业务及管理经验，建立法律风险预计及评估体系，总结研究存在的法律风险并及时提出防控方案；加强对新产品、新业务、新客户的了解、跟踪，开展法律尽职调查，包括提前介入到该类产品、业务的设计阶段及客户谈判阶段，避免盈利表象下存在巨大法律风险的情况；加大普法宣传力度，提高银行上下的法律风险意识，接受书面函件及非正式谈话的法律咨询，对业务及管理中有可能出现的法律风险尽到及时告知的义务。

1）法律风险评估及预警。

如何识别和评判中国银行业最大的法律风险？如果从源于法律风险而使银行蒙受经济损失或信誉损失的多少反推回去，可以准确地判定出什么是中国银行业最大的法律风险。也就是根据因法律风险导致银行赔了多少钱，被罚了多少款，或因信誉受损导致眼前或长远的经营损失的多少来确定最大的法律风险。这种判断方法因其结果已经显现或存在，故而是客观的、准确的，也是动态的。但由于这种判断带有明显的滞后性，不能对已产生的损失加以挽回或补救，不具有前瞻性，不能防患于未然。它唯一的价值是可以使我们从中吸取教训，在今后的工作中避免犯同样的错误，但毕竟银行已为此付出了高昂的代价。所以，探究什么是中国银行业最大的法律风险，应该是从预警的角度，通过及时发现、防范可能出现的潜在的法律风险，从而有针对性地加以规避，避免银行因此而蒙受损失。法律风险评估及预警系统要求建立法律风险事件数据库，对曾经发生法律风险的业务、岗位、人员及发生情况进行对应归类，并由法律部门长期跟踪重要的风险点，对可能发生法律风险的事件进行独立评估，并及时作出评估报告和向业务部门、管理部门发出预警。

这项工作还包括对重大项目、重大案件法律风险进行定期评估，总结可能的法律风险点及其变化情况，并为业务部门提出相应的法律风险防控指引；对外部法律环境定期评估，分析外部法律环境变化对现有经营结构、业务种类、操作项目的影响，作出相应的法律风险防控指引。

2）法律尽职调查。

对可能存在的法律风险进行尽职调查，同时提供法律咨询、谈判、协议起草等多方面的法律服务。为此，应建立与相关业务部门的勾连机制，明确程序、职责，发挥尽职调查的事前防范作用，保证资产安全与创新发展并进。法律尽职调查应涵盖新产品的研制、开发、投入市场的前期风险观察；新业务的签约、履约和争议处理阶段；新客户的资质说明文件、商业信誉和资金实力；对遭遇或可能遭遇的突发事件或变化进行谨慎的评估，作出合理的判断，使法律风险降至最低。上述法律尽职调查报告必须经首席法律顾问签字确认并提交给业务部门、管理部门以及董事会，作为决策的依据。

3）法律合规咨询。

首席法律顾问作为董事会的法律顾问，可以对董事会提出的法律合规问题给出咨询意见，并作为董事会的决策依据。在业务部门、管理部门面临法律合规问题时，应当咨询法律合规部门的意见，尤其对于某些重大事项，应当取得法律合规部门的书面咨询意见，这对于法律风险的事前防范将很有帮助。银行员工在业务操作工程中遇到法律合规问题时，应当通过“法律咨询热线”随时咨询法律合规部门的意见。此外，有必要对特定岗位的特定事项建立强制性咨询制度，对应当咨询而没有咨询的予以诫勉，对因没有咨询而导致损失的予以处罚。

（2）事中控制。

事中控制是指法律合规工作人员以控制法律风险为前提推动业务发展，在动态的过程中对法律风险进行防控。包括对与业务开展过程中的合同协议文本法律风险的全程管理，以及整合外部法律资源、发挥外聘律师优势对银行经营过程中的法律风险进行防控。

1）合同全程管理。

在西方大公司中，企业的合同文本没有法律部门的附署不能发出。而在银行，虽然法律合规部门越来越多地参与到合同的审查过程，但这个审查仅停留在签约前的文本审查阶段，而法律风险存在于整个合同磋商、订立、履行的各个阶段；对于已制定的示范合同文本，业务部门在制定合同过程中，同样存在许多问题，如客户经理擅自更改合同，可能使银行处于不利地位；有的签署保证合同时，保证合同中援引的主合同的序号、金额等描述与主合同不一致，可能导致保证合同无效。严格意义上讲，这些风险属于操作风险，但引起争议、涉及诉讼后，实际上转化为法律风险，这就需要建立对合同法律风险的全程管理制度。

合同管理制度又分为合同文件管理、签约管理、合同备案管理、履约管理和索赔管理。所有合同的正本及复印件都由专门的合同管理员负责保管，任何人调阅都要履行手续；签约实行洽谈与签字分离制度，重要合同要由首席法律顾问签字确认，法律合规部门必须参加谈判和签字的全过程；签约之后负责该项目的法律顾问要申请召开合同交底例会，业务部门负责人应参加，该法律顾问在会上要将重要合同条款的履行注意事项以及违约产生的风险进行详细讲述，力争做到防范在先；对履约过程，法律合规部门要进行全程跟踪，所有往来法律文件都要由其把关，防止留下于己方不利的证据；关于索赔，法律合规部门要做好一切准备工作，与业务人员密切合作，注意收集索赔证据。

2）外部法律资源整合。

法律风险点的提出和防控方案是否足够科学，从而为科学地包含充分法律基础的决策提供可靠的依据，也同样是在考虑最大限度避免法律风险时需要考量的重要因素。如果银行的法律顾问是全能的，法律风险自然可以得到最大限度地降低，但这在事实上是不可能的。这不仅是因为个人能力与精力的局限性，更与社会分工的大趋势不相符合。因此，引入社会中介，即合理使用和管理外部律师就显得非常重要。

在西方大公司中，外部律师与内部法律顾问在对公司的法律决策中扮演着不同的角色。内部法律工作人员能够专业地、准确地从银行的角度向外部法律专家提出银行所需要解决的问题，外部法律专家则在自身熟悉的法律专业领域中提供成熟和经得起推敲的专家意见。然而在银行，外部律师的使用往往仅限于诉讼律师，在咨询方面依然主要依赖银行内部法律工作人员的情形却比比皆是，这使得银行内部法律顾问的知识不能得到外部的有效输入，而仅靠自身经验的积累从而进步缓慢。由内部自成体系式的运转机制转向开放式的、有效对外部法律资源进行整合的运转机制，有助于促进银行法律风险防控工作。

（3）事后化解。

事后化解是指法律专职人员以最大限度地消除法律风险所带来的不良影响为目标而采取的各种方式。主要包括：利用诉讼、仲裁手段最大限度地维护银行的利益，或者用和解等方式化解法律冲突；根据相关法律法规的披露要求，对相关重大事项进行披露，避免造成信誉及合法性危机。

1）诉讼仲裁管理。

此项工作主要包括诉讼预案的制定、诉讼目标的论证以及起诉、应诉及参与审理等工作，也包括对诉讼结果及其体现的法律风险的分析，不但承担救火队的作用，也将精力转向对诉讼仲裁案件的分析、对业务的警示和预警工作等。

2）参与审核信息披露。

什么样的事件和信息必须披露，如何披露，何时披露，披露前和披露后要做好何种准备工作，披露的文件如何起草，如何获得董事会的谅解同时尽量打消投资人的顾虑和敌意等，上述种种都需要专业人员在技术上予以把关。信息披露制度包括：信息渠道的规范化、披露程序的制度化，对披露事项、内容的审定，参与披露文件的起草和审查等。

案 例

银行系统漏洞：一分钟投资者损失2 000万元

平常变化速度很慢的国际金价，一分钟内飙涨16元/克，接近涨停，不少空单散户被逼爆仓，保守估计损失达到2 000万元。

2010年8月31日晚9时，与众多习惯夜市操作的黄金投资者一样，广州投资者陈先生坐在电脑前，通过银行操作系统炒卖黄金T+D，却突然经历了惊心动魄的一幕：21：15，市场报价走到273元/克附近，却突然有人以289元/克的高价挂出了几十手多单。

开始十秒钟，卖单很少，有人慢慢吃光了273元/克以上的所有卖单；此后，大盘价格以迅雷不及掩耳的速度跳升至289.32元/克，这个价格相对于当日271元/克的开盘价来说，接近7%的涨停，高出当时折算的国际黄金价格16元之多，大盘瞬间出现了几百手的卖单，并快速成交，成交后又有几百手卖单涌现。大约21：16，价格又瞬间回落至273元/克，交易恢复正常。

短短的1分钟，金交所夜市盘面显示，以289元/克的非正常价格双边交易量达2 500手（每手1 000克）黄金；即使保守估计，假设建多单者的成本价为273元/克，瞬间，他也有了16×1 000×2 500÷2=2 000万元的收益。同样，在那一瞬间，空仓者损失了至少2 000万元。陈先生自己由于之前建的是空仓，在一分钟内也不见了7万多元。

周二夜间名副其实的“秒杀”，导致很多散户巨额亏损，记者采访的广州若干黄金投资平台，多有爆仓的顾客。某投资公司的一位资深顾客，由于大仓位建空仓，保证金不足，被强行平仓，20万元投资资金刹那间烟消云散，血本无归。289元/克挂单的神秘投资人，已被业内称为T+D“黑客”，大家推测，其技艺高超，运用的是国际上炒卖期货产品的倒卖升价法，应已潜伏很久，昨夜收入岂止2 000万元，应在亿元上下。

该类“风险控制模式的漏洞”是如何导致散户亏损的呢？广州银金通投资咨询有限公司总经理谢春认为，瞬间暴涨是导致巨亏巨赢的表面原因。因为平常国际金价变化速度很慢，273元/克升至274元/克往往也要花费几十分钟，期间，原来在273元/克以下位置建空仓的投资者虽有损失，却损失不多，最多每手损失1万元；而且，还有充裕的时间可以平仓逃跑。可是，如果金价几秒钟突然涨了16元，也就是5.8%，对于建空仓的人来说，相当于瞬间跌停，根本没有时间逃跑；T+D市场10倍放大风险，等于瞬间损失了58%；如果是265元/克以下位置建的空仓，则损失超过90%，即使仓位只有一成的客户也会爆仓。

能出现瞬间暴涨的现象可能是银行操作系统风险所致。银行系统没有避免价格异动的功能。如果银行系统有自动机制能在价格异常涨跌时强行平仓，在意外大单出现时阻止成交，类似事件就不会发生。

“黑客”所以能得逞，是因为他熟悉银行系统漏洞。上述银行采取的是“价格优先，盘中平仓”的撮合交易办法。如果投资者资金充裕，且有几个账户可联合操作，完全可以像股市“庄家”一样，来回倒手。在273元/克时，先用一个账户挂289元/克大单，用其余账户吃掉273～289元/克之间的小单，只剩下自己289元/克的大单；银行系统误以为实际供求价格已高至289元/克，就快速撮合多空交易，导致之前在289元/克以下设空单者全部中招。

有业内人士认为，金交所对该事件也负有一定的责任，应该对开户数量以及操作手法等有所限制；投资者如此反常操作，应有责任向金交所汇报。

本案例中银行应当充分识别有关风险，并进行相关的措施防范，如果没有尽到合同义务，有可能要赔偿相关的损失。

三、银行的法律文化建设

银行内部普遍存在的法律分析防控意识不足的情况主要表现在：决策层对法律与合规性风险的认知不足或不准确，对法律与合规部门的职能定位不科学；业务部门、风险管理部门及其人员依法合规经营意识淡薄，对法律与合规风险认知、理解不深刻，防范意识缺失；法律与合规人员法律水平、业务素质、职业操守与其所负职责要求存在差距，胜任本职工作乏力。

树立健康的法律合规文化是银行防范和控制法律风险的治本之策。这种法律合规文化应是银行风险内部控制制度中的一种“非正式规则”，它包括银行员工的合规观、法律风险内部控制意识和法律风险管理职业道德等。这些内容决定了银行在法律风险管理上的价值取向、行为规范和道德水准，对银行内部控制有着重要的影响。国际现代大银行拓展业务时，都着力培育独特的法律合规文化。银行同样要有现代化的法律风险内控管理方法，要树立法律风险内控意识，要有适当的法律风险控制行动，对全行员工，特别是市场开拓线上的员工和法律风险控制线上的员工，要有持续不断的法律合规意识的熏陶。

（一）依法合规责任手册

从银行目前的情况来看，知晓“规则”（法律法规、监管要求）者大多并不真正了解“游戏”（经营、管理、决策），从而影响“规则”与“游戏”切实结合的深度和广度，难以真正和全方位发挥“规则”的功效；另外，对“规则”的“执行者”（管理者）的约束未能真正有效、到位。

为解决这个问题，必须明确各个岗位、各个级别、各个部门的合法合规义务，并说明违反哪些义务会导致哪些责任，包括法律责任及内部处理的责任。因此，有必要针对决策层、执行层及操作层的不同岗位制定《依法合规责任手册》，在其中说明该岗位的法律责任和合规责任，并明确相应的法律后果及内部处罚措施，这有助于银行的全体人员明确权责，可以根据该手册按图索骥地感知自身责任的重大。《依法合规责任手册》的内容包括：该岗位适用的法律法规和内部规定；对禁止性规范的强调、违反各种规范的责任和后果；遵守这些规范应遵照的方法、程序；对他人违反相应规范的报告制度等。

（二）法律风险防控知识培训

为提高决策层、业务部门、管理部门人员的法律风险防控意识，应当建立上岗法律风险培训、专项业务法律风险培训、专案法律风险培训等知识培训机制；对以上培训的内容予以总结提炼，形成规范统一的培训教材，以便于再培训及继续培训的实施。另外，需要建立培训考核机制，未经过法律风险培训的人员不能上岗，未通过专项业务法律风险知识考核的人员不能从事该种业务，使培训具有制度保障和动力。

（三）绩效考核的法律合规性目标

在明确权责、加强培训的同时，应当在绩效考核方面引入法律风险因素。目前，银行并不缺少追求利润的冲动，缺少的恰恰是依法合规、风险控制的更理性的意识和经营作风，恶性案件频发的教训不可谓不深刻，作为总行经营“指挥棒”的绩效考核指标体系，在设计上应该较大分量地增设对法律风险防范、内控制度建设及执行情况的要求或评价方面的定性考核指标，以倡导持续稳健的经营作风。

这种指标的引入包括：在设计集团成员的绩效考核指标体系时，引入对法律风险防控、内控制度建设及执行情况等方面的定性指标，以倡导持续稳健经营的作风；在设计集团员工的绩效考核指标体系时，对照《依法合规责任手册》对其岗位的要求及其实际表现，设定一定的增减幅度以奖励合法合规、诫勉违法违规的决策者、管理者和业务操作者。

（四）法律与合规人员素质建设

为使法律人员在风险控制中更好地发挥作用，应为法律顾问多提供银行业务学习的实践机会，促使法律顾问了解业务，避免法律与业务脱节，在可能的情况下到核心业务、新业务、风险大的业务、专业性强的业务部门去学习业务，深入了解业务；同时，应整合银行内外资源，鼓励法律顾问学习深造，力争培养银行自己的法律专家。

（五）法律信息收集公布

对法律工作的信息进行收集、整理及分析，有利于发现银行经营中的问题；对法律工作进行知识管理，有利于不断积累银行法律工作的经验。因此应当建立法律信息收集、公布体系，对已经解决的问题发送指引，对新发生的问题进行研讨分析，对重要的法律专题及案例予以公布，并采取一定的形式将此种知识资源在银行全辖区共享。具体包括几个方面：法律合规部门档案的索引数据库、法律合规工作信息、定期不定期专题研讨案例分析发布和法律合规网站等。

案 例

违规案例情景剧

2013 年 12 月 20 日晚，建设银行天津宝坻支行全体员工聚集一堂，八楼大厅巨大展板上“践行合规，警钟长鸣”八个大字异常醒目。由员工自编自导自演的违规案例情景展示活动正式开始。展演剧目围绕员工日常工作，对信贷业务、柜面业务、票据业务、客户信息管理等易发案件业务环节的违规案例进行精彩再现，内容紧扣主题，情节迂回曲折，表演投入到位，结果发人深省。

宝坻支行自开展“警示教育读书季”活动以来，通过多种形式组织员工读案例、讲案例，编案例、演案例，营造了积极向上的合规文化氛围，为深化“以客户为中心”的经营理念，促进各项业务健康发展奠定了坚实基础。

公司部、小企业部《因为贷款》

剧情：开发商老总来我行贷款，担保方式为700万国债质押，行长高度重视风险，要求客户经理严格落实客户审核和项目调查，最后证实为一起骗贷。

营业部《破解银行承兑汇票骗局》

剧情：某房地产公司会计来我行查询银行承兑汇票，我行工作人员审查过程中发现了众多疑点，经双人实地查询，最终证实为假票据。

房金部《甄嬛买房》

剧情：甄嬛娘娘到宝坻买房，客户经理推荐了优质楼盘并为娘娘办理了按揭贷款，但他为求私利泄露了娘娘贷款买房的信息，结果被娘娘赏赐了“一丈红”处死。

个金部、城东支行《一个熟悉男人的来电》

剧情：一女客户来行给其丈夫汇款，神色匆忙，焦虑不安，引起大堂经理怀疑，与网点经理稳住客户，电话联系其丈夫，疑点浮出水面。

开元路支行《谁动了我的信息》

剧情：银行员工大头由于赌博输钱，被同学森碟引诱窃取客户信息贩卖获利，银行柜员主管授权流于形式，最终导致客户信息外流，事发后，二人均受到相应处罚。

个金部、城东支行《违法必究》

剧情：董秀才一直不得钱庄老板重用，内心不平，出具假银票，将客户存入钱庄银两装入自己腰包，东窗事发受审。审判官还是当年同窗，岂不讽刺，悔之晚矣。

该案例体现了银行认真进行法律文化的普及，践行合规，防范法律风险。

四、加强我国银行业法律风险管理的建议

放眼我国银行业的竞争力现状及银行监管体制的国际化程度，构建我国商业银行法律风险监管制度确有必要。

（一）明确法律风险的表现形式

在《巴塞尔新资本协议》下，我国银行业应当明确并熟练掌握其特征、表现形式等问题，使银行业对法律风险有一个较为准确的认识和判断。这样，才能提高我国银行业的分析管理水平，及时应对随时可能发生的法律风险。

（二）引导商业银行完善法律风险的管理组织结构

目前，我国商业银行无法对法律风险进行准确可行的监督管理，究其原因，在于我国银行业缺少过硬的管理组织机构，这必然导致我国银行业在法律风险管理过程中陷入工作效率性低下，工作效果不甚明显的怪圈。因此，我国银行业有必要对法律风险管理部门进行重新梳理和定位，提高这些部门的工作水平和业务素质。

（三）推广商业银行管理法律风险的技术和方法

创新和发展法律风险评估和防范手段。法律风险管理人员应掌握识别、评估、监测以及控制缓释法律风险的方法和技术，而这正是我国商业银行法律工作者普遍欠缺的技能。目前对商业银行信用风险、市场风险的风险管理已形成一整套机制和体系，数据模型等定量分析工具得到广泛运用。法律风险识别和防范也应逐步尝试新的分析手段和体系。商业银行法律风险识别过程主要运用法律风险列表、法律风险分布图、风险事故树法等；法律风险分析方法则运用定性和定量相结合，定量分析方法具体包括风险价值法、风险收益法等；法律风险关联分析方法包括场景分析法、共性归纳法。因商业银行法律风险产生原因的复杂性和不确定性，定性分析方法在法律风险评估中具有较其他风险评估活动有更广阔的空间。然而定量分析具有直观、科学等特点，因此有效结合二者的优势进行识别和评估颇为重要。

商业银行法律风险的防范解决方案主要包括风险规避、风险转移或降低、风险分散、风险补偿。在法律风险识别和评估过程中，如果发现法律风险水平较高或有可能产生严重后果的法律风险，应主动放弃该业务或行为以规避法律风险。例如，商业银行对违法行为的防范就是规避法律风险的典型代表。风险转移或降低的手段包括完善合同条款、及时解决法律纠纷等方式。例如，商业银行众多不规范行为可能导致自身义务的加重，必须运用法律专业知识对权利义务均衡配置。商业银行法律风险分散的措施包括办理商业和社会保险等，而风险补偿主要是对无法避免或分散的风险事前进行一定的价格补偿。

（四）发挥法律顾问对法律风险控制机制的主导作用

银行法律顾问是银行法律风险的动态监测仪。因此，要实现对银行法律风险的有效检测，应当建立一套可行的法律顾问制度，通过此项制度的实行，能够充实法律管理队伍，明确法律顾问的职责权限，节省时间资源，提升工作效率。同时，银行应当提高法律顾问的业务素质，使他们对法律风险在思想上重视起来，有效地发挥自身作用，及时发现和控制法律风险。

（五）人是保证一切法律风险控制工作正常和高效运作的基础

商业银行业务的多样性和创新性为法律风险防范提出了很高的要求，法律事务人员不仅需要掌握专业的法律知识和丰富的实践经验，还需要了解金融知识和具体业务流程及管理。法律与金融、经济、管理知识的结合是法律人才发展的必然趋势，因此应加强对法律工作人员业务知识、管理知识的培训，同时为其掌握新业务、新决策提供必要的信息了解途径。对法律专业部门应保障其运行的独立性，为商业银行内部管理和业务开展提供客观的评价和合适的法律建议。首先，要有与商业银行经营规模相适应的足够数量的专职法律事务人员，并且成为专职法律事务人员要有一定的准入条件，如学历、专业、通过国家司法考试或企业法律顾问考试等，同时还要辅之相对应的薪酬待遇，这是维持法律风险控制系统正常运作的十分重要的前提条件；其次，主要业务部门、风险集中部门或者基层行应当有兼职法律事务人员，让他们具有一定的法律专业知识和识别法律风险的基本技能，充分发挥其精通业务的优势，在业务的初始环节就要抓好法律风险的防范。

（六）组织机构的建设是保证法律事务工作相对独立于业务部门，从而顺利进行法律风险防范和化解的重要条件

目前，为顺应改革发展的需要，各商业银行大都在进行机构的缩编整合，这在商业银行基层经营单位尤其明显。法律事务部门作为保证整个法律风险控制系统正常运作的核心，其地位应当得到充分的重视。商业银行基层经营单位是目前业务拓展的桥头堡，也是法律风险防范和化解的主战场。因此，建议各商业银行至少在基层经营单位应设立法律事务部门，其形式可以灵活多样，既可以是单设，也可以是合署办公，但关键是应当保证其机构、职责和人员的相对独立。对于因各种原因在基层经营单位设立法律事务部门确有困难的地方，可以考虑在其管辖行设立法律事务中心，统一管理法律风险防范和化解事务。

（七）强化法律法规建设，加强与同级相关业务部门的联系和沟通

长期以来，由于商业银行法律极强的专业性以及将商业银行法律事务仅仅定位在“打官司”上的误区，使商业银行的高级管理者和业务部门对法律风险的防范和化解知之甚少，以至于对法律风险视而不见，对法律风险的防范和化解漠不关心。这一方面需要以实践活动的工作成效和业绩水平来证明法律风险控制系统的巨大作用；另一方面，也需要自上而下地强化法律制度要求，对凡应纳入法律风险控制系统管理的事务，要从法律制度上首先进行保障，并强化管理。

（八）加强内控体系建设

法律风险渗透于银行经营管理的各领域和各环节，因此，法律风险防范工作不能单独由法律事务部门完成，商业银行各机构各部门均负有相应的职责。要将商业银行整体纳入法律风险防范体系，最重要的就是要建立商业银行内部控制体系。内部控制是指商业银行为实现经营目标，通过制定和实施一系列制度、程序和方法，对风险进行事前防范、事中控制、事后监督和纠正的动态过程和机制。商业银行内部控制体系主要包括：组织体系，岗责划分，业务流程、管理流程设计，内部控制工具以及内控考评体系等内容。银行业监督管理委员会于2007年7月出台的《商业银行内部控制指引》对商业银行建立内部控制体系提出了明确具体的要求。内部控制体系涉及商业银行运营的各个环节，严格执行对有效防范法律风险的重要性不言而喻。

目前，我国商业银行多数尚处于转型期，产权不清，内部控制机制不健全，加强商业银行内部控制建设已势在必行。首先是建立完善的法人治理结构及相应的经营管理模式。通过产权改革、股份制改造，建立和完善股东代表大会、董事会、监事会，使各项权力得以合理配置；通过建立制衡与问责机制，改变我国国有商业银行治理结构中仍存在的所有权单一及虚置、组织结构行政性、激励机制不健全、内部人控制所引发的道德风险等一系列问题，达到分权制衡和对经营者多层控制约束的目的。其次是明确商业银行内部控制组织结构和职责体系，具体规定管理层、各部门、分支机构在内部控制体系中的地位和作用。同时要研究整合各业务流程、管理流程，利用风险度量和管理工具对流程中的风险进行管理防范。要建立好内部控制考评体系（包括道德建设和管理层评价、人力资源管理评价、信贷内控评价、房贷管理内控评价、个人银行业务内控评价等）。最后是搞好内控配

套体系建设，培育企业内控文化、完善信息系统建设等。

案例

中信泰富“豪赌”酿成巨大亏空

中信泰富的前身泰富发展有限公司成立于1985年。1986年通过新景丰公司而获得上市地位，同年2月，泰富发行2.7亿股新股予中国国际信托投资（香港集团）有限公司，使中信（香港集团）持有泰富64.7%股权。自此，泰富成为中信子公司。而后，中信（香港集团）通过百富勤把部分泰富股份配售出，使中信（香港集团）对泰富的持股量下降至49%，目前已降至41.92%。1991年泰富正式易名为中信泰富。中信（香港集团）收购泰富发展有限公司，不是通过股权转让来实现的，而是通过泰富发展向中信（香港集团）定向发行2.7亿股新股来实现的。1991年9月，中信泰富与李嘉诚、郭鹤年等合组财团收购恒昌企业（大昌贸易行），其中中信泰富占恒昌企业36%权益。1992年1月，中信泰富向其余股东收购剩余的64%恒昌企业股份，实现全面收购。中信泰富有限公司（“中信泰富”）的业务集中在香港及广大的内地市场，业务重点以基建为主，包括投资物业、基础设施（如桥、路和隧道）、能源项目、环保项目、航空以及电信业务。另外，透过其全资附属机构大昌贸易行有限公司及慎昌有限公司进行贸易及分销业务。集团在香港拥有多项物业项目，包括大型住宅及优质商用物业。1997年，公司的总部大楼“中信大厦”于中区海旁落成，为香港海滨的重要标志。

中信泰富在香港注册成立，现于香港联合交易所上市，并为恒生指数成分股之一。中信泰富的最大股东为中国国际信托投资（香港集团）有限公司，是北京中国国际信托投资公司的全资附属公司。

2008年10月21日，中信泰富有限公司的股价暴跌55%，该公司此前承认其手中的杠杆货币头寸有可能导致近20亿美元的损失。

中信泰富外汇合约巨亏丑闻爆出后，各界对它的质疑主要有三点：一是董事“不知情”是否可信，“不知者”是否可以“无罪”？二是董事会早在去年9月中已获悉炒输外汇，何以拖延至近1个月才公开？三是董事会内部知悉集团炒输外汇后，何以继续在有关子公司大昌行的股东通函中，表示“就董事所知，本集团的财务及交易状况没有出现任何重大不利变动”。这是不是虚假陈述？此外，若证实集团管理层事先知情而延迟披露信息，则港交所交易记录显示在此期间的股份交易量放大，是否表明有人从事内幕交易？

2008年10月20日，中信泰富公告称，其财务董事没有遵守对冲风险政策，在未获董事会主席批准的情况下，越权跟数家机构签订巨额外汇合同，导致重大损失。在随后的记者会上，时任董事会主席的荣智健和时任董事总经理的范鸿龄均表示，除公告中提及的财务董事外，两人及其他董事会成员对公司投资高风险杠杆式外汇合约一事“不知情”。一旦证实二人声称“不知情”是说谎，证监会可根据《证券及期货条例》，在咨询财政司长后要求法院颁令取消相关董事资格，或是要求相关董事向上市公司赔偿。

因信息披露明显延迟，董事会成员串谋欺诈的嫌疑很大。知情人士透露，中信泰富早于9月7日已得悉该公司因进行杠杆式外汇买卖合约导致155亿元亏损，但直到10月20日为止的一个多月里，董事会并没有向公众披露，待公布时公司已损失近一半市值。一位熟悉上市公司董事会运作的人士告诉本报，在一个月里，如此重大的消息，仅仅一两人知情而瞒住其他绝大部分董事，甚至不召开董事会，几乎不太可能。

同时，中信泰富在2008年9月12日发出的一份有关大昌行交易的股东通函中表示，“就董事所知，本集团自2007年12月31日以来的财务及交易状况概无出现任何重大不利变动”。若9月7日甚至更早时已知悉外汇合约事宜，那么该份通函是对公众作出的又一虚假陈述以及延迟披露。

而在延迟披露的这段时间里，市场怀疑有人提前获知消息而从中获利，有内幕交易嫌疑。港交所资料显示，中信泰富的股票成交量从10月8日开始显著增加，当日的成交量达1 156万股，其后直至10月14日，日均交易量都维持在1 000万股以上。

另据港交所中央结算持股记录，作为与中信泰富签订外汇合同的三家银行之一，汇丰银行9月5日代客持有中信泰富5.456亿股，到10月17日持股量则降至5.284亿股，减持约1 700万股。而这一个月里，其他代客持股量排在前列的金融机构都没有明显减持中信泰富股权。

上述记录让市场怀疑，中信泰富管理层以及相关人士，很可能提前获知消息而大笔做空、减持获利。而警方高调介入，使得上述嫌疑更重。

本案中，中信泰富没有遵守对冲风险政策，在未获董事会主席批准的情况下，越权与数家机构签订巨额外汇合同，导致重大损失。

本章小结

法律风险管理	法律风险识别	商业银行的法律风险是指商业银行经营过程中由于法律因素导致损失的可能性，包括法律的内在缺陷、商业银行基于错误的法律理解或法律适用而实施的商业行为、监管机构的不当法律执行等因素导致商业银行遭受诉讼、制裁或其他不利后果的可能性。引发商业银行法律风险产生的因素是多元的，根本在于法律、金融与风险之间的互动关系，具体源于法律的内在缺陷、商业银行基于错误的法律理解或适用而实施的商业行为、监管机构的不当法律执行等因素。
	法律风险评估	法律风险评估要素包括决策者在决策时是否会作法律分析、与司法部门是否保持必要的联系、是否有法务部门及专门的法律人才、是否置备相关的法律文本以及是否及时更新等。 法律风险评估方法包括选择定性分析方法、固有损失和剩余风险评估、风险衡量、法律风险的排序技术、标杆法等。
	法律风险控制	法律风险控制系统作为商业银行风险控制系统的一个有机组成部分，可以分为两个支系统：法律风险预防支系统和法律风险化解支系统。 法律风险预防系统主要由授权管理制度、法律咨询审查制度、普法工作等几部分组成。 法律风险化解系统主要由案件预警报告制度、诉前论证制度、外聘律师管理制度、诉讼费垫款审批制度、案件日常监测管理制度、诉后总结反馈制度等组成。

参考文献

1. 孙建林. 优秀信贷客户经理业务指引. 北京：中国金融出版社，2009.

2. 郭延安，张旭升. 风险管理. 北京：清华大学出版社，2010.

3. 北京世经未来投资咨询有限公司. 银行风险防范案例. 北京：中国经济出版社，2013.

4. 屈建国，龙小宝. 新信贷——银行客户经理业务手册. 北京：北京大学出版社，2011.

5. 魏国雄. 信贷风险管理. 北京：中国金融出版社，2008.

6. 宾爱琪. 商业银行信贷法律风险精析. 北京：中国金融出版社，2011.

7. 柳永明，李宏. 商业银行风险管理. 上海：上海人民出版社，2007.

8. 王勇，隋鹏达，关晶奇. 金融风险管理. 北京：机械工业出版社，2014.

9. 立金银行培训中心教材编写组. 银行客户经理 25 堂课. 北京：中国经济出版社，2012.

10. [美] 埃里克·班克斯（Erik Banks）. Liquidity Risk Managing Asset and Funding Risk（流动性风险管理）. 北京：经济管理出版社，2005.

11. 田新时. 金融风险管理的理论与实践. 北京：科学出版社，2006.

12. 宋清华，李志辉. 金融风险管理. 北京：中国金融出版社，2005.

13. 柳永明，李宏. 风险管理. 上海：上海财经大学出版社，2006.

14. 代军勋. 商业银行积极风险管理研究. 武汉：武汉大学出版社，2006.

15. 王家琛. 商业银行利率风险管理研究. 中南财经政法大学新华金融保险学院硕士论文，2006.

16. 简兵. 国有商业银行信用风险管理研究. 中南财经政法大学新华金融保险学院硕士论文，2006.

17. 邓黎阳. 利率理论与商业银行利率风险管理. 东北财经政法大学博士论文，2005.

18. 崔炳文. 中国商业银行信用风险管理研究. 天津大学管理学院博士论文，2006.

19. 吴慧强. 我国商业银行风险管理：理论与实证研究. 暨南大学博士学位论文，2006.

20. 董积生. 商业银行信用风险管理研究. 华中科技大学博士论文，2005.

21. 常巍. 开放经济下国有商业银行风险积累、冲击和防范. 苏州大学博士论文，2005.

22. 齐巍巍. 商业银行信用风险监管研究. 东北农业大学博士论文，2005.

23. 朱小宗. 信用风险度量模型分析及其在我国银行业的应用研究. 重庆大学博士论文，2005.

24. 金正茂. 现代商业银行信用风险管理技术研究. 复旦大学博士论文，2005.
25. 许谨良. 风险管理. 北京：中国金融出版社，2004.
26. 韩军. 现代商业银行市场风险管理理论与实务. 北京：中国金融出版社，2006.
27. 凌江怀. 商业银行风险论. 北京：人民出版社，2006.
28. 张建友. 现代商业银行风险管理. 北京：中国金融出版社，2004.
29. 吴腾华，吕福来. 现代金融风险管理. 北京：中国经济出版社，1999.

图书在版编目（CIP）数据

商业银行风险防范与案例分析/郭延安主编. —北京：中国人民大学出版社，2014.7
21 世纪高职高专规划教材. 金融保险系列
ISBN 978-7-300-19794-4

Ⅰ.①商… Ⅱ.①郭… Ⅲ.①商业银行-风险管理-中国-高等职业教育-教材 Ⅳ.①F832.33

中国版本图书馆 CIP 数据核字（2014）第 168492 号

21 世纪高职高专规划教材·金融保险系列
商业银行风险防范与案例分析
主　编　郭延安
副主编　方宜霞　王德英

出版发行	中国人民大学出版社		
社　　址	北京中关村大街 31 号	**邮政编码**	100080
电　　话	010－62511242（总编室）		010－62511770（质管部）
	010－82501766（邮购部）		010－62514148（门市部）
	010－62515195（发行公司）		010－62515275（盗版举报）
网　　址	http://www.crup.com.cn		
经　　销	新华书店		
印　　刷	北京昌联印刷有限公司		
规　　格	185mm×260mm 16 开本	**版　　次**	2014 年 8 月第 1 版
印　　张	12	**印　　次**	2022 年12月第10次印刷
字　　数	272 000	**定　　价**	29.00 元